Elogios para *IA generativa en AWS*

Estoy muy entusiasmado con este libro, que contiene una gran mezcla de información teórica y de fondo, así como código, secuencias de comandos y tutoriales prácticos y detallados. Disfruté al leerlo y sé que también usted lo hará. Empezando por lo básico, aprenderá sobre modelos básicos generativos, ingeniería de indicaciones y mucho más. A partir de ahí, pasará a los modelos de lenguaje grandes (LLM) y verá cómo utilizarlos con Amazon SageMaker. Después de dominar los conceptos básicos, tendrá la oportunidad de aprender sobre tipos múltiples de ajuste fino y luego llegará al corazón del libro y aprenderá a construir aplicaciones que tengan el poder de realizar razonamientos sensibles al contexto con modelos generativos de modalidades diferentes, incluyendo texto e imágenes.

—*Jeff Barr, vicepresidente y jefe de divulgación de AWS*

Este libro es un recurso integral para crear soluciones generativas basadas en IA con AWS. Utilizando ejemplos del mundo real, Chris, Antje y Shelbee han hecho un trabajo espectacular explicando conceptos clave, dificultades y mejores prácticas para los LLM y los modelos multimodales. Un recurso muy oportuno para acelerar el proceso de creación de soluciones de IA generativa desde el concepto hasta la producción.

—*Geeta Chauhan, líder de IA aplicada en Meta*

En el proceso de desarrollo e implementación de una aplicación de IA generativa hay muchos puntos de decisión complejos que determinan colectivamente si la aplicación producirá resultados de calidad alta y se puede ejecutar de una manera rentable, escalable y confiable. Este libro desmitifica las tecnologías subyacentes y proporciona una guía reflexiva que ayuda a los lectores a comprender y tomar estas decisiones y, en última instancia, a poner en marcha aplicaciones de IA generativa exitosas.

— *Brent Rabowsky, director IA/AA especialista SA en AWS*

Es muy raro encontrar un libro que cubra de manera integral el proceso completo de desarrollo e implementación de modelos. Si practica el aprendizaje automático (AA), este libro es una necesidad.

—*Alejandro Herrera, científico de datos en Snowflake*

En este libro se profundiza sobre cómo se construyen y utilizan realmente los modelos GenAI. Y se cubre todo el ciclo de vida, no solo la ingeniería de indicaciones o el ajuste. Si está pensando en usar GenAI para algo no trivial, debe leer este libro para entender qué conjuntos de habilidades y herramientas necesitará para tener éxito.

—*Randy DeFauw, principal arquitecto de soluciones en AWS*

No hay mejor libro para empezar con la IA generativa. Toda la información en Internet sobre el tema es extremadamente abrumadora para cualquiera. Pero este libro es una guía clara y estructurada: va desde lo básico hasta temas avanzados, como el ajuste fino con parámetros eficientes y el despliegue de LLM. También es muy práctico y además cubre la implementación en AWS. Este libro es un recurso extremadamente valioso para cualquier científico de datos o ingeniero.

—*Alexey Grigorev, principal científico de datos del Grupo OLX y fundador de DataTalks.Club*

Este es, de lejos, el mejor libro que he encontrado que hace que la construcción de IA generativa sea muy práctica. Antje, Chris y Shelbee reunieron un recurso excepcional que será muy valioso durante años y, quizá, se convertirá en un recurso didáctico para las universidades. Definitivamente una lectura obligada para cualquier persona que cree aplicaciones de IA generativa a escala con AWS.

—*Olalekan Elesin, director de Data Science Platform en HRS Group*

Si está buscando una base de aprendizaje sólida para crear e implementar productos o servicios de IA generativa, no busque más allá de la *IA generativa en AWS*. Guiado por la experiencia profunda de los autores Chris Fregly, Antje Barth y Shelbee Eigenbrode, con este libro hará la transición de novato de GenAI a maestro de los intrincados matices involucrados en la formación, el ajuste fino y el desarrollo de las aplicaciones. Este manual es una guía indispensable y una necesidad verdadera para cada ingeniero de IA en ciernes, gerente de producto, comercializador o líder de negocios.

—*Lillian Pierson, PE, fundadora de Data-Mania*

IA generativa en AWS ofrece una visión profunda de las técnicas innovadoras para crear aplicaciones que comprenden tipos diversos de datos y toman decisiones basadas en el contexto. Los lectores obtienen una visión completa, uniendo los aspectos teóricos y las herramientas prácticas necesarias para las aplicaciones de IA generativa. Este libro es una lectura obligada para aquellos que desean aprovechar todo el potencial de AWS en el ámbito de la IA generativa.

—*Kesha Williams, directora de Slalom Consulting y AWS Machine Learning Hero*

El panorama de la IA generativa evoluciona tan rápido que es increíble ver tanto conocimiento relevante condensado en un libro completo. ¡Bien hecho!

Francesco Mosconi, director de ciencia de datos en Catalit

IA generativa en AWS

Creación de aplicaciones multimodales

Chris Fregly, Antje Barth y Shelbee Eigenbrode

Primera edición original publicada en inglés por O'Reilly con el título *Generative AI on AWS*, ISBN 978-1-098-15922-1 © 2024 Flux Capacitor, LLC, Antje Barth and Shelbee Eigenbrode. This translation is published and sold by permission of O'Reilly Media, Inc., which owns or controls all rights to publish and sell the same.

Título de la edición en español: *IA generativa en AWS*
Primera edición en español, 2024

Diseño de portada: Karen Montgomery
Ilustración: Kate Dullea
Traducción: Miguel Ángel Torres
Corrección: Anna Alberola
Directora de producción: M.ª Rosa Castillo

ISBN: 978-84-267-3820-2
D.L.: B 12341-2024

Impreso en Arteos
Printed in Spain

Tabla de contenido

Prefacio

Después de leer este libro, comprenderá los casos de uso y las tareas más comunes de IA generativa abordadas por la industria y la academia hoy en día. Obtendrá un conocimiento profundo de cómo se construyen estos modelos generativos de vanguardia, así como experiencia práctica que le ayudará a elegir entre reutilizar un modelo generativo existente o construir uno desde cero. A continuación, aprenderá a adaptar estos modelos de IA generativa a los conjuntos de datos, tareas y casos de uso específicos del dominio que respaldan sus aplicaciones empresariales.

Este libro está dirigido a entusiastas de la IA/AA, científicos de datos e ingenieros que deseen aprender los fundamentos técnicos y las mejores prácticas para la formación de modelos de IA generativa, el ajuste fino y la implementación en la producción. Asumimos que ya está familiarizado con Python y con los componentes básicos de aprendizaje profundo (como redes neuronales, propagación hacia delante, activaciones, gradientes y propagación hacia atrás), lo que le permitirá entender los conceptos aquí utilizados.

Una comprensión básica de Python y de entornos de aprendizaje profundo como TensorFlow o PyTorch será suficiente para entender las muestras de código utilizadas a lo largo del libro. No es necesario familiarizarse con AWS para aprender los conceptos, pero es útil para algunas de las muestras específicas de AWS.

Profundizará en el ciclo de vida de la IA generativa y aprenderá temas como la ingeniería de indicaciones, el aprendizaje con pocos golpes en contexto, la formación previa de modelos generativos, la adaptación de dominios, la evaluación de modelos, el ajuste fino con parámetros eficientes (PEFT) y el aprendizaje por refuerzo a partir de la retroalimentación humana (RLHF).

Tendrá la oportunidad de trabajar con modelos de lenguaje grande populares como Llama 2 y Falcon, así como con modelos generativos multimodales, como Stable Diffusion e IDEFICS. Accederá a estos modelos básicos a través de Hugging Face Model Hub, Amazon SageMaker JumpStart o el servicio gestionado de Amazon Bedrock para IA genérica.

También aprenderá a implementar flujos de trabajo de razonamiento basados en agentes y de generación mejorada por recuperación (RAG)[1] sensibles al contexto[2]. Explorará entornos y bibliotecas de aplicaciones, incluyendo LangChain, ReAct[3] y modelos de lenguaje asistido por programas (PAL). Puede utilizar estos entornos y bibliotecas para acceder a sus propias fuentes de datos y API personalizadas o integrarlos con fuentes de datos externas, como la búsqueda web y los sistemas de datos asociados.

Por último, explorará todos estos conceptos generativos, entornos y bibliotecas en el contexto de casos de uso de IA generativa multimodal con modalidades diferentes de contenido, como texto, imágenes, audio y vídeo.

Y no se preocupe si no entiende todos estos conceptos todavía. A lo largo del libro, se sumergirá en cada uno de estos temas con mucho más detalle. Con todo este conocimiento y experiencia práctica, puede comenzar a crear aplicaciones de IA generativa de vanguardia que le ayuden a deleitar a los clientes, a superar a la competencia y a aumentar los ingresos.

Convenciones utilizadas en este libro

En este libro se utilizan las siguientes convenciones tipográficas:

Cursiva
> Indica términos nuevos, direcciones web o de correo electrónico, nombres de archivos y extensiones de archivos.

Ancho constante
> Se utiliza para listas de programas, así como dentro de los párrafos para hacer referencia a elementos de programas, como nombres de variables o funciones, bases de datos, tipos de datos, variables de entorno, sentencias y palabras clave.

Ancho constante en negrilla
> Se utiliza para llamar la atención sobre fragmentos de interés en bloques de código, así como para diferenciar entre voces múltiples en diálogos o entre el usuario humano y el asistente de IA.

 Este elemento significa un consejo o sugerencia.

---

[1] Patrick Lewis y otros, «Retrieval-Augmented Generation for Knowledge-Intensive NLP Tasks», *arXiv*, 2021.

[2] Jason Wei y otros, «Chain-of-Thought Prompting Elicits Reasoning in Large Language Models», *arXiv*, 2022.

[3] Shunyu Yao y otros, «ReAct: Synergizing Reasoning and Acting in Language Models», *arXiv*, 2023.

 Este elemento significa una nota general.

Uso de muestras de código

El material complementario (muestras de código, ejercicios, etc.) puede descargarse en *www.marcombo.info* con el código **IA24**.

Si tiene alguna pregunta técnica o algún problema al utilizar las muestras de código, envíe un correo electrónico a *promo@marcombo.com*.

Este libro está pensado para ayudarle a hacer su trabajo. En general, puede utilizar las muestras de código que se ofrecen con este libro en sus programas y documentación. No es necesario que nos contacte para pedir permiso, a menos que reproduzca una parte significativa del código. Por ejemplo, escribir un programa que utilice varios trozos de código de este libro no requiere permiso. La venta o distribución de ejemplos de los libros requiere autorización. Responder a una pregunta citando este libro y citando un código de ejemplo no requiere permiso. La incorporación de una cantidad significativa de muestras de código de este libro en la documentación de su producto requiere autorización.

Agradecemos, pero generalmente no exigimos, la atribución. Una atribución suele incluir el título, el autor, la editorial y el ISBN. Por ejemplo: «*IA generativa con AWS*, de Chris Fregly, Antje Barth y Shelbee Eigenbrode (Marcombo). Copyright 2024 978-84-267-3820-2».

Si cree que la utilización de las muestras de código no se ajusta al uso legítimo o a los permisos mencionados, no dude en ponerse en contacto con nosotros.

Agradecimientos

Nos gustaría dar las gracias a todos nuestros revisores, incluyendo Brent Rabowsky, Randy DeFauw, Sean Owen, Akhil Behl, y Sireesha Muppala, PhD. Sus comentarios fueron críticos para la narrativa que seguimos en este libro. Además, su guía e intuición nos ayudaron a modular la profundidad técnica de las muestras de código que incluimos.

Chris

Dedico este libro a mi mamá, que siempre me ha inspirado a compartir conocimientos con los demás. Además, siempre has escuchado pacientemente mientras navego la vida, cuestiono las cosas y busco respuestas.

Antje

Me gustaría agradecer a mi familia por proporcionarme una gran educación y apoyarme a lo largo de mis esfuerzos profesionales. En particular, quiero dar las gracias a mi hermano, Kai, que me compró el primer ordenador portátil que tuve y se aseguró de que tuviera las herramientas adecuadas para la universidad. Este fue el catalizador inicial de mi carrera en la informática.

Shelbee

A mi esposo, Steve, y a mi hija, Emily, por ser siempre «mi por qué» y por su apoyo continuo, especialmente en las noches tardías y los largos fines de semana que pasé escribiendo este libro. También quiero agradecer a mi perra, Molly, por sentarse pacientemente mientras le tomaba fotos para usarlas como entrada para algunos de los modelos multimodales en este libro.

## CAPÍTULO 1

Casos de uso de IA generativa, fundamentos y ciclo de vida del proyecto

En este capítulo, verá algunas tareas de IA generativa y casos de uso en acción, obtendrá una comprensión de los modelos básicos generativos y explorará el ciclo de vida típico de un proyecto de IA generativa. Los casos de uso y las tareas que verá en este capítulo incluyen búsqueda inteligente, asistente virtual automatizado de atención al cliente, resumen de diálogos, moderación de contenido no seguro para el trabajo (NSFW), vídeos de productos personalizados, generación de código fuente y otros.

También aprenderá algunas de las opciones generativas de hardware y servicio de IA de Amazon Web Services (AWS), incluyendo Amazon Bedrock, Amazon SageMaker, Amazon CodeWhisperer, AWS Trainium y AWS Inferentia. Estas opciones de servicio y hardware proporcionan una gran flexibilidad al crear aplicaciones de razonamiento multimodal de principio a fin, sensibles al contexto, con IA generativa en AWS.

Exploremos algunos casos de uso y tareas comunes para la IA generativa.

Casos de uso y tareas

Al igual que el aprendizaje profundo, la IA generativa es una tecnología de propósito general que se utiliza para fines diversos en muchos sectores y grupos de clientes. Hay muchos tipos de tareas multimodales de IA generativa. Hemos incluido una lista de las tareas generativas y ejemplos de uso relacionados:

Resumen de texto

Produzca una versión más corta de un texto conservando las ideas principales. Por ejemplo, resumir un artículo de prensa, un documento jurídico o un informe financiero en un número menor de palabras o párrafos para consumirlo más rápidamente. A menudo, el resumen se utiliza en las conversaciones de soporte al cliente para proporcionar una visión general rápida de la interacción entre un cliente y un representante de soporte.

Reescritura

Modifique la redacción de un texto para adaptarlo a un público, formalidad o tono diferente. Por ejemplo, puede convertir un documento legal formal en un documento menos formal utilizando menos términos legales para apelar a una audiencia no legal.

Extracción de información

Extraiga información de documentos, como nombres, direcciones, eventos o datos numéricos o números. Por ejemplo, convertir un correo electrónico en una orden de compra para un sistema de planificación de recursos empresariales (ERP) como SAP.

Respuesta a preguntas (QA) y respuesta a preguntas visuales (VQA)

Haga preguntas directamente a partir de un conjunto de documentos, imágenes, vídeos o segmentos de audio. Por ejemplo, puede configurar un asistente virtual interno dirigido a los empleados para responder preguntas sobre recursos humanos y documentos de beneficios.

Detección de contenido tóxico o dañino

Una extensión de la tarea pregunta-respuesta. Puede preguntarle a un modelo generativo si un conjunto de texto, imágenes, vídeos o fragmentos de audio contiene algún contenido tóxico o nocivo.

Clasificación y moderación de contenido

Asigne una categoría a una pieza determinada de contenido, como un documento, una imagen, un vídeo o un fragmento de audio. Por ejemplo, eliminar el correo no deseado, filtrar imágenes inapropiadas o etiquetar las solicitudes de asistencia al cliente basadas en texto.

Interfaz conversacional

Maneje conversaciones multiturno para realizar tareas a través de una interfaz similar a la de una charla. Algunos ejemplos son los asistentes virtuales para el autoservicio del cliente o las sesiones de terapia de salud mental.

Traducción

Uno de los primeros casos de uso de la IA generativa es la traducción de idiomas. Considere, por ejemplo, que el editor de este libro quiere publicar una traducción al alemán para ayudar a expandir el alcance del libro. O tal vez desee convertir los ejemplos basados en Python a Java para trabajar dentro de su aplicación empresarial existente, basada en Java.

Generación de código fuente

Cree código fuente a partir de comentarios de código de lenguaje natural, o incluso a partir de un boceto dibujado a mano, como se muestra en la figura 1-1. Aquí se genera un sitio web basado en HTML y JavaScript a partir de un boceto de interfaz de usuario trazado en el reverso de una servilleta de restaurante.

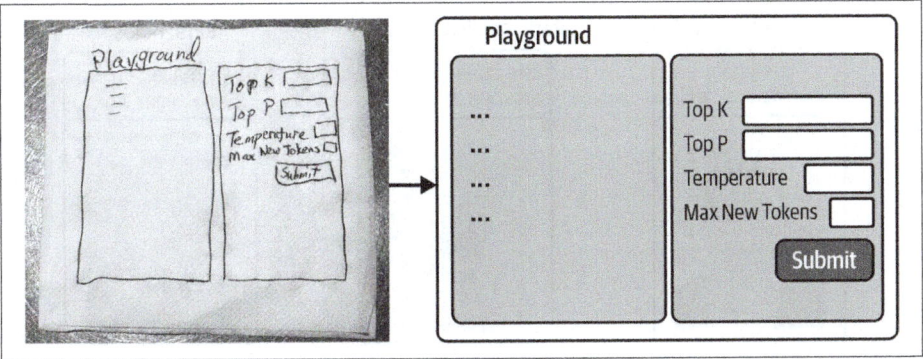

Figura 1-1. *Generación de código de interfaz de usuario a partir de un boceto dibujado a mano.*

Razonamiento sobre un bosquejo dibujado a mano

Razone un problema para descubrir nuevas soluciones potenciales, compensaciones o detalles latentes. Por ejemplo, pensemos en un director financiero que proporciona a los accionistas un informe financiero trimestral basado en audio, además de un informe escrito más detallado. Al razonar conjuntamente estos distintos formatos mediáticos, el modelo puede sacar algunas conclusiones sobre la salud de la empresa que no se mencionan directamente en el audio ni se exponen en el texto.

Enmascarar información personal identificable (PII)

Puede utilizar modelos generativos para enmascarar información de identificación personal de un corpus de texto determinado. Esto es útil para muchos casos de uso en los que está trabajando con datos confidenciales y desea eliminar datos de PII de sus flujos de trabajo.

Marketing personalizado y anuncios

Genere descripciones personalizadas de productos, vídeos o anuncios basados en los atributos del perfil de usuario. Considere un sitio web de comercio electrónico que quiera generar una descripción personalizada para cada producto en función de la edad o situación familiar del usuario conectado. También podría generar imágenes de productos personalizadas que incluyan adultos maduros, adultos con niños o incluso niños para atraer mejor a la demografía del usuario conectado, como se muestra en la figura 1-2.

Figura 1-2. *Marketing personalizado.*

En este caso, cada usuario del servicio vería potencialmente una imagen y una descripción únicas y altamente personalizadas para el mismo producto. En última instancia, esto podría conducir a más clics de productos y a mayores ventas.

En cada uno de estos casos de uso generativo y tareas un modelo crea contenido que se aproxima a la comprensión humana del lenguaje. Esto es realmente sorprendente y es posible gracias a una arquitectura de red neuronal llamada transformador, que aprenderá en el capítulo 3.

En la sección siguiente, aprenderá a acceder a los modelos básicos a través de centros de modelos.

Modelos básicos y centros de modelos

Los modelos básicos son modelos de red neuronal muy grandes y complejos que consisten en miles de millones de parámetros (pesos). Los parámetros del modelo se aprenden durante la etapa de formación, a menudo llamada preformación. Los modelos básicos son formados con cantidades enormes de datos de formación, por lo general durante un período de muchas semanas y meses utilizando grupos grandes y distribuidos de CPU y unidades de procesamiento gráfico (GPU). Después de aprender miles de millones de parámetros, estos modelos básicos pueden representar entidades complejas, como el lenguaje humano, imágenes, vídeos y fragmentos de audio.

En la mayoría de los casos, iniciará los proyectos de IA generativa con un modelo básico existente desde un centro de modelos, como Hugging Face Model Hub, PyTorch Hub o Amazon SageMaker JumpStart. Un centro de modelos es una colección de modelos que normalmente contiene descripciones detalladas de los modelos, incluidos los casos de uso que abordan.

A lo largo de este libro, utilizaremos Hugging Face Model Hub y SageMaker JumpStart para acceder a modelos básicos, como Llama 2 de Meta (Facebook), Falcon del Instituto de Innovación Tecnológica (TII) y FLAN-T5 de Google. Se sumergirá más en los centros de modelos y los modelos básicos en el capítulo 3.

A continuación, verá el ciclo de vida del proyecto típico de IA generativa que se sigue en el esquema del resto de este libro.

Ciclo de vida del proyecto de IA generativa

Si bien no hay un ciclo de vida definitivo para proyectos de IA generativa, el entorno que se muestra en la figura 1-3 puede servirle de guía para definir las partes más importantes en el proceso de aplicación de la IA generativa. A lo largo del libro, ganará intuición, aprenderá a evitar posibles dificultades y mejorará en la toma de decisiones en cada paso del proceso.

Vamos a sumergirnos en cada componente del ciclo de vida que se muestra en la figura 1-3:

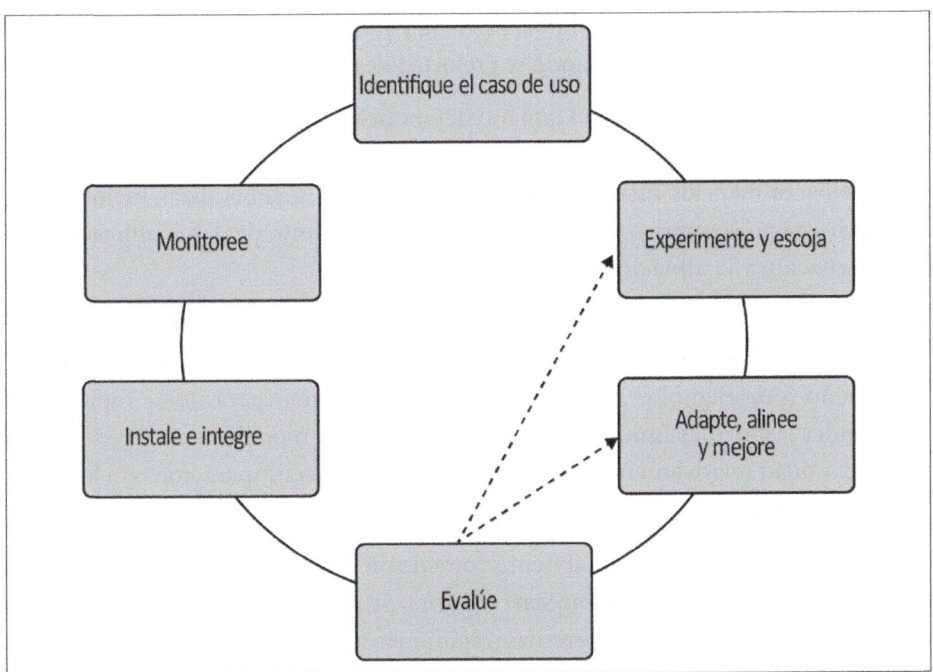

Figura 1-3. *Entorno del ciclo de vida del proyecto de IA generativa.*

Identifique el caso de uso

Al igual que con cualquier proyecto, primero querrá definir el alcance, incluyendo el caso de uso generativo específico y la tarea que planea abordar con la aplicación de IA generativa. Le recomendamos que comience con un solo caso de uso generativo bien documentado. Esto le ayudará a familiarizarse con el entorno y a comprender el potencial y las limitaciones de estos modelos sin tratar de optimizar el modelo para tareas diferentes al mismo tiempo. Si bien estos modelos pueden llevar a cabo tareas múltiples, empezar evaluando y optimizando el modelo a través de este tipo de tareas resulta más complicado.

Experimente y seleccione

Los modelos de IA generativa pueden llevar a cabo muchas tareas diferentes con gran éxito. Sin embargo, tendrá que decidir si un modelo básico existente es adecuado para sus necesidades de aplicación. En el capítulo 2, aprenderá a trabajar con estos modelos básicos existentes desde el primer momento utilizando técnicas denominadas «ingeniería de indicaciones y aprendizaje en contexto».

Lo más común es que empiece con un modelo básico existente (como verá en el capítulo 3). Esto mejorará en gran medida su tiempo de comercialización, ya que evitará el paso de formación previa, que es extremadamente intensivo en recursos y a menudo requiere billones de palabras, imágenes, vídeos o segmentos de audio para comenzar. Operar a esta escala implica mucho tiempo, paciencia y procesamiento; a menudo se requieren millones de horas de GPU cuando se preforma desde cero.

También querrá considerar el tamaño del modelo básico con el que decide trabajar, ya que esto afectará al hardware y al coste necesarios para formar y atender a los modelos. Si bien los modelos más grandes tienden a generalizar mejor para más tareas, este no siempre es el caso y depende del conjunto de datos utilizado durante la formación y la afinación.

Le recomendamos que pruebe modelos diferentes para su caso de uso generativo y tarea. Comience con un modelo básico existente, bien documentado, relativamente pequeño (por ejemplo, 7 mil millones de parámetros) para iterar rápidamente y aprender las formas únicas de interactuar con estos modelos de IA generativa con una cantidad relativamente pequeña de hardware (en comparación con los modelos más grandes, de 175 mil millones de parámetros).

Durante el desarrollo, normalmente comenzará con un entorno de pruebas dentro de Amazon SageMaker JumpStart o Amazon Bedrock. Esto le permite probar indicaciones y modelos diferentes rápidamente, como verá en el capítulo 2. A continuación, puede utilizar un cuaderno Jupyter o código de Python con un entorno de desarrollo integrado (IDE) como Visual Studio Code (VS Code) o cuadernos de Amazon SageMaker Studio para preparar los conjuntos de datos personalizados a usar cuando experimente con estos modelos generativos. Una vez que esté listo para escalar sus esfuerzos a un grupo distribuido más grande, migrará a la formación distribuida de tareas de Sage Maker para escalar a un grupo de procesamiento más grande, con aceleradores como GPU NVIDIA o AWS Trainium, como verá en el capítulo 4.

Si bien es posible que inicialmente pueda evitar los aceleradores, es muy probable que necesite usarlos para el desarrollo a largo plazo y la instalación de modelos más complejos. Cuanto antes aprenda los aspectos únicos, y a veces oscuros, de desarrollar con aceleradores como GPU NVIDIA o chips AWS Trainium, mejor. Afortunadamente, gran parte de la complejidad ha sido abstraída por el proveedor de hardware a través de la biblioteca NVIDIA CUDA y el SDK de AWS Neuron, respectivamente.

Adapte, alinee y mejore

Es importante adaptar los modelos generativos al dominio específico, caso de uso y tarea. Los capítulos 5, 6, 7, y 11 están dedicados a afinar los modelos multimodales de IA generativa con los conjuntos de datos personalizados para cumplir con sus objetivos empresariales.

Además, a medida que estos modelos generativos se hacen cada vez más humanos, es importante que se alineen con los valores y preferencias humanos y, en general, que se comporten bien. En los capítulos 7 y 11 se explora una técnica llamada «aprendizaje por refuerzo a partir de la retroalimentación humana (RLHF)» para alinear los modelos generativos multimodales y que sean más útiles, honestos e inofensivos (HHH). RLHF es un componente clave del campo mucho más amplio de la IA responsable.

Aunque los modelos generativos contienen una cantidad enorme de información y conocimiento, a menudo necesitan ser mejorados con noticias actuales o datos privados para el negocio. En el capítulo 9, explorará formas de mejorar los modelos generativos con fuentes de datos externas o API.

Evalúe

Para implementar correctamente las aplicaciones de IA generativa, debe iterar en gran medida. Por lo tanto, es importante establecer métricas de evaluación bien definidas y puntos de referencia para ayudar a medir la efectividad del ajuste fino. Aprenderá sobre la evaluación de modelos en el capítulo 5. Aunque no es tan sencillo como el aprendizaje automático tradicional, la evaluación de modelos ayuda a medir las mejoras de los modelos durante la etapa de adaptación y alineación; en concreto, lo bien que se alinean con las metas empresariales y preferencias humanas.

Instale e integre

Cuando finalmente tenga un modelo generativo bien ajustado y alineado, es hora de instalar el modelo para inferencia e integrarlo a la aplicación. En el capítulo 8, verá cómo optimizar el modelo de inferencia y utilizar mejor los recursos informáticos, reducir la latencia de inferencia y deleitar a los usuarios.

También verá cómo implementar los modelos con la familia de instancias de cálculo de AWS Inferentia optimizadas para la inferencia generativa mediante puntos de conexión de Amazon SageMaker. Los puntos de conexión de SageMaker son una gran opción para ofrecer modelos generativos, ya que son altamente escalables, toleran fallos y son personalizables. Ofrecen opciones de instalación y escalado flexibles, como pruebas A/B, implementación en paralelo y autoescalado, como aprenderá en el capítulo 8.

Monitoree

Al igual que con cualquier sistema de producción, debe configurar sistemas adecuados de recopilación y monitoreo de métricas para todos los componentes de la aplicación de IA generativa. En los capítulos 8 y 12, aprenderá a utilizar Amazon CloudWatch y CloudTrail para monitorear las aplicaciones de IA generativa que se ejecuten en AWS. Estos servicios son altamente personalizables, accesibles desde la consola de AWS o el kit de desarrollo de software (SDK) de AWS, e integrados con todos los servicios de AWS, incluido Amazon Bedrock, un servicio gestionado para IA generativa, que explorará en el capítulo 12.

IA generativa en AWS

En esta sección se describirá la pila de AWS de servicios y atributos de IA generativa diseñados específicamente, como se muestra en la figura 1-4, y se discutirán algunos de los beneficios del uso de AWS para IA generativa.

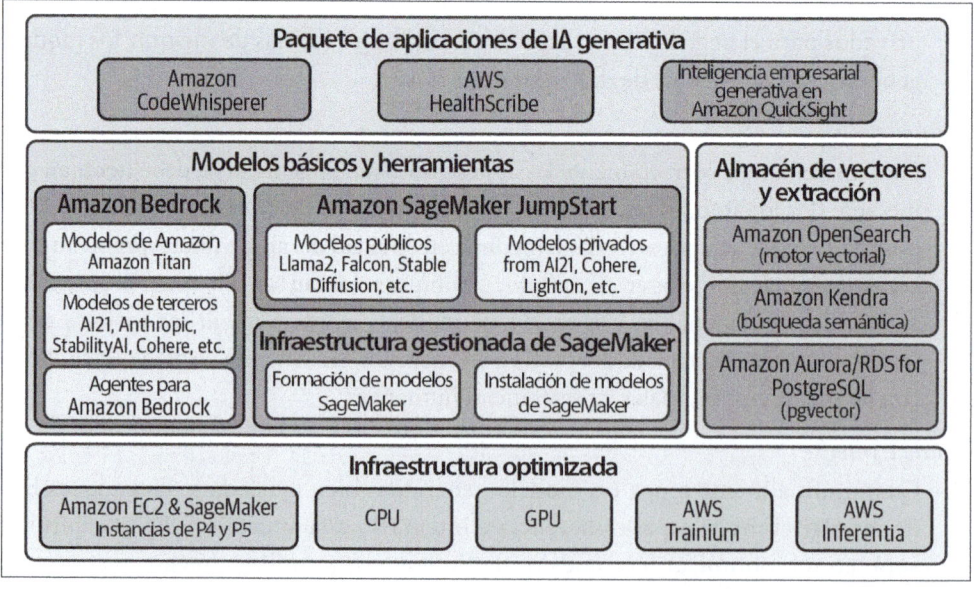

Figura 1-4. *Servicios y atributos de AWS que admiten IA generativa.*

Los proveedores de modelos incluyen aquellos que están desarrollando o preformando modelos básicos que requieren acceso a recursos informáticos y almacenamiento potentes y rentables. Para ello, AWS ofrece una gama de entornos e infraestructura para el desarrollo de modelos básicos. Esto incluye instancias de cálculo optimizadas para la IA generativa con opciones autogestionadas, como Amazon EC2, así como opciones gestionadas, como Amazon SageMaker, para formación e instalación de modelos.

Además, AWS ofrece aceleradores propios optimizados para la formación (AWS Trainium) y la implementación de modelos generativos (AWS Inferentia).

AWS Trainium es un acelerador diseñado específicamente para cargas de trabajo de formación de rendimiento alto y coste bajo. Del mismo modo, AWS Inferentia está diseñado específicamente para la inferencia de rendimiento alto y coste bajo. Las opciones de infraestructura en AWS que están optimizadas para IA generativa son utilizadas por los proveedores de modelos, pero también por los afinadores de modelos.

Los afinadores de modelos incluyen aquellos que están adaptando o alineando modelos básicos a su dominio específico, caso de uso y tarea. Esto normalmente requiere el acceso no solo a recursos de almacenamiento y procesamiento, sino también a herramientas que ayudan a habilitar estas tareas a través de un acceso fácil a una gama de modelos básicos, al tiempo que elimina la necesidad de gestionar la infraestructura subyacente. Además de la gama de infraestructura optimizada disponible en AWS, los afinadores de modelos también tienen acceso a una amplia gama de modelos básicos populares, así como a herramientas para adaptar o alinear modelos básicos, incluidas las funciones integradas en Amazon Bedrock y Amazon SageMaker JumpStart.

Amazon Bedrock: es un servicio totalmente gestionado que proporciona acceso a modelos de Amazon (por ejemplo, Titan) y proveedores populares de terceros (por ejemplo, AI21 Labs, Anthropic, Cohere y Stability AI). Esto le permite comenzar a experimentar rápidamente con los modelos básicos disponibles. Bedrock también le permite personalizar de forma privada los modelos básicos con sus propios datos, así como integrarlos e implementarlos en aplicaciones de IA generativa. Los agentes para Bedrock se gestionan completamente y permiten una personalización adicional con la integración de fuentes de datos externas privadas y la capacidad de completar las tareas.

Amazon SageMaker JumpStart proporciona acceso a modelos básicos públicos y privados a través de un centro de modelos que incluye la capacidad de instalar fácilmente un modelo básico en terminales de instalación de modelos de Amazon SageMaker al instante. Además, SageMaker JumpStart ofrece la funcionalidad de afinar los modelos disponibles utilizando SageMaker para formarlos. SageMaker JumpStart genera automáticamente cuadernos con código, para instalar y afinar los modelos disponibles en el centro de modelos.

Amazon SageMaker proporciona extensibilidad adicional, a través de entornos gestionados en los cuadernos de Amazon SageMaker Studio, para trabajar con cualquier modelo básico disponible, independientemente de si está disponible en SageMaker JumpStart. Como resultado, se puede trabajar con cualquier modelo accesible y nunca se está limitado a los modelos con los que se puede trabajar con Amazon SageMaker.

Adaptar un modelo a un caso de uso, tarea o dominio específico a menudo incluye mejorar el modelo con datos adicionales. AWS también ofrece opciones múltiples de implementación para almacenes vectoriales que almacenan incrustaciones vectoriales. Los almacenes vectoriales y las incrustaciones se utilizan para la generación mejorada por recuperación (RAG), para recuperar de manera eficiente información relevante de fuentes de datos externas para mejorar los datos utilizados con un modelo generativo.

Entre las opciones disponibles están el motor vectorial para Amazon OpenSearch Serverless, así como el módulo k-NN disponible para usar con Amazon OpenSearch Service. Además, tanto Amazon Aurora PostgreSQL como Amazon Relational Database Services (RDS) para PostgreSQL incluyen funciones de almacenamiento vectorial con compatibilidad integrada con pgvector .

Si quiere tener una experiencia de búsqueda semántica completamente gestionada con datos específicos de dominio, puede usar Amazon Kendra, que crea y gestiona las incrustaciones.

AWS ofrece opciones múltiples si desea acceder a modelos generativos a través de aplicaciones de IA generativa de principio a fin. En AWS, puede crear sus propias aplicaciones de IA generativa personalizadas utilizando la amplitud y profundidad de los servicios disponibles; también puede aprovechar los servicios empaquetados y totalmente gestionados.

Por ejemplo, Amazon CodeWhisperer proporciona funciones de codificación generativa en múltiples lenguajes de codificación, respaldando mejoras de productividad, como la generación de código, el análisis proactivo de vulnerabilidades y la sugerencia de soluciones de código, con sugerencias automáticas para su atribución.

AWS HealthScribe es otro servicio de IA generativa empaquetado dirigido a la industria de la salud para permitir la generación automática de notas clínicas basadas en conversaciones entre el paciente y el médico.

Por último, Amazon QuickSight Q incluye funciones generativas integradas que permiten a los usuarios hacer preguntas sobre los datos en lenguaje natural y recibir respuestas, así como visualizaciones generadas que permiten a los usuarios obtener más información sobre los datos.

En este libro nos centraremos en gran medida en las personas y tareas involucradas en la sección «Ciclo de vida del proyecto de IA generativa», así como en la construcción de aplicaciones de IA generativa. Muchos de los servicios destacados en esta sección, como Amazon SageMaker JumpStart y Amazon Bedrock, serán referenciados a lo largo de este libro, mientras se sumerge en áreas específicas del ciclo de vida del proyecto de IA generativa.

Ahora que hemos presentado algunos servicios básicos de AWS para la IA generativa, veamos algunos de los beneficios de usar AWS para crear aplicaciones de IA generativa.

¿Por qué IA generativa en AWS?

Entre los beneficios principales de utilizar AWS para las cargas de trabajo de IA generativa se incluyen una mayor flexibilidad y opciones, funciones de gestión y seguridad de nivel empresarial, funciones de IA generativa de última generación, gastos operativos bajos gracias a servicios totalmente gestionados, capacidad de comenzar rápidamente con soluciones y servicios listos para usar y un historial sólido de innovación continua. Vamos a profundizar un poco más en cada uno de estos aspectos con algunos ejemplos específicos:

Mayor flexibilidad y elección

AWS ofrece flexibilidad no solo con la funcionalidad para utilizar una gama de servicios y atributos para satisfacer las necesidades de cada caso de uso, sino también en términos de elección de modelos generativos. Esto le proporciona la posibilidad no solo de elegir el modelo adecuado para un caso de uso, sino también de cambiar y evaluar continuamente modelos nuevos para aprovechar las utilidades nuevas.

Funciones de seguridad y gestión de nivel empresarial

Los servicios de AWS incorporan funciones de seguridad y gestión que son importantes para los sectores más regulados. Por ejemplo, la formación y la instalación de modelos de SageMaker y Amazon Bedrock son compatibles con funciones clave relacionadas con la protección de datos, el aislamiento de redes, el acceso controlado y la autorización, así como la detección de amenazas.

Capacidades generativas de IA de última generación

AWS ofrece opciones en modelos de IA generativa, desde modelos de Amazon y de proveedores a terceros en Amazon Bedrock, hasta modelos de código abierto y patentados ofrecidos a través de Amazon SageMaker JumpStart. Además, AWS también ha invertido en infraestructura, como AWS Trainium y AWS Inferentia, para formar e implementar modelos generativos a escala.

Gastos operativos reducidos

Como se mencionó anteriormente, muchos de los servicios y atributos de AWS dirigidos a la IA generativa se ofrecen a través de infraestructura gestionada, soluciones sin servidor o soluciones empaquetadas. Esto le permite centrarse en modelos y aplicaciones de IA generativa en lugar de gestionar la infraestructura y comenzar rápidamente con soluciones y servicios listos para usar.

Un historial sólido de innovación continua

AWS tiene una historia establecida de innovación rápida basada en años de experiencia no solo en infraestructura de nube, sino también en inteligencia artificial.

La pila de servicios y atributos de AWS para respaldar la IA generativa cubre la amplitud, profundidad y extensibilidad para respaldar cada caso de uso, ya sea un proveedor de modelos, un sintonizador o un consumidor. Además de las capacidades de IA generativa en AWS, un conjunto más amplio de servicios de AWS también le proporciona la capacidad de crear aplicaciones de IA generativa personalizadas, que se tratarán en la sección siguiente.

Creación de aplicaciones de IA generativa con AWS

Una aplicación de IA generativa incluye más que modelos generativos. Requiere componentes múltiples para construir aplicaciones confiables, escalables y seguras que luego se ofrecen a los consumidores de esa aplicación, ya sean usuarios finales u otros sistemas, como se muestra en la figura 1-5.

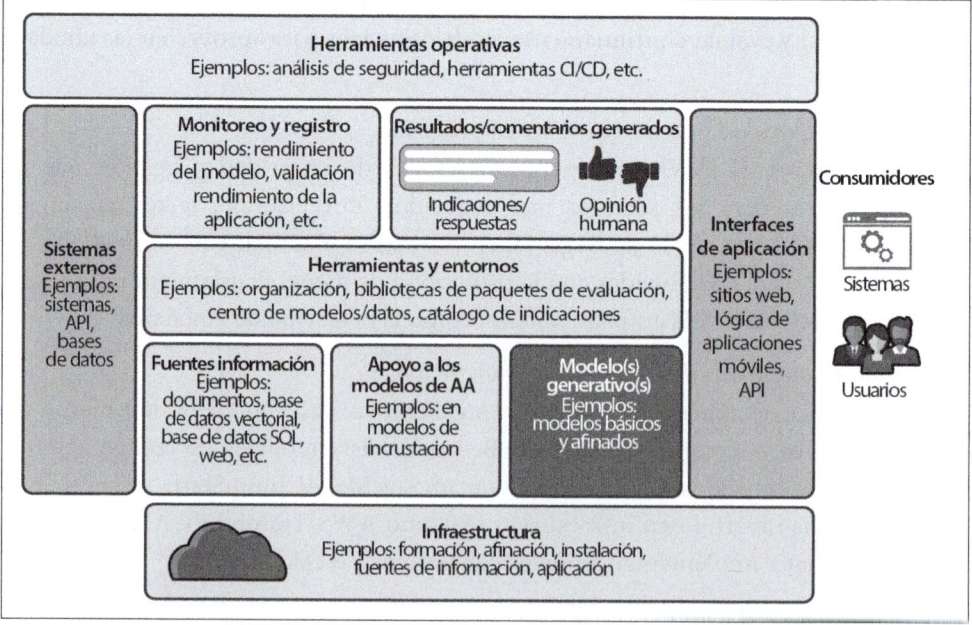

Figura 1-5. *Las aplicaciones de IA generativa incluyen más que modelos básicos.*

Cuando se utiliza un servicio de IA generativa empaquetado como Amazon CodeWhisperer, todo esto se abstrae completamente y se proporciona al usuario final. Sin embargo, la construcción de aplicaciones de IA generativa personalizadas generalmente requiere una gama de servicios. AWS proporciona la variedad de servicios que a menudo se requieren para crear una aplicación de IA generativa de principio a fin. En la figura 1-6 se muestra un ejemplo de servicios de AWS que pueden usarse como parte de una aplicación de IA generativa más amplia.

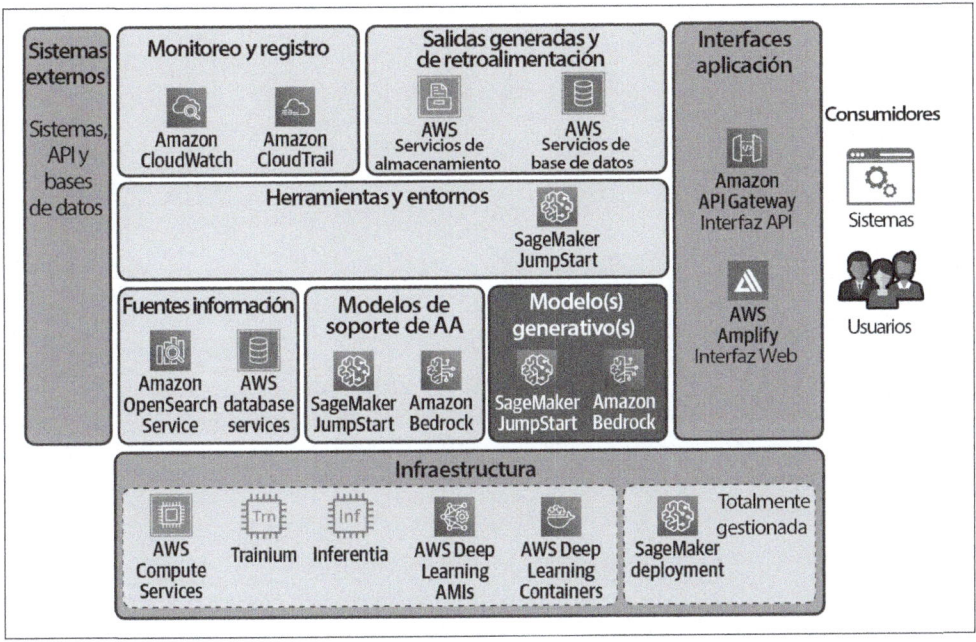

Figura 1-6. *Amplitud de servicios de AWS para permitir a los clientes crear aplicaciones de IA generativa.*

Resumen

En este capítulo, hemos explorado algunos casos comunes de uso de la IA generativa y hemos aprendido algunos fundamentos de IA generativa. También hemos visto el ejemplo de un ciclo de vida típico de un proyecto de IA generativa que incluye varias etapas, incluyendo la definición de un caso de uso, la ingeniería de indicaciones (capítulo 2), la selección de un modelo básico (capítulo 3), el ajuste fino (capítulos 5 y 6), la alineación con los valores humanos (capítulo 7), el despliegue del modelo (capítulo 8), y la integración con fuentes de datos y agentes externos (capítulo 9).

Para las partes del ciclo de vida que requieren un uso intensivo de la informática, como el ajuste fino y la alineación humana, conviene conocer los algoritmos de cuantificación y de informática distribuida (capítulo 4). Estas optimizaciones y algoritmos acelerarán el ciclo de desarrollo iterativo, que es crítico al desarrollar modelos de IA generativa.

En el capítulo 2, recibirá algunos consejos de ingeniería de indicaciones y mejores prácticas. Estos son útiles para solicitar tanto modelos básicos de solo lenguaje (capítulo 3) como modelos básicos multimodales (capítulos 10 y 11) utilizando ya sea el centro de modelos Amazon SageMaker JumpStart (capítulo 3) o el servicio de IA generativa gestionada por Amazon Bedrock (capítulo 12).

## CAPÍTULO 2

Ingeniería de indicaciones y aprendizaje en contexto

En este capítulo, aprenderá sobre formas de código bajo para interactuar con modelos de IA generativa; específicamente, ingeniería de indicaciones y aprendizaje en contexto. Verá que escribir indicaciones es tanto un arte como una ciencia, que ayuda al modelo a generar respuestas mejores y más aplicables. También proporcionamos algunas prácticas recomendadas al definir indicaciones y plantillas para obtener el máximo provecho de los modelos generativos.

También aprenderá a usar el aprendizaje en contexto para pasar varios pares de indicaciones y respuestas (por ejemplo, pares de preguntas y respuestas) en el «contexto» junto con la indicación de entrada. Este aprendizaje en contexto empuja al modelo a responder de manera similar a los pares de indicaciones y respuestas en el contexto. Esta es una de las capacidades más notables de los modelos generativos, ya que altera temporalmente el comportamiento del modelo durante la duración de esa solicitud.

Por último, aprenderá algunos de los parámetros generativos más comúnmente configurados, como la temperatura y el top k, que controlan la creatividad del modelo generativo al crear contenido.

Los modelos generativos basados en el lenguaje aceptan indicaciones como entrada y generan una respuesta. Como se verá a continuación, estas indicaciones y respuestas están formadas por componentes léxicos (*tokens,* en inglés) de texto.

Indicaciones y respuestas

Aunque las tareas generativas de IA pueden abarcar múltiples modalidades de contenido, a menudo implican una entrada basada en texto. Esta entrada se llama respuesta e incluye las instrucciones, el contexto y cualquier restricción utilizada para realizar una tarea determinada.

Algunos ejemplos de instrucciones de indicaciones pueden ser «Resumir el texto siguiente» o «¿Quién ganó la serie mundial de béisbol en 2016?". El modelo responde entonces con una «respuesta» que devuelve el resultado de la tarea. Esta respuesta se basa a menudo en texto, pero podría ser cualquier tipo de contenido que el modelo esté formado para emitir, como texto, imagen, vídeo o audio. Aprenderá a optimizar las indicaciones para lograr las respuestas deseadas más adelante en este capítulo sobre las indicaciones basadas en texto, así como en la cobertura de las indicaciones multimodales en el capítulo 11.

Componentes léxicos

Es importante tener en cuenta que mientras que los seres humanos implementan e interpretan las indicaciones y respuestas basadas en texto como oraciones de lenguaje natural, los modelos generativos las convierten en secuencias de *componentes léxicos* o fragmentos de palabras. Al combinar muchos de estos componentes léxicos de maneras diferentes, el modelo puede representar un número exponencial de palabras utilizando un número relativamente pequeño de componentes léxicos, a menudo del orden de 30 000 a 100 000, en el vocabulario del modelo.

Como regla general, es común aproximar 1,3 componentes léxicos por palabra, pero este multiplicador puede variar. Podría usarse el multiplicador 1,3 al estimar el coste de los servicios que usan precios basados en componentes léxicos. A menudo, estos servicios cobran por millón de componentes léxicos.

Usando este vocabulario pequeño, un modelo de lenguaje puede aprender y entender el lenguaje humano durante la etapa de formación previa del modelo. Durante la formación previa, el modelo ve millones de documentos como parte del conjunto de datos de formación. Desde el punto de vista del modelo, un documento es simplemente una secuencia de componentes léxicos del vocabulario del modelo. Aprenderemos más sobre la etapa de formación previa del modelo en el capítulo 3.

El aprendizaje automático y los modelos de IA, incluidos los modelos de IA generativa, se basan en estadística y álgebra lineal para los cálculos, incluidos el modelado de probabilidad, las funciones de pérdida y las multiplicaciones de matrices. Estos cálculos impulsan todas las operaciones de aprendizaje profundo, y trabajan mejor con números que con solo texto, imágenes o vídeos.

Ingeniería de indicaciones

La ingeniería de indicaciones es una habilidad nueva y emocionante enfocada a entender mejor y aplicar modelos generativos a las tareas y casos de uso. La ingeniería de indicaciones eficaz le ayuda a sacar el máximo provecho de los modelos y aplicaciones de IA generativa.

La entrada que se envía en un modelo generativo se llama típicamente la indicación. La indicación puede incluir texto para los modelos de lenguaje grandes u otras modalidades, como imágenes o vídeo, para los modelos multimodales. Esta indicación se pasa al modelo durante el tiempo de inferencia para generar una «respuesta».

Aquí tenemos un ejemplo simple de pregunta y contestación con la indicación y respuesta.

Indicación:

```
¿Quién ganó la serie mundial de béisbol en 2016?
```

Respuesta:

```
Los Cachorros de Chicago ganaron la serie mundial de béisbol en
2016, derrotando a los Indios de Cleveland en una serie emocionante
de siete juegos. Fue el primer título de la serie mundial de béisbol
para los Cachorros en 108 años, poniendo fin a la sequía de
campeonato más larga en la historia de las grandes ligas de béisbol.
```

Es posible que tenga que experimentar con la indicación varias veces para obtener una respuesta adecuada y precisa, ya que algunos de estos modelos generativos son bastante parlanchines. La ingeniería de indicaciones es una habilidad aprendida que requiere muchas iteraciones a través de muchos tipos de modelos diferentes y matices lingüísticos. Estos matices a menudo dependen de cómo se formó el modelo.

La mayoría de los modelos modernos de charla orientada a seres humanos se han afinado utilizando algún tipo de datos etiquetados por personas, a menudo con aprendizaje por refuerzo, que exploraremos en el capítulo 7. Los modelos de charla a veces incluyen un marcado adicional en la indicación y la respuesta para señalar el rol y distinguir entre la entrada del usuario (por ejemplo, con `Usuario:`) y la respuesta del modelo (por ejemplo, con `Asistente:`). En terminología de indicaciones, `Usuario:` a menudo se refiere como el indicador de entrada y `Asistente:` como el indicador de salida.

Este es el mismo ejemplo de pregunta-respuesta de indicación y respuesta, ahora utilizando un modelo que ha sido formado para actuar como un asistente de IA y que utiliza indicadores de entrada y salida.

Indicación:

```
Usuario: ¿Quién ganó la serie mundial de béisbol en 2016?
```

Respuesta:

```
Asistente: Los Cachorros de Chicago ganaron la serie mundial de
béisbol en 2016, derrotando a los Indios de Cleveland en una serie
emocionante de siete juegos. Fue el primer título de la serie
mundial de béisbol para los Cachorros en 108 años, poniendo fin a
la sequía de campeonato más larga en la historia de las grandes
ligas de béisbol.
```

Tenga en cuenta que las estructuras de las indicaciones son bastante específicas del modelo. El uso de indicadores de entrada y salida diferentes puede dar lugar a una «mala distribución» y a resultados indeseables. Por lo tanto, busque siempre la estructura de indicaciones cuando comience a experimentar con un modelo nuevo de IA generativa. Por lo general, puede encontrar esta información en la documentación del modelo y en la tarjeta modelo.

Vamos a explorar algunas estructuras y técnicas de indicaciones comunes para sacar el máximo provecho de los modelos de IA generativa listos para usar.

Estructura de indicaciones

La estructura de indicaciones usada en el ejemplo anterior es una estructura simple de asistente virtual. Una estructura de indicaciones más completa generalmente incluye una sección para cada uno de los siguientes aspectos: instrucción, contexto, datos de entrada e indicador de salida. Vamos a discutir los dos elementos de indicaciones adicionales: la instrucción y el contexto.

Instrucción

Una instrucción es un fragmento de texto que se pasa al modelo y que describe la tarea que desea que realice el modelo. Por ejemplo, puede añadir una instrucción a nuestro ejemplo anterior para guiar al modelo a generar un resumen de una oración.

Indicación:

```
Usuario: Responda a la siguiente pregunta en una oración: ¿Quién
ganó la serie mundial de béisbol en 2016?
```

Respuesta:

```
Asistente: Los Cachorros de Chicago ganaron la serie mundial de
béisbol en 2016, derrotando a los Indios de Cleveland en una serie
emocionante de siete partidos que terminó con un resultado final
de 8-7 en la prórroga.
```

El modelo responde con una sola oración.

Escribir instrucciones efectivas para modelos de IA generativa implica claridad, especificidad y contexto para guiar al modelo hacia la salida deseada. Las instrucciones deben ser sencillas y fáciles de entender. Cuanto más específica sea la instrucción, mejor será el modelo que pueda satisfacer la solicitud. Proporcionar un contexto relevante puede ayudar al modelo a comprender mejor la tarea o el tema en cuestión.

Contexto

El contexto se refiere a la información o detalles relevantes que se pasan al modelo, por lo que entiende mejor la tarea o el tema y responde adecuadamente. Este contexto puede incluir diálogo anterior, información de fondo, solicitudes de usuario específicas o cualquier dato que proporcione un entorno de referencia para que el modelo genere respuestas más relevantes y exactas desde el punto de vista contextual. Pasar el contexto permite interacciones más coherentes y significativas con el modelo.

Una técnica popular para guiar la respuesta del modelo hacia la salida deseada es compartir ejemplos de pares de indicaciones y respuestas como información de contexto. Dependiendo de cuántos ejemplos proporcione, se denominará *inferencia con un solo golpe o con pocos golpes*. La capacidad del modelo para aprender de esos ejemplos y adaptar las respuestas en consecuencia se llama «aprendizaje en contexto». Explorará el aprendizaje en contexto con inferencia con pocos golpes en la siguiente sección.

En los ejemplos 2-1, 2-2, y 2-3 se muestra una versión reestructurada del ejemplo de charla anterior utilizando la estructura de indicaciones más completa, incluyendo una instrucción y tres ejemplos de indicación y respuesta en el contexto, seguidos de los datos de entrada y el indicador de salida.

Ejemplo 2-1. *Instrucción*

```
Usuario: Responda a la pregunta utilizando el formato que se muestra
en el contexto.
```

Ejemplo 2-2. *Contexto*

```
¿Quién ganó la serie mundial de béisbol en 2022?

Los Astros de Houston ganaron la serie mundial en 2022. Derrotaron
a los Filis de Filadelfia.

¿Quién ganó la serie mundial de béisbol en 2021?

Los Bravos de Atlanta ganaron la serie mundial en 2021. Derrotaron
a los Astros de Houston.

¿Quién ganó la serie mundial de béisbol en 2020?

Los Dodgers de Los Ángeles ganaron la serie mundial en 2020.
Derrotaron a los Rayos de Tampa Bay.
```

Ejemplo 2-3. *Datos de entrada e indicador de salida*

```
¿Quién ganó la serie mundial de béisbol en 2016?
Asistente:
```

Vamos a comprobar la respuesta:

```
Los Cachorros de Chicago ganaron la serie mundial en 2016.
Derrotaron a los Indios de Cleveland.
```

Puede ver cómo el modelo aprendió de los ejemplos en el contexto y generó una respuesta en el formato deseado. Específicamente, el asistente respondió con una respuesta sucinta que no incluye detalles adicionales como el resultado final del juego de béisbol o el número de juegos en la serie, como en el ejemplo anterior.

La estructura de indicaciones ideal puede variar dependiendo de la tarea, así como del tamaño de la ventana contextual del modelo. La ventana contextual se refiere al número de componentes léxicos que el modelo puede tomar como entrada al generar respuestas. Cada modelo tiene un tamaño de ventana contextual fijo, desde 512 componentes léxicos para FLAN-T5 hasta 100 000 para el modelo Claude de Anthropic. Como referencia, Falcon tiene un tamaño de ventana contextual de 2048 y Llama 2 tiene un tamaño de ventana contextual de 4096. El tamaño de la ventana contextual se debe a menudo a las limitaciones algorítmicas de la arquitectura de red neuronal subyacente. Además, en la práctica, se puede ver que el modelo no utiliza completamente una secuencia larga. Esto a menudo se llama «olvidar». Es importante probar secuencias largas y no asumir que el modelo procesará 100 000 componentes léxicos de la misma manera que procesaría una entrada de 1000 componentes.

Algunos modelos documentan un solo valor: el número máximo de componentes léxicos. Este número representa el número total combinado de componentes léxicos de entrada y de salida generados.

Una mejor estructura de indicaciones depende de cómo se formó y afinó el modelo generativo. Por lo tanto, es importante leer la documentación, específicamente la tarjeta modelo, para un modelo generativo dado para intuir la estructura de indicaciones utilizada durante la formación y la afinación. La optimización de la indicación y su estructura es parte de la ingeniería de indicaciones.

A continuación, aprenderá cómo enriquecer aún más el contexto de indicación para evocar una propiedad emergente y estimulante de los modelos de IA generativa, denominada aprendizaje en contexto.

Aprendizaje en contexto con inferencia con pocos golpes

Una técnica poderosa para ayudar al modelo generativo a producir mejores respuestas a la indicación es incluir algunos pares de indicación y respuesta dentro de la parte contextual del mensaje. Esto se llama aprendizaje en contexto con inferencia con pocos golpes.

Vale la pena señalar que el aprendizaje en contexto no modifica el modelo en modo alguno. El modelo se ajusta —o aprende— sobre la marcha durante la duración de esa solicitud única utilizando el contexto proporcionado en la indicación. Esta es una característica verdaderamente notable de los modelos generativos, que se puede utilizar de muchas maneras creativas. En realidad, lo vimos en el ejemplo anterior de asistente humano que incluía algunos ejemplos, llamados golpes, como parte del contexto.

En ese caso, agregar solo unos pocos ejemplos al contexto ayudó al modelo a responder con solo el ganador de la serie mundial de béisbol, sin todos los otros detalles generados en los ejemplos anteriores.

Como habrá adivinado, si pasa un par de indicación y respuesta al contexto, se llama inferencia con un solo golpe; si no pasa ningún ejemplo, se llama inferencia con cero golpes.

La inferencia con cero golpes se utiliza a menudo para evaluar la capacidad de un modelo para realizar una tarea en la que no se ha formado explícitamente ni se han visto ejemplos. Para la inferencia con cero golpes, el modelo se basa en su conocimiento preexistente y capacidades de generalización para hacer inferencias o generar resultados apropiados, incluso cuando se encuentra con tareas o preguntas que no ha visto antes.

Los modelos más grandes suelen ser capaces de capturar una comprensión mayor del lenguaje (o percepción, en el caso de los modelos basados en imágenes) y tienden a generalizar mejor las tareas que no han visto durante la etapa de formación. Los modelos más grandes son sorprendentemente buenos en la inferencia con cero golpes y son capaces de inferir y completar con éxito muchas tareas para las que no fueron específicamente formados.

Por el contrario, los modelos más pequeños generalmente solo son buenos en un número pequeño de tareas, normalmente aquellas que son similares a la tarea con la que fueron formados. Como parte del experimento y el paso de selección descrito en el capítulo 1, es posible que tenga que probar algunos modelos para encontrar el adecuado para su caso de uso. Vale la pena señalar que los modelos más pequeños suelen ser más rápidos durante la inferencia debido al número reducido de capas y parámetros necesarios para el cálculo.

Veamos ejemplos de inferencia con cero golpes, un solo golpe y con pocos golpes, para ayudarle a visualizar las diferencias tanto en el contexto de la indicación como en la respuesta del modelo.

Inferencia con cero golpes

Aquí hay un ejemplo usando cero indicaciones en el contexto.

Indicación:

```
Usuario: ¿Quién ganó la serie mundial de béisbol en 2016?
```

Respuesta:

```
Asistente: Los Cachorros de Chicago ganaron la serie mundial de
béisbol en 2016, derrotando a los Indios de Cleveland en una serie
emocionante de siete juegos. Fue el primer título de la serie
mundial de béisbol para los Cachorros en 108 años, poniendo fin a
la sequía de campeonato más larga en la historia de las grandes
ligas de béisbol.
```

La respuesta con cero golpes aún incluye información adicional, porque el modelo no tenía algún ejemplo para seguir.

Inferencia con un solo golpe

En el siguiente ejemplo se agregan una instrucción y una indicación con un solo golpe en el contexto.

Indicación:

```
Usuario: Responda la pregunta utilizando el formato que se muestra
en el contexto. ¿Quién ganó la serie mundial de béisbol en 2022?
Los Astros de Houston ganaron la serie mundial en 2022. Derrotaron
a los Filis de Filadelfia.
¿Quién ganó la serie mundial de béisbol en 2016?
Asistente:
```

Respuesta:

```
La serie mundial de 2016 fue ganada por los Cachorros de Chicago.
Derrotaron a los Indios de Cleveland en siete partidos,
convirtiéndose en el primer equipo en ganar la serie mundial después
de una sequía de 108 años.
```

La respuesta con un solo golpe está más cerca de nuestra salida deseada, pero todavía tiene demasiado detalle.

Inferencia con pocos golpes

En el siguiente ejemplo se muestra lo que sucede si agrega una indicación con pocos golpes en el contexto.

Indicación:

```
Usuario: Responda la pregunta utilizando el formato que se muestra
en el contexto. ¿Quién ganó la serie mundial de béisbol en 2022?

Los Astros de Houston ganaron la serie mundial en 2022. Derrotaron
a los Filis de Filadelfia.

¿Quién ganó la serie mundial de béisbol en 2021?

Los Bravos de Atlanta ganaron la serie mundial en 2021. Derrotaron
a los Astros de Houston.

¿Quién ganó la serie mundial de béisbol en 2020?

Los Dodgers de Los Ángeles ganaron la serie mundial en 2020.
Derrotaron a los Rayos de Tampa Bay.

¿Quién ganó la serie mundial de béisbol en 2016?
Asistente:
```

Respuesta:

```
Los Cachorros de Chicago ganaron la serie mundial en 2016.
Derrotaron a los Indios de Cleveland.
```

Observe cómo el modelo genera una respuesta más enfocada y relevante solo para esa solicitud a medida que agrega más ejemplos en contexto, llamados «golpes».

 2016 fue un gran año para uno de los autores de este libro, que ha sido aficionado a los Cachorros de Chicago toda la vida.

Hay diferencias sutiles entre las respuestas con cero golpes, de un solo golpe y de pocos golpes. Con más ejemplos, o golpes, el modelo sigue más de cerca el patrón de la respuesta de los pares de indicación y respuesta en contexto.

Cuando el aprendizaje en contexto sale mal

Vale la pena señalar que puede «engañar» a un modelo para que aprenda temporalmente una respuesta incorrecta. Por ejemplo, puede pasar tres ejemplos de indicación y respuesta en contexto que muestren una opinión positiva del cliente como una reacción negativa y una opinión negativa como una reacción positiva.

En los ejemplos 2-4, 2-5 y 2-6 se muestra una indicación con pocos golpes en contexto con reacciones incorrectas.

Ejemplo 2-4. *Instrucción*

```
Clasifique la reacción de la opinión utilizando el formato que se
muestra en el contexto.
```

Ejemplo 2-5. *Contexto*

```
El Wrigley Field es un estadio agradable para ver un partido de
béisbol en un día con cielo despejado.
Reacción: NEGATIVA

Las gaviotas hambrientas durante la novena entrada de un juego de
los Cachorros en casa son muy agresivas y molestas.
Reacción: POSITIVA

El bar de Murphy es mi favorito en Chicago un viernes por la tarde,
justo antes del comienzo de un partido de los Cachorros.
Reacción: NEGATIVA
```

Ejemplo 2-6. *Datos de entrada e indicador de salida*

```
Harry Caray fue el mejor locutor deportivo de los Cachorros de
todos los tiempos.
Reacción:
```

Respuesta:

```
NEGATIVA
```

En este caso, es más probable que las solicitudes de inferencia hechas al modelo con esta indicación devuelvan la reacción opuesta. Esta es una cualidad peculiar pero interesante del aprendizaje en contexto, por lo que vale la pena revisar cuidadosamente los pares de indicación y respuesta en contexto.

Mejores prácticas de aprendizaje en contexto

Cuando empiece a experimentar con un modelo generativo nuevo, pruebe la inferencia con cero golpes. Si el modelo no genera los resultados que está buscando, pruebe la inferencia con uno solo o pocos golpes. Para la inferencia con pocos golpes, es importante proporcionar una mezcla consistente y apropiada de ejemplos de indicación y respuesta que representen el conjunto de datos y le permitan al modelo aprender adecuadamente del contexto proporcionado. Además, debe asegurarse de que el contexto no aumente la longitud de la indicación por encima del tamaño de entrada o la «ventana contextual» del modelo generativo dado.

El aprendizaje en contexto es muy útil, pero la capacidad y los límites para el aprendizaje en contexto varían según los modelos. Si se encuentra usando más de cinco o seis ejemplos en el contexto y aún no ve los resultados que está buscando, es posible que deba elegir un modelo diferente o afinar el existente. En los capítulos 5, 6 y 7, exploraremos varios métodos para afinar un modelo básico.

En el capítulo 9, veremos cómo mejorar aún más la indicación utilizando fuentes de datos externas, como bases de datos y almacenes de conocimiento. Esto se llama generación mejorada por recuperación (RAG) y es parte del ecosistema de IA generativa más grande, que ayuda a mejorar las indicaciones con el conocimiento del dominio. RAG mejora las respuestas de los modelos en muchas tareas generativas y casos de uso.

A continuación, exploraremos algunas de las mejores prácticas de ingeniería de indicaciones para mejorar las respuestas de los modelos de IA generativa.

Mejores prácticas de ingeniería de indicaciones

Construir una indicación eficaz es tanto un arte como una ciencia. Las siguientes son algunas de las mejores prácticas para ayudarle a construir indicaciones eficaces para obtener mejores resultados generativos:

Sea claro y conciso.

Las indicaciones deben ser simples, directas y evitar la ambigüedad. Las indicaciones claras conducen a respuestas más coherentes. Una regla general es esta: si la redacción es confusa para los seres humanos, es probable que sea confusa para los modelos generativos. Simplifique siempre que sea posible.

Sea creativo.

Las indicaciones nuevas y que inducen a la reflexión pueden conducir a respuestas de modelos inesperadas, mejores y a veces incluso innovadoras.

Mueva la instrucción al final de la indicación para grandes cantidades de texto.

Si el contexto y los datos de entrada son largos, intente mover la instrucción al final, justo antes del indicador de salida, como se muestra en el ejemplo siguiente.

Indicación con una cantidad pequeña de datos de entrada y la instrucción al principio:

```
Resuma la siguiente conversación:

Cliente: ¿Cómo cancelo mi cuenta de suscripción?
Representante de soporte: Presione en el botón cancelar en este
enlace: ...
Cliente: ¡Gracias, eso funcionó!

Resumen:

Indicación con datos de entrada largos y la instrucción al
final de la indicación:
Cliente: ¿Dónde está mi pedido? Todavía no ha sido entregado.
Representante de soporte: ¿Puede darme la identificación de la
orden, número de teléfono y últimos 4 dígitos del número de su
tarjeta de crédito?

Conversación larga entre el cliente y el representante de
soporte...

Resuma la conversación de arriba.

Resumen:
```

Transmita el tema claramente.

Indique claramente uno de los siguientes aspectos: quién, qué, dónde, cuándo, por qué, cómo, etc.

Utilice directivas explícitas.

Si desea que el modelo salga en un formato determinado, especifíquelo directamente. Por ejemplo, «Resuma el siguiente diálogo de atención al cliente en una sola frase:».

Evite formulaciones negativas.

Las formulaciones negativas, aunque son sintácticamente correctas, pueden causar confusión. Por ejemplo, use «Resuma en 5 oraciones o menos» en lugar de «Resuma en no más de 5 oraciones». Evite formulaciones negativas si existe una variación lingüística más directa.

Incluya indicaciones de contexto y ejemplos con pocos golpes.

Proporcione un contexto adicional que ayude al modelo a responder con mayor exactitud. Puede especificar un único contexto en todas las entradas o un contexto específico para cada una. Ya ha visto ejemplos de inclusión de contexto adicional en este capítulo.

Especifique el tamaño de la respuesta.

Incluya el tamaño de salida solicitado al final de la indicación para enfocar al modelo. Por ejemplo: «Enumere las 3 quejas principales de la siguiente conversación de atención al cliente:».

Proporcione un formato de respuesta específico.

Dé formato de respuesta usando un ejemplo. Incluya corchetes para mayor claridad. Por ejemplo, «Resuma este artículo del documento en 10 palabras o menos, como se muestra aquí: [El modelo nuevo de IA generativa supera el punto de referencia X en un Y %.]».

Defina qué hacer si el modelo no puede responder con confianza.

A menudo puede pedirle al modelo que responda con «No sé», si no puede responder con confianza la indicación. De lo contrario, el modelo puede generar una respuesta de «alucinación», como se muestra en este ejemplo.

Indicación:

```
¿Qué vehículo necesita más pago inicial basado en la siguiente
información?:
El coste total del vehículo A es de 40 000 $ y requiere el 30 %
como pago inicial. El coste total del vehículo B es de 50 000 $
y requiere el 20 % como pago inicial.
```

Respuesta con un resultado incorrecto (alucinación):

```
Con base en la información proporcionada, el vehículo B
requiere un pago inicial más alto que el vehículo A. El pago
inicial para el vehículo B es de 10 000 $, que es 2000 $ más
alto que el pago inicial para el vehículo A.
Sin embargo, es importante tener en cuenta que el pago inicial
no es el único factor a tener en cuenta al comprar un vehículo.
```

En este ejemplo, el modelo calculó correctamente el pago inicial para el vehículo B (10 000 $), pero incorrectamente declaró que son 2000 $ más que el pago inicial para el vehículo A. La respuesta correcta sería que el pago inicial para el vehículo A es mayor (12 000 $). El modelo no sabía la respuesta correcta y simplemente «alucinó» una respuesta.

 Si bien suele ser divertido compartir las alucinaciones con los compañeros de trabajo durante el desarrollo, no lo es compartirlas con los usuarios finales en producción.

Veamos cómo puede arreglar esto. Aquí hay un ejemplo que le permite al modelo responder con «No sé» en tales casos.

Indicación:

> Qué vehículo necesita más pago inicial basado en la información siguiente. Si no está seguro, simplemente responda «No sé».
> El coste total del vehículo A es de 40 000 $ y requiere el 30 % como pago inicial. El coste total del vehículo B es de 50 000 $ y requiere el 20 % como pago inicial.

Respuesta:

> No sé.

Una técnica de indicaciones más avanzada para abordar este tipo de situaciones es la llamada «cadena de pensamiento» (CoT). La indicación CoT muestra al modelo cómo razonar con tareas más complejas, paso a paso, para encontrar la respuesta correcta.

Pídale al modelo que «piense paso a paso».

Si el modelo está confundido con las instrucciones, puede pedirle que «piense paso a paso», lo que le da la libertad de dividir una sola instrucción en muchos pasos.

Aquí hay un ejemplo de una indicación que utiliza la cadena de pensamiento (piense paso a paso).

Indicación:

> ¿Qué vehículo necesita más pago inicial basado en la información siguiente (piense paso a paso)?:
> El coste total del vehículo A es de 40 000 $ y requiere el 30 % como pago inicial. El coste total del vehículo B es de 50 000 $ y requiere el 20 % como pago inicial.

Respuesta:

> Con base en la información proporcionada, el vehículo A necesita un pago inicial más alto.
>
> El coste total del vehículo A es de 40 000 $ y requiere el 30 % de pago inicial, que es 12 000 $.
> El coste total del vehículo B es de 50 000 $ y requiere el 20 % de pago inicial, que es 10 000 $.
>
> Por lo tanto, el vehículo A necesita un pago inicial más alto.

Observe cómo ahora el modelo razonó a través de la tarea y generó la respuesta correcta.

Dependiendo de cómo fueron formados y afinados, algunos modelos pueden responder a otras variantes de «pensar paso a paso», como «dividirlos en subtareas», «abordar el problema sistemáticamente», «razonar el problema paso a paso», etc.

Algunos modelos pueden confundirse cuando se les pide que realicen una instrucción compleja que requiere varios pasos. Es importante reconocer cuándo el modelo se está confundiendo y cuándo necesita dividir el mensaje en varios pasos manualmente.

Añada restricciones para un mayor control.

Puede restringir las respuestas por longitud, formato, información incluida, información excluida, etc. Por ejemplo, «resuma este proceso exactamente en 5 pasos:».

Evalúe la respuesta.

Esto parece obvio, pero vale la pena señalar que debe revisar las respuestas de los modelos para asegurar que las respuestas sean de calidad alta y atraigan a la audiencia. Haga cambios en las indicaciones según sea necesario.

 Evaluar las respuestas a escala es un área abierta de investigación. La evaluación humana no escala bien, y la evaluación automatizada puede perder los matices del lenguaje humano. Profundizará en la evaluación de modelos en el capítulo 5.

Utilice descargos de responsabilidad o evite las indicaciones que el modelo no deba responder.

Si el modelo generativo no está equipado para responder a ciertos dominios, como la ley, la medicina o la religión, puede instruir al modelo para que responda con algo como: «No tengo licencia para proporcionar asesoramiento médico. Por favor, busque a un profesional médico con licencia en su área».

Utilice etiquetas XML/HTML en la indicación.

Algunos modelos admiten etiquetas XML/HTML, como <tag>esto es importante</tag>, para crear una estructura dentro la indicación. Por ejemplo, si desea hacer referencia a un texto importante en los datos de entrada, puede envolver ese texto en una etiqueta para indicar dónde comienza y dónde termina el texto importante. También puede pedir a algunos modelos que etiqueten partes importantes de la respuesta para que pueda analizarla y extraer datos importantes de una manera estructurada.

Enfoque selectivo.

Puede pedirle al modelo que se centre solo en ciertas partes del texto de entrada. Por ejemplo, puede pedirle que resuma solo el primer y el último párrafo de los datos de entrada.

Enmascare la información personal identificable (IPI).

Algunos modelos pueden enmascarar los datos de IPI en la respuesta. Puede pedirles a estos modelos que «eliminen toda la información personal identificable y la reemplacen por XXX», por ejemplo. Aquí hay una muestra.

Indicación:

> **Ser humano:** Aquí hay un poco de texto dentro de las etiquetas **<text> </text>** de XML. Por favor, elimine toda la información de identificación personal de este texto y reemplácela con XXX. Es muy importante que los nombres, números de teléfono y direcciones de correo electrónico sean reemplazados por XXX.
>
> **<text>**
> José: ¡Hola Ana!
> Ana: ¡Hola José! ¿Vas a venir?
> José: Sí Oye, olvidé dónde vives.
> Ana: ¡No te preocupes! En el 1234 de la Calle de la Esperanza.
> José: Muy bien, ¡gracias!
> **</text>**
>
> Por favor, ponga su versión desinfectada del texto con la IPI eliminada en etiquetas **<response></response>** de XML.

Respuesta:

> **Asistente:**
> **<response>**
> XXX: ¡Hola XXX!
> XXX: ¡Hola XXX! ¿Vas a venir?
> XXX: Sí Oye, olvidé dónde vives.
> XXX: No te preocupes. En el XXX XXX XXX, XXX XXX XXX XXX.
> XXX: Muy bien, ¡gracias!
> **</response>**

Al probar indicaciones diferentes y combinar técnicas de ingeniería de indicaciones, verá lo que funciona y lo que no funciona para su combinación de indicación, modelo y caso de uso. Continúe refinando la indicación según sea necesario. Con más y más experimentación, obtendrá la intuición necesaria para crear y optimizar rápidamente una indicación que se adapte mejor a la tarea y caso de uso. La ingeniería de indicaciones es una habilidad iterativa que mejora con la práctica, pero la optimización de las indicaciones no es tan clara o no está tan bien estudiada como las técnicas clásicas de optimización numérica, lo cual puede ser irritante.

Tómese el tiempo para explorar el lado creativo y no determinístico de la IA generativa. Como mínimo, disfrutará de unas buenas risas cuando el modelo le sorprenda con una respuesta aparentemente aleatoria a una pregunta que no quiso hacer.

A continuación, aprenderá algunos parámetros comunes específicos de la inferencia generativa que influyen en la creatividad de la respuesta del modelo generativo. ¡Aquí es donde comienza la diversión!

Parámetros de configuración de inferencia

Examinemos los parámetros de configuración para influir en la forma en que los modelos generativos generan texto durante la inferencia. Si ha utilizado modelos generativos en un «entorno de pruebas», como Amazon SageMaker o Bedrock, es probable que haya visto diapositivas y otros controles numéricos como los que se muestran en la figura 2-1.

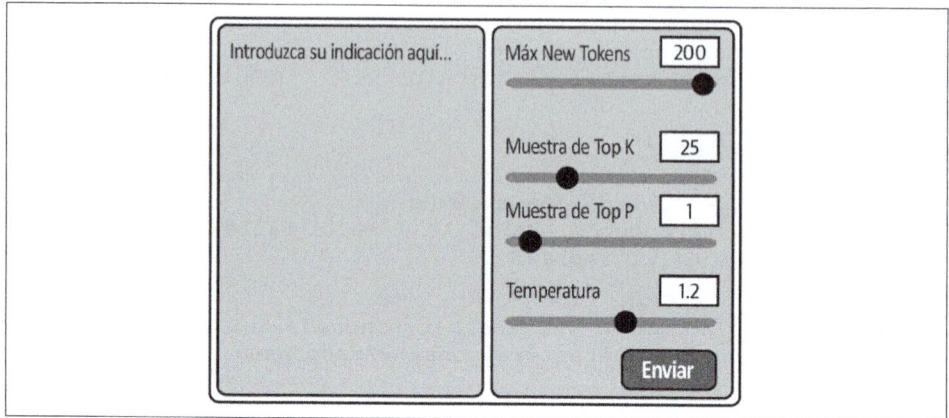

Figura 2-1. *Parámetros de configuración de inferencia para controlar las salidas del modelo.*

Estos parámetros de configuración de inferencia influyen en la respuesta del modelo a la indicación. Le ofrecen un control preciso de la longitud de la respuesta del modelo, así como de la creatividad. Cada modelo expone un conjunto diferente —pero a menudo superpuesto— de parámetros de inferencia. Con frecuencia, estos parámetros se denominan de forma similar en todos los modelos, lo cual permite razonar sobre ellos cuando se prueban modelos diferentes. Estos son algunos parámetros de inferencia comunes:

Max new tokens

Este es uno de los parámetros más obvios y sencillos de ajustar. Utilice este parámetro para limitar el número de componentes léxicos nuevos generados por el modelo. Este es un mecanismo muy básico para mantener cortas las respuestas de los modelos y evitar el desvío. Tenga en cuenta que la generación de más componentes léxicos generalmente requiere más recursos informáticos y puede resultar en tiempos de inferencia más largos. También tenga en cuenta que la reducción del máximo de componentes léxicos nuevos no es un mecanismo para prevenir las alucinaciones; esto puede, simplemente, enmascarar la alucinación al reducir su longitud.

Muestreo codicioso frente a muestreo aleatorio

Durante la inferencia del modelo, el modelo produce una distribución de probabilidad entre todos los componentes léxicos en el vocabulario conocido del modelo. El modelo elige (o muestrea) un componente léxico único de esta distribución como el siguiente componente léxico a incluir en la respuesta.

Para cada solicitud de inferencia, puede configurar el modelo para elegir el siguiente componente léxico utilizando el muestreo codicioso o aleatorio. Para el muestreo codicioso, se selecciona el componente léxico con la probabilidad más alta. Con el muestreo aleatorio, el modelo selecciona el siguiente componente léxico utilizando una estrategia ponderada aleatoria en todas las probabilidades de componente léxico predichas. Los diferentes métodos de muestreo se muestran en la figura 2-2 para la frase «El estudiante aprende de la profesora y de sus clases».

La mayoría de las implementaciones de modelos generativos de inferencia utilizan de forma predeterminada el muestreo codicioso, también llamado decodificación codiciosa. Esta es la forma más simple de predicción del próximo componente léxico, ya que el modelo siempre elige la palabra con la mayor probabilidad. Este método funciona bien para generaciones muy cortas, pero puede resultar en componentes léxicos repetidos o secuencias de componentes léxicos.

Si desea generar texto que sea más natural y minimice los componentes léxicos repetidos, puede configurar el modelo para que use muestreo aleatorio durante la inferencia. Esto hará que el modelo elija aleatoriamente el próximo componente léxico utilizando una estrategia ponderada en toda la distribución de probabilidad. El componente léxico estudiante, como se muestra aquí, tiene una puntuación de probabilidad de 0.02. Con el muestreo aleatorio, esto equivale a un 2 % de probabilidad de que esta palabra sea seleccionada de la distribución.

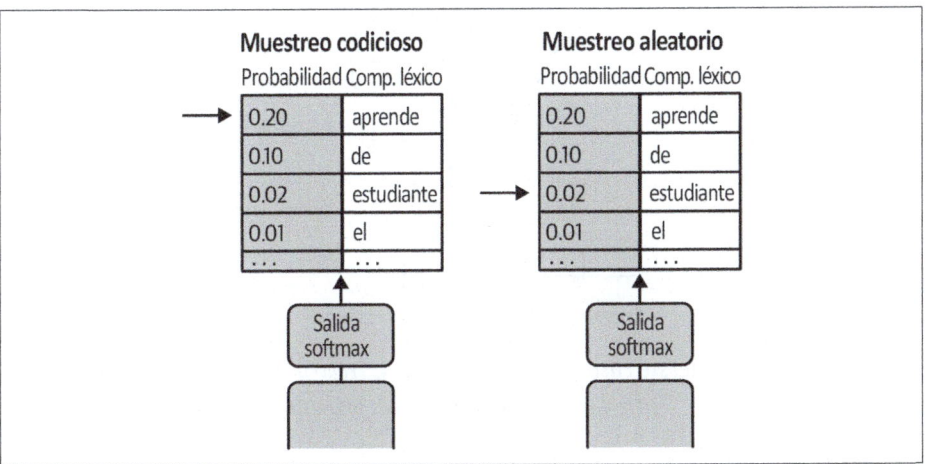

Figura 2-2. *Muestreo codicioso frente a muestreo aleatorio para predecir el próximo componente léxico a partir de una distribución de probabilidad.*

Usando el muestreo aleatorio se reduce la probabilidad de que se repitan componentes léxicos en la respuesta del modelo. Sin embargo, la contrapartida es que el resultado del modelo puede ser demasiado creativo y generar una respuesta fuera de contexto o ininteligible. El reto de encontrar este ajuste óptimo es la razón por la que se denomina ingeniería de indicaciones.

 Algunas bibliotecas, como Hugging Face Transformers, pueden requerir que desactive explícitamente el muestreo codicioso y que habilite manualmente el aleatorio utilizando un argumento de función similar a do_sample=True.

muestreo aleatorio top-p *y* top-k

Estos son los parámetros de inferencia más comunes cuando se utiliza muestreo aleatorio. Estos parámetros proporcionan un control más fino para la muestra aleatoria que, si se utiliza correctamente, debe mejorar la respuesta del modelo al tiempo que le permite ser lo suficientemente creativo para cumplir con la tarea generativa.

top-k, como habrá adivinado, limita el modelo a elegir un componente léxico aleatoriamente solo entre los top-k *componentes léxicos* con la mayor probabilidad. Por ejemplo, si k se establece en 3, está restringiendo el modelo para elegir solo entre los tres primeros componentes léxicos utilizando la estrategia de muestreo aleatorio ponderado. En este caso, el modelo elige aleatoriamente «de» como el siguiente componente léxico, aunque podría haber seleccionado uno de los otros dos, como se muestra en la figura 2-3.

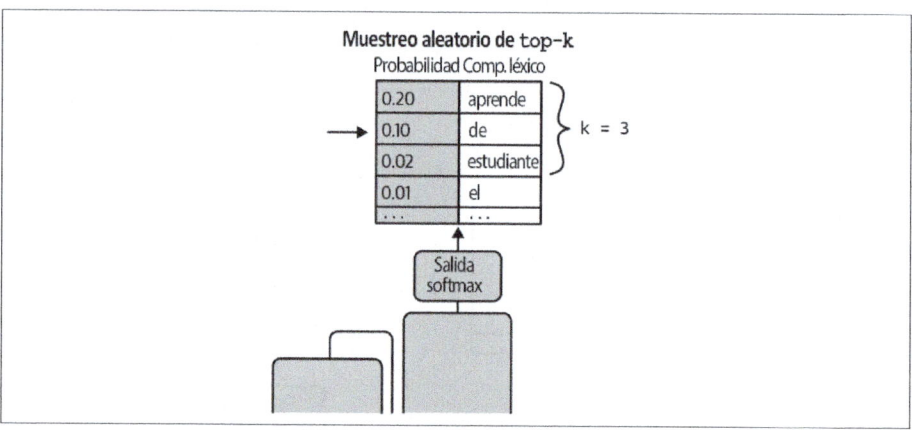

Figura 2-3. *En este caso, el muestreo* top-k *restringe el modelo a elegir entre las tres probabilidades principales.*

Tenga en cuenta que ajustar top-k a un número mayor puede ayudar a reducir la repetitividad, mientras que ajustarlo a 1 básicamente le da una descodificación codiciosa.

top-p limita el modelo al muestreo aleatorio del conjunto de componentes léxicos cuyas probabilidades acumuladas no superan p, comenzando desde la probabilidad más alta y siguiendo hasta la probabilidad más baja. Para ilustrar esto, primero ordene los componentes léxicos en orden descendente basado en la probabilidad. A continuación, seleccione un subconjunto de componentes léxicos cuyas puntuaciones de probabilidad acumuladas no excedan p.

Por ejemplo, si `p = 0.32`, las opciones son «aprende», «de» y «estudiante», ya que sus probabilidades de 0.20, 0.10 y 0.02, respectivamente, suman 0.32. El modelo utiliza entonces la estrategia de muestreo aleatorio ponderado para elegir el siguiente componente léxico, «estudiante» en este caso, del subconjunto de componentes léxicos, como se muestra en la figura 2-4.

`top-p` también puede producir una variabilidad mayor, y a veces se utiliza si es difícil elegir un buen valor `top-k`. `top-p` y `top-k` también se pueden utilizar juntos.

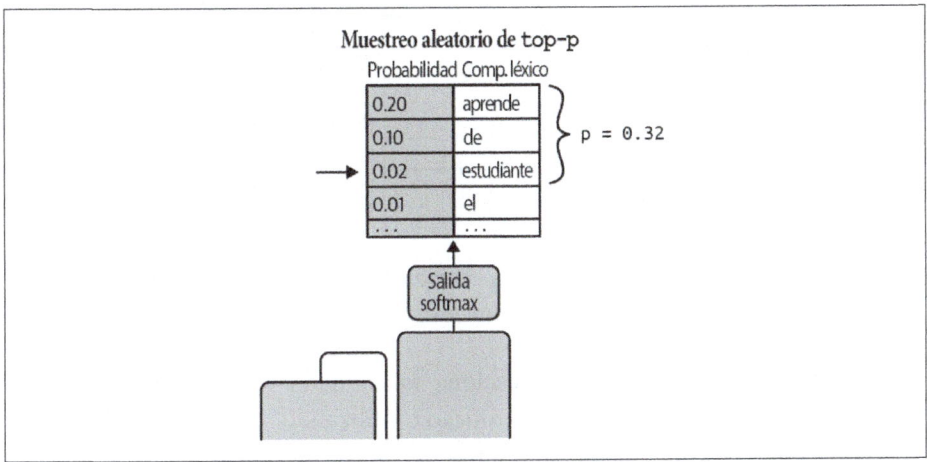

Figura 2-4. `top-p` *ponderación de probabilidad aleatoria.*

`temperatura`

Este parámetro también ayuda a controlar la aleatoriedad de la salida del modelo modificando la forma de la distribución de probabilidad del próximo componente léxico. En general, cuanto mayor sea la temperatura, mayor será la aleatoriedad y cuanto menor sea la temperatura, menor será la aleatoriedad.

A diferencia de `top-k` y `top-p`, cambiar la temperatura cambia realmente la distribución de probabilidad del próximo componente léxico, lo que finalmente afecta la predicción de próximo componente léxico.

Una temperatura baja (por debajo de 1, por ejemplo) da lugar a picos más fuertes, donde las probabilidades se concentran entre un subconjunto más pequeño de componentes léxicos. Una temperatura más alta (por encima de 1, por ejemplo) da como resultado una distribución de probabilidad más plana del próximo componente léxico, donde las probabilidades se distribuyen de manera más uniforme entre los componentes léxicos. El ajuste de la temperatura a 1 deja sin cambios la distribución de probabilidad siguiente, que representa la distribución aprendida durante la formación y la afinación del modelo.

En la figura 2-5 se comparan los escenarios de `temperaturas` bajas y altas.

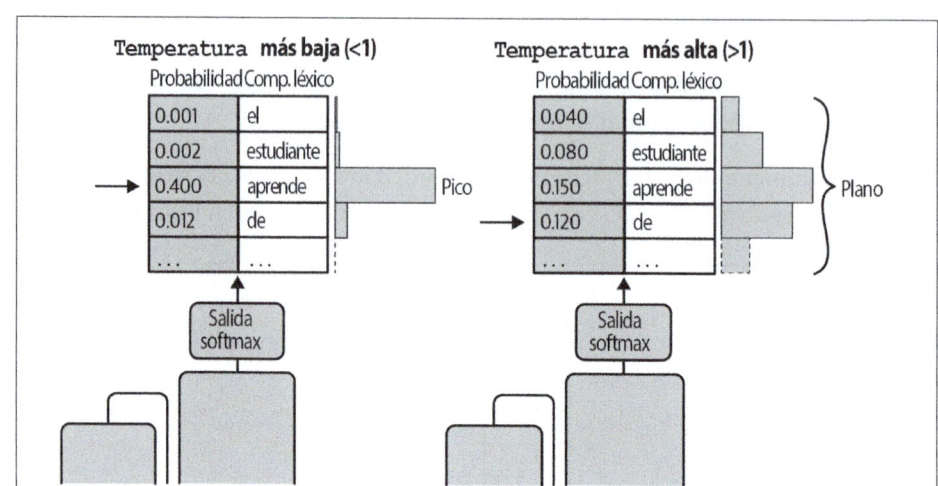

Figura 2-5. *Cambiar la `temperatura` cambiará la distribución de probabilidad del componente léxico siguiente.*

En ambos casos, el modelo selecciona el siguiente componente léxico de la distribución de probabilidad modificada utilizando el muestreo codicioso o aleatorio, que es ortogonal al parámetro de `temperatura`.

Tenga en cuenta que, si el valor de `temperatura` es demasiado bajo, el modelo puede generar más repeticiones; si la `temperatura` es demasiado alta, el modelo puede generar una salida sin sentido. Sin embargo, comenzar con un valor de `temperatura` de 1 suele ser una buena estrategia.

Resumen

En este capítulo, aprendió técnicas para ayudar a obtener el mejor rendimiento posible de los modelos de IA generativa utilizando ingeniería de indicaciones y experimentando con parámetros diferentes de configuración de inferencia. Con la ingeniería de indicaciones se guía el modelo básico generativo para proporcionar respuestas más relevantes y exactas utilizando varios métodos, como indicaciones mejor redactadas, ejemplos de aprendizaje en contexto y razonamiento lógico paso a paso.

Si bien puede llegar lejos con la ingeniería de indicaciones, el aprendizaje en contexto y los parámetros de inferencia, estas técnicas en realidad no modifican el peso de los modelos generativos. Es posible que necesite formar o afinar un modelo generativo con sus propios conjuntos de datos para ayudarlo a comprender mejor su dominio específico y su conjunto de casos de uso generativo, que explorará en los próximos capítulos.

## CAPÍTULO 3

Modelos de lenguaje grandes básicos

En el capítulo 2, aprendió a realizar una ingeniería de indicaciones y a aprovechar el aprendizaje en contexto utilizando un modelo básico existente. En este capítulo, explorará cómo se forma un modelo básico, incluidos los objetivos de formación y los conjuntos de datos. Si bien no es común formar su propio modelo básico desde cero, vale la pena entender cuánto tiempo, esfuerzo y complejidad se requiere para realizar este proceso intensivo en informática.

La formación de un modelo multibillonario de parámetros en lenguaje grande desde cero, llamado *formación previa*, requiere millones de horas de cálculo de GPU, billones de componentes léxicos de datos y mucha paciencia. En este capítulo, aprenderá sobre las leyes empíricas de escalamiento —tal como se describen en el documento popular Chinchilla— para la formación previa de modelos[1].

Al formar el modelo BloombergGPT, por ejemplo, los investigadores usaron las leyes de escalamiento de Chinchilla como punto de partida, pero aun así requirieron una gran cantidad de prueba y error, como se explica en el artículo BloombergGPT[2]. Con un presupuesto informático de GPU de 1.3 millones de horas, BloombergGPT fue formado con un gran grupo distribuido de instancias de GPU utilizando Amazon SageMaker.

En este capítulo se profundiza en los modelos básicos de formación previa generativa, que pueden abrumar a algunos lectores. Es importante tener en cuenta que no es necesario comprender completamente este capítulo para construir de manera efectiva aplicaciones de IA generativa. Este capítulo puede ser útil como referencia para algunos conceptos avanzados que encontrará más adelante.

Modelos de lenguaje grandes básicos

Al comienzo de cualquier proyecto de IA generativa, primero debe explorar la gran cantidad de modelos básicos formados previamente, disponibles públicamente, que existen hoy en día, incluyendo las variantes del modelo Llama 2 de Meta que se utilizan

---

1 Jordan Hoffmann y otros, «Training Compute-Optimal Large Language Models», arXiv, 2022.

2 Shijie Wu y otros, «BloombergGPT: Un modelo de lenguaje grande para las finanzas», arXiv, 2023.

en este libro. Muchos de estos modelos generativos han sido formados con datos públicos de Internet, con muchos idiomas y temas diferentes. Como tal, estos modelos han construido una comprensión sólida del lenguaje humano, así como una cantidad enorme de conocimientos en muchos dominios. Esto se llama, a menudo, *memoria paramétrica*, ya que el conocimiento se captura en los parámetros de los modelos.

Puede encontrar estos modelos básicos en un centro de modelos, como Hugging Face Model Hub, PyTorch Hub o Amazon SageMaker JumpStart. Los centros de modelos ofrecen una tarjeta modelo para cada modelo. Las tarjetas modelo suelen contener información importante sobre el modelo, incluidos los detalles de formación, el tamaño de la ventana contextual, la información sobre los mensajes y las limitaciones conocidas.

Por ejemplo, el Hugging Face Model Hub contiene una tarjeta modelo para la variante de 70 mil millones de parámetros de Llama 2 de Meta. Esta tarjeta modelo incluye detalles útiles, como la longitud de la ventana contextual (4096 componentes léxicos), los idiomas soportados (solo en inglés, en este caso), código de muestra para construir la indicación y cualquier artículo de investigación[3] asociado con el modelo.

A menudo, los centros de modelos contienen los mismos modelos. Así que solo tiene que elegir un centro de modelos que se ajuste a sus necesidades de seguridad e infraestructura. Por ejemplo, con el centro de modelos SageMaker JumpStart puede implementar una copia privada de un modelo básico directamente en su cuenta de AWS con solo unos pocos clics, como se describe en la documentación de Amazon SageMaker JumpStart. ¡Esto le permite empezar a generar contenido nuevo en cuestión de minutos!

Algunos modelos pueden usar variaciones ligeras del transformador original para optimizar tareas de lenguaje específicas. Esto puede causar problemas si intenta cambiar modelos durante el desarrollo, por lo que es importante, para evitar esto, investigar suficiente antes de comenzar el desarrollo.

El miedo a perderse (sigla en inglés, FOMO) puede tentarle a cambiar un modelo generativo nuevo antes de completar la evaluación del modelo actual. Trate de evitar esta tentación y complete las pruebas con un solo modelo, o conjunto de modelos, antes de buscar el último y más destacado ganador en la tabla de clasificación.

En sus evaluaciones, notará que algunos modelos básicos formados previamente pueden no haber visto suficiente texto público para aprender los matices de su dominio específico. Por ejemplo, el vocabulario de los modelos básicos públicos, a menudo medido en decenas de miles o cientos de miles de componentes léxicos, puede no incluir los términos comúnmente utilizados por su negocio.

---

3 Hugo Touvron y otros, «Llama 2: Open Foundation and Fine-Tuned Chat Models», arXiv, 2023.

Además, los modelos básicos públicos y los conjuntos de datos pueden haber sido depurados para evitar proporcionar asesoramiento médico, legal o financiero debido a la naturaleza sensible de estos dominios. Para remediar esto, una compañía financiera, Bloomberg, optó por formar su propio modelo básico desde cero llamado BloombergGPT. BloombergGPT fue formado con datos financieros públicos y privados, como se muestra en la tabla 3-1.

Tabla 3-1. *Desglose de los datos de formación de BloombergGPT.*

	Fuente	% Aprox.
Datos financieros	Web	42 %
(públicos y privados)	Noticias	5 %
	Expedientes	2 %
	Prensa	1 %
	Bloomberg	1 %
	TOTAL	**51 %**
Otros datos	La pila	26 %
(públicos)	C4	20 %
	Wikipedia	3 %
	TOTAL	**49 %**

Aprendamos más sobre los fundamentos de los modelos de lenguaje grandes, comenzando con los analizadores léxicos que convierten texto de lenguaje natural en partes de palabras, o componentes léxicos, como aprendimos en el capítulo 2.

Analizadores léxicos

Cada modelo de IA generativa basado en lenguaje tiene un analizador léxico que convierte texto legible por seres humanos (por ejemplo, mensajes) en un vector que contiene identidades de analizadores léxicos (token_ids) o de las entradas (input_ids).

Cada input_id representa un componente léxico en el vocabulario del modelo.

Verá input_ids en un montón de código fuente de aplicación de IA generativa, ya que estas son las representaciones numéricas de cada componente léxico. Una lista de input_ids representa una pieza más grande de texto, como una frase, oración o párrafo, como se muestra en la figura 3-1 para la frase «el estudiante aprende de la».

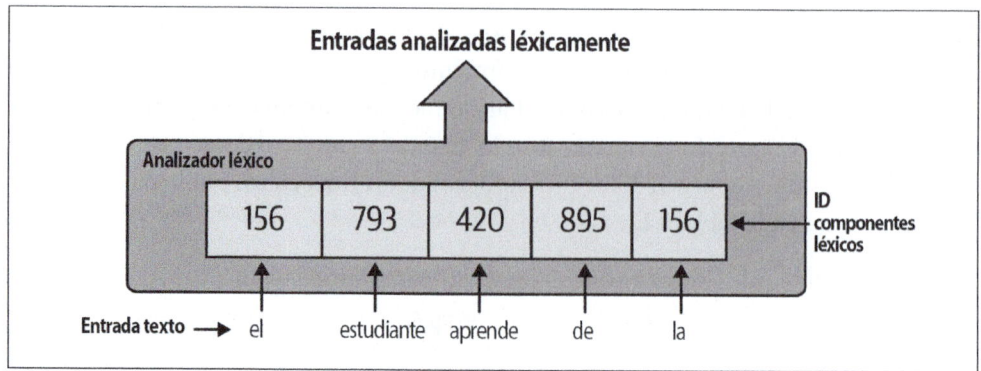

Figura 3-1. *Utilice un analizador léxico para convertir entradas de texto en vectores para el procesamiento legible con máquina.*

Una vez que el modelo convierte el texto de entrada en un vector de `input_ids`, necesita realizar un paso más para obtener la representación de dimensión alta de cada componente léxico, llamada *vector de incrustación*, que se aprende durante la fase de preformación del modelo. El *vector de incrustación* es un componente clave para los modelos generativos basados en el lenguaje.

Vectores de incrustación

Los vectores de incrustación, a menudo llamados «incrustaciones», se han utilizado en el aprendizaje automático, la recuperación de información y los casos de uso de búsqueda durante décadas. Las incrustaciones son una representación numérica y vectorizada de cualquier entidad de cualquier tipo, incluyendo texto, imágenes, vídeos y archivos de audio, proyectada en espacios vectoriales de dimensión muy alta.

Para mayor simplicidad, usemos un espacio vectorial tridimensional simple en el cual cada incrustación sea un vector de tres valores proyectados en el espacio tridimensional (mostrado en la figura 3-2). Aquí, puede ver que los componentes léxicos, como «enseñar» y «libro», están estrechamente relacionados, mientras que otros, como «coche» y «fuego», están más lejos.

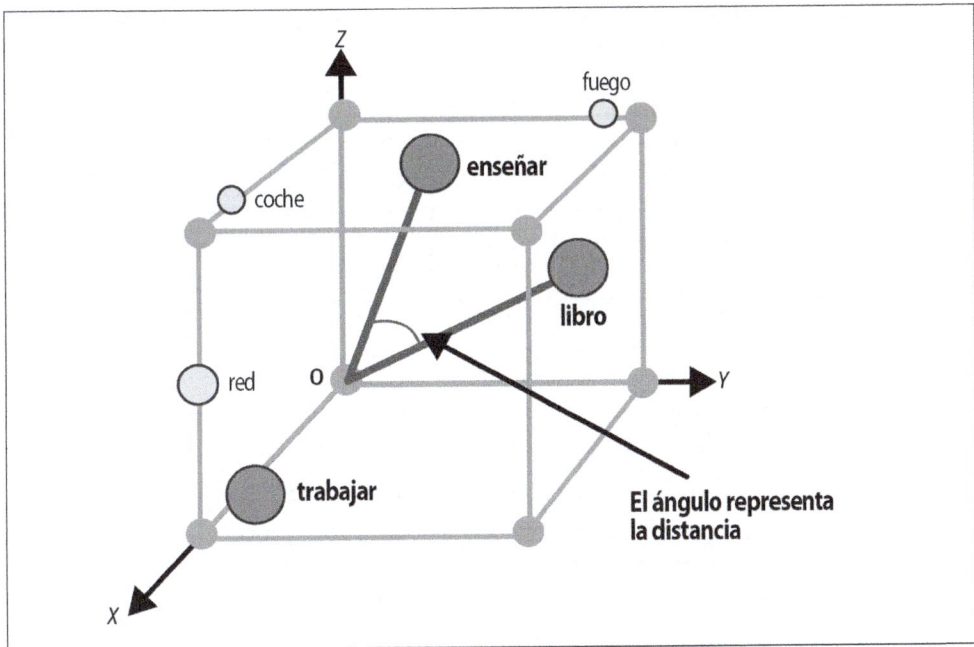

Figura 3-2. *Representación de componentes léxicos en un ejemplo de espacio de incrustación tridimensional.*

Dado que estos vectores codifican el significado y el contexto de los componentes léxicos dentro de un corpus más amplio de texto, permiten que el modelo represente y comprenda estadísticamente el lenguaje humano. Cuanto más cerca están estos componentes léxicos en el espacio vectorial, más similares son en el significado semántico.

En la figura 3-3 se muestra cómo cada componente léxico en la frase «el estudiante aprende de» se mapea a un vector en un espacio de incrustación tridimensional. Aunque en los ejemplos aquí mencionados se muestran solo unas pocas dimensiones, un espacio de incrustación típico tiene a menudo entre 512 y 4096 dimensiones.

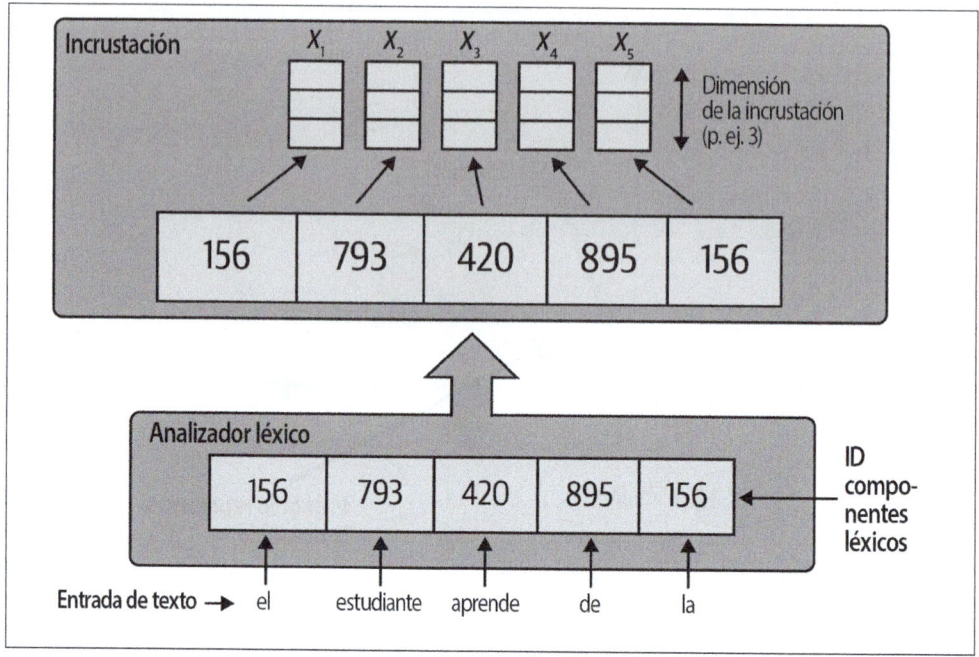

Figura 3-3. *Incrustación de espacio vectorial de tres dimensiones.*

Ahora que está familiarizado con los vectores de incrustación, está listo para explorar los transformadores. Las incrustaciones se pasan a las capas de autoservicio, que son un componente clave del transformador, como se verá a continuación.

Transformadores

Lanzados en 2017, los transformadores están en el tronco de la mayoría de los modelos de lenguaje modernos. De hecho, la «T» en BERT y GPT, dos arquitecturas lingüísticas populares, significa transformador. El transformador tiene un propósito ligeramente diferente dependiendo de cómo se esté utilizando.

Durante la inferencia del modelo, como se vio en el capítulo 2, el transformador se centra principalmente en ayudar al modelo a generar una respuesta a una indicación de entrada dada. Durante la formación previa y el ajuste fino del modelo (capítulos 5, 6 y 7), el transformador ayuda al modelo a obtener una comprensión contextual del lenguaje a partir del corpus de formación/afinación de entrada.

 Es importante recordar que no es necesario comprender los detalles mínimos de los transformadores para tener éxito con la IA generativa. Si bien siempre ayuda a entender el entorno, los detalles complejos de la implementación se han abstraído en bibliotecas, como la biblioteca Python de Hugging Face Transformers utilizada a lo largo de los ejemplos de este libro.

En la figura 3-4 se incluye una representación visual del transformador en el que nos centramos en este libro. Más o menos, de abajo arriba, la ventana contextual de los componentes léxicos de entrada contiene los de las indicaciones (p. ej., un máximo de 4096 componentes léxicos de entrada), las incrustaciones, el codificador, las capas de autoservicio, el decodificador y la salida *softmax*, que ayuda al modelo a elegir el siguiente componente léxico a generar a partir de una distribución de probabilidad en todo el vocabulario de componentes léxicos (p. ej., 30 000 a 50 000 componentes léxicos). A continuación, repasemos cada uno de los componentes.

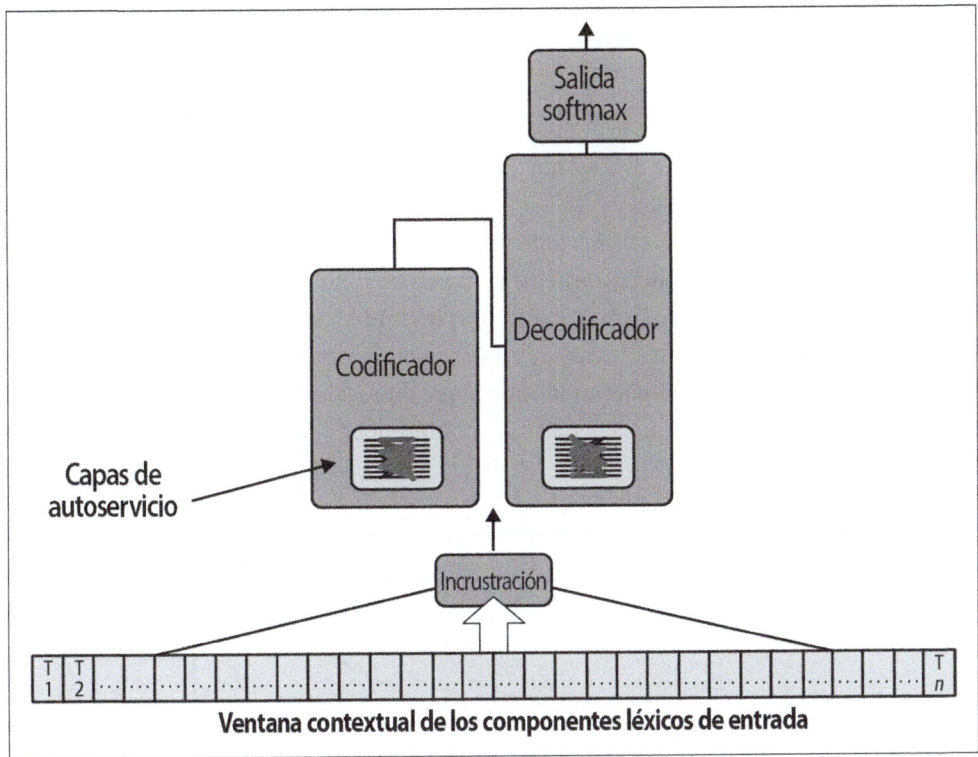

Figura 3-4. *Transformador avanzado.*

Ventana de entradas y contexto

La indicación de entrada se almacena en una construcción llamada «ventana contextual» de entrada. Se mide por el número de componentes léxicos que tiene. El tamaño de la ventana contextual varía mucho de un modelo a otro. Los modelos generativos de antes solo podían contener de 512 a 1024 componentes léxicos de entrada en la ventana contextual. Sin embargo, los más recientes pueden contener más de 10 000 e incluso 100 000 componentes léxicos (en el momento de escribir esto). El tamaño de la ventana contextual de entrada del modelo se define durante el diseño del modelo y la formación previa.

Capa de incrustación

Aprendimos sobre las incrustaciones anteriormente; sin embargo, vale la pena recordar que se aprenden durante la preformación del modelo y que, en realidad, son parte del transformador más grande. Cada componente léxico de entrada en la ventana contextual de entrada se asigna a una incrustación. Estas incrustaciones se utilizan en todo el resto de la red neuronal del transformador, incluidas las capas de autoservicio.

Codificador

Usualmente, el codificador codifica —o proyecta— secuencias de componentes léxicos de entrada en un espacio vectorial que representa la estructura y el significado de la entrada. La representación de este espacio se aprende al preformar el modelo.

Autoservicio

Los transformadores utilizan un mecanismo llamado autoatención para «atender» a los componentes léxicos de interés mientras pasa por las entradas. En concreto, la autoatención se utiliza para asistir a cada componente léxico con la entrada de datos a todos los demás componentes léxicos en la secuencia de entrada. En la figura 3-5 se muestra un ejemplo de autoatención, donde la palabra «sus» se refiere en gran medida a la palabra «profesora», así como a la palabra «conferencias», aunque en menor grado que la palabra «profesora».

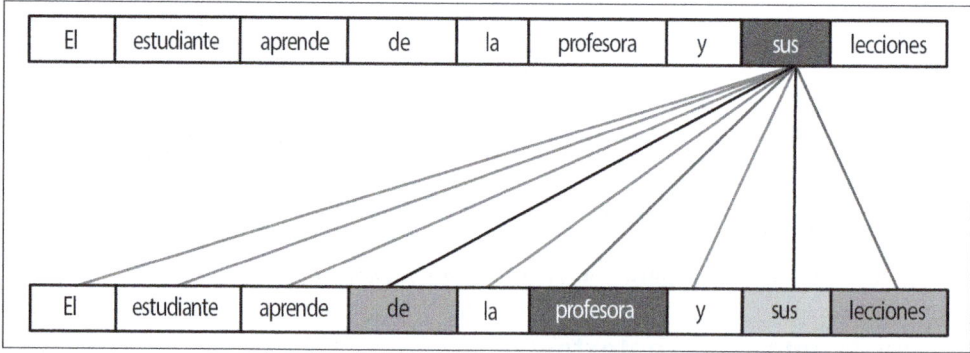

Figura 3-5. *El mecanismo de «autoatención» relaciona cada componente léxico en los datos con todos los demás componentes léxicos en la secuencia de entrada.*

Esta atención por pares permite al modelo aprender las dependencias contextuales, o la comprensión contextual, de los datos de entrada durante la formación previa del modelo. Al prestar atención a toda la entrada, el transformador desbloquea la capacidad del modelo para aprender y representar el lenguaje a partir de los documentos de capacitación proporcionados.

En la práctica, el transformador aprende en realidad conjuntos múltiples de pesos de autoservicio a través de la atención multicabezal. Cada cabeza funciona en paralelo sobre la misma entrada y aprende aspectos diferentes del idioma. Por ejemplo, una cabeza puede atender a las relaciones entre entidades en la entrada mientras que otra atiende a un conjunto específico de actividades descritas en la entrada.

Tenga en cuenta que los parámetros, o pesos, de cada cabeza se inicializan aleatoriamente al principio, por lo que es difícil predecir qué aspectos atenderá cada una. El número de cabezas varía de un modelo a otro, pero normalmente está en el intervalo de 12 a 100.

 El autoservicio es muy costoso desde el punto de vista informático, ya que calcula n^2 puntuaciones de servicio en pares entre cada componente léxico en la entrada y entre cada dos componentes léxicos. De hecho, una gran cantidad de mejoras generativas de rendimiento están dirigidas a las capas de servicio como FlashAttention y atención de consulta agrupada (GQA, en inglés) descritas en el capítulo 4.

Echemos un vistazo más de cerca a cómo el transformador implementa el mecanismo del autoservicio. La atención asigna un peso a los componentes léxicos de entrada en función de su importancia en relación con la tarea generativa. Considere la atención como una función que toma la secuencia de entrada X y devuelve la secuencia de salida Y, donde X e Y son el mismo vector de longitud. Cada vector en Y es un promedio ponderado de los vectores en X, como se muestra en la figura 3-6.

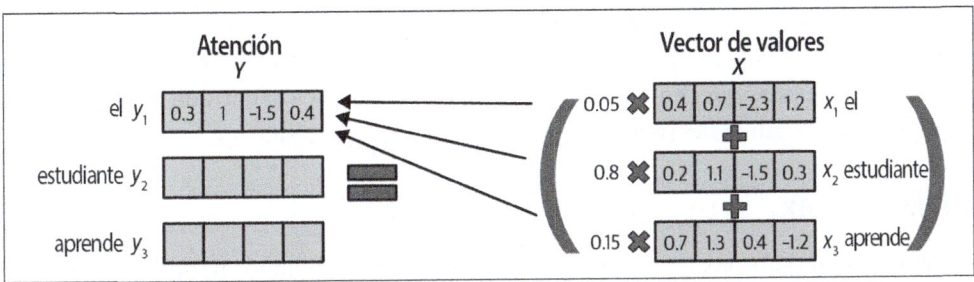

Figura 3-6. *La atención es el promedio ponderado de los vectores de entrada.*

Estos pesos expresan cuánto atiende el modelo a cada vector de entrada en X al calcular la media ponderada. Para calcular los pesos de la atención, una función de compatibilidad asigna una puntuación a cada par de palabras indicando cuán compatibles son o, mejor dicho, cuán fuertemente se atienden entre sí. Vamos a profundizar en la función de compatibilidad y la puntuación, que se muestra en la figura 3-7.

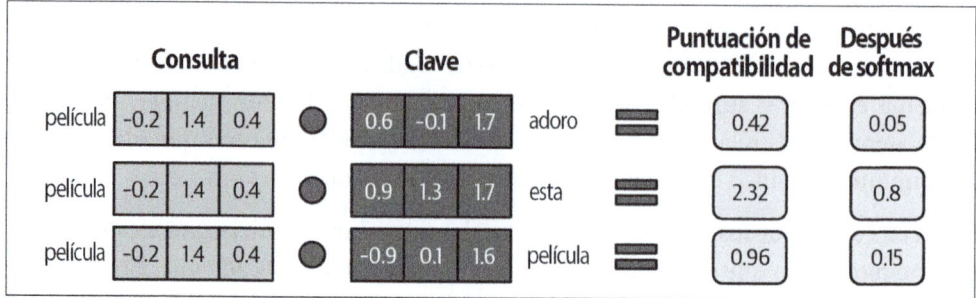

Figura 3-7. *Los pesos de atención son el producto punto normalizado de los vectores de consulta y clave.*

En primer lugar, el modelo crea un vector de consulta (q) para la palabra que está prestando atención y un vector clave (k) para la palabra a la que se presta atención. Estas son transformaciones lineales (multiplicaciones matriciales) de los vectores de entrada originales con matrices de peso aprendidas para cada consulta y vector clave.

A continuación, la puntuación de compatibilidad se calcula como el producto punto del vector de consulta de una palabra y el vector clave de la otra. Por último, la puntuación se normaliza aplicando la función softmax. El resultado es el peso de atención después de utilizar la softmax.

Decodificador

Los pesos de atención se pasan a través del resto de la red neuronal del transformador, incluyendo el decodificador. El decodificador utiliza la comprensión contextual basada en la atención de los componentes léxicos de entrada para ayudar a generar nuevos componentes léxicos que, en última instancia, «responden» a la entrada proporcionada. Es por eso que la salida del modelo a menudo se llama respuesta.

Salida softmax

La capa de salida softmax genera una distribución de probabilidad en todo el vocabulario del componente léxico, en la que se asigna a cada componente cierta probabilidad de ser seleccionado enseguida. Típicamente, el componente léxico con la probabilidad más alta se generará como el componente léxico siguiente pero, como vimos en el capítulo 2, hay mecanismos (como la `temperatura`) para modificar la selección del componente léxico siguiente; por ejemplo, para hacer el modelo más o menos creativo.

La capa softmax produce un vector de probabilidades que representa la probabilidad de que cada componente léxico sea elegido a continuación. En otras palabras, si el vocabulario es de 100 000 componentes léxicos, esta capa produce un vector de 100 000 probabilidades, como se muestra en la figura 3-8.

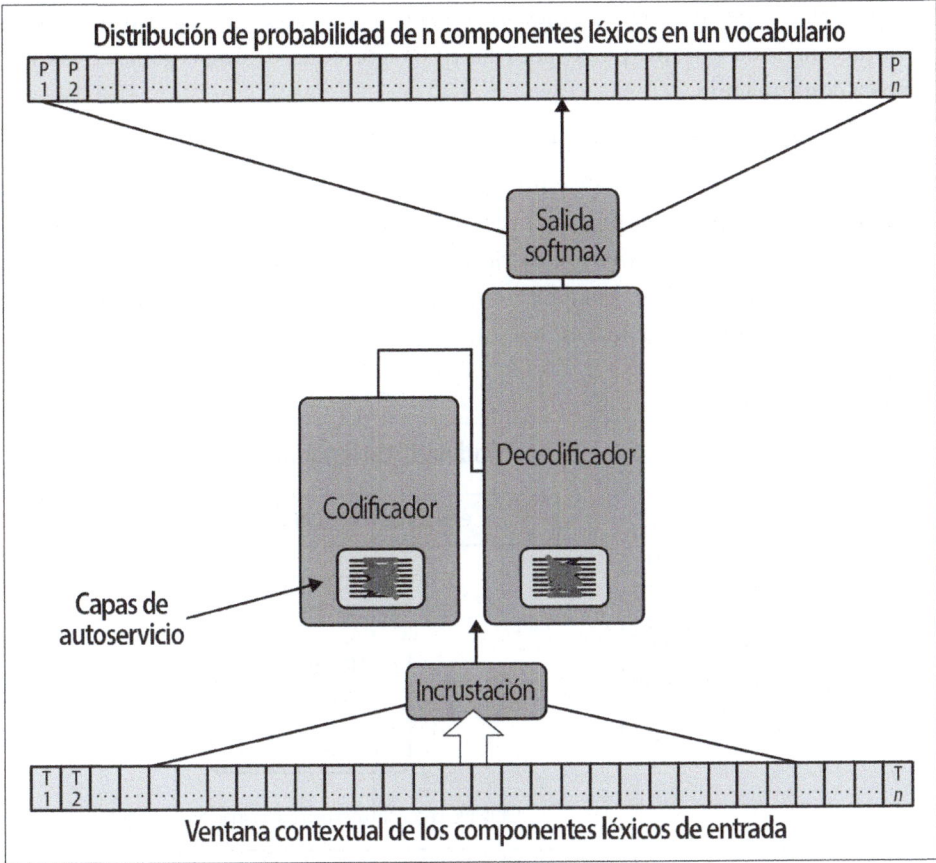

Figura 3-8. *Probabilidad de ser el próximo componente léxico entre todos los componentes léxicos en el vocabulario.*

El modelo continúa generando componentes léxicos nuevos en un bucle hasta que se alcanza una condición de parada, normalmente cuando se genera un componente léxico de fin de secuencia (EOS). Al igual que el vocabulario del componente léxico y el tamaño de la ventana contextual de entrada, el componente léxico EOS suele ser específico del modelo y debe ser definido por el creador de este.

A estas alturas, ya conoce los componentes clave de los transformadores. Esto sienta las bases para el resto del libro, incluyendo los capítulos sobre modelos multimodales generativos. El transformador es un componente clave para casi todos los modelos generativos, ya que la forma principal de interactuar con estos es a través del lenguaje.

Tipos de modelos básicos basados en transformadores

Hay tres variantes de modelos generativos basados en transformadores: solo codificador, solo decodificador y codificador decodificador. Cada variante se forma con un objetivo de formación diferente y durante la formación previa se actualizan los pesos del modelo para minimizar la pérdida de los objetivos de formación descritos a continuación para cada variación. Cada variante puede abordar tipos diferentes de tareas generativas, como veremos a continuación.

Los *modelos de solo codificador*, o autocodificadores, se preforman mediante una técnica denominada modelado de lenguaje enmascarado (MLM), que enmascara aleatoriamente los componentes léxicos de entrada e intenta predecir cuáles son enmascarados. A veces se denomina objetivo de *eliminación de ruido*. Los modelos de autocodificación utilizan representaciones bidireccionales de la entrada para comprender mejor el contexto completo de un componente léxico, no solo de los anteriores en la secuencia, como se muestra en la figura 3-9.

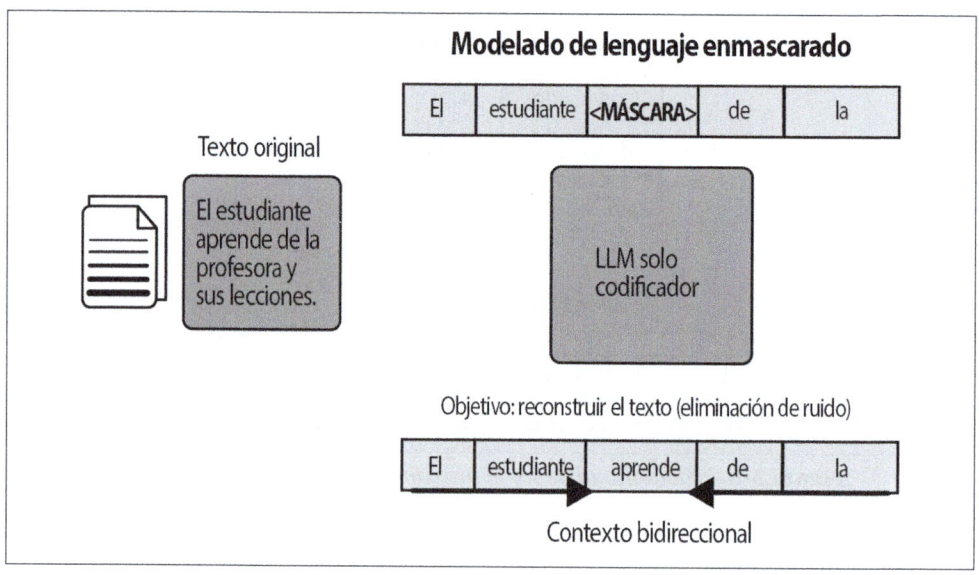

Figura 3-9. *Los modelos de solo codificador (autocodificadores) usan un contexto bidireccional para reconstruir los componentes léxicos de entrada enmascarados.*

Los modelos de solo codificador son los más adecuados para tareas de lenguaje que utilizan las incrustaciones generadas por el codificador, como la clasificación de texto. No son particularmente útiles para tareas generativas que continúan generando más texto. Un modelo conocido de solo codificador es BERT, que se cubre ampliamente en *Data Science on AWS* (O'Reilly).

Las salidas de incrustación también son útiles para la búsqueda semántica de similitud, un algoritmo avanzado de búsqueda de documentos más allá de la búsqueda simple de palabras clave. Se explorará más la búsqueda de similitud semántica en «Generación mejorada por recuperación».

Los *modelos de solo decodificador*, o modelos autorregresivos, se preforman utilizando un modelo lingüístico causal unidireccional (CLM), que predice el componente léxico siguiente usando solo los componentes léxicos anteriores; cada dos componentes léxicos está enmascarado, como se muestra en la figura 3-10.

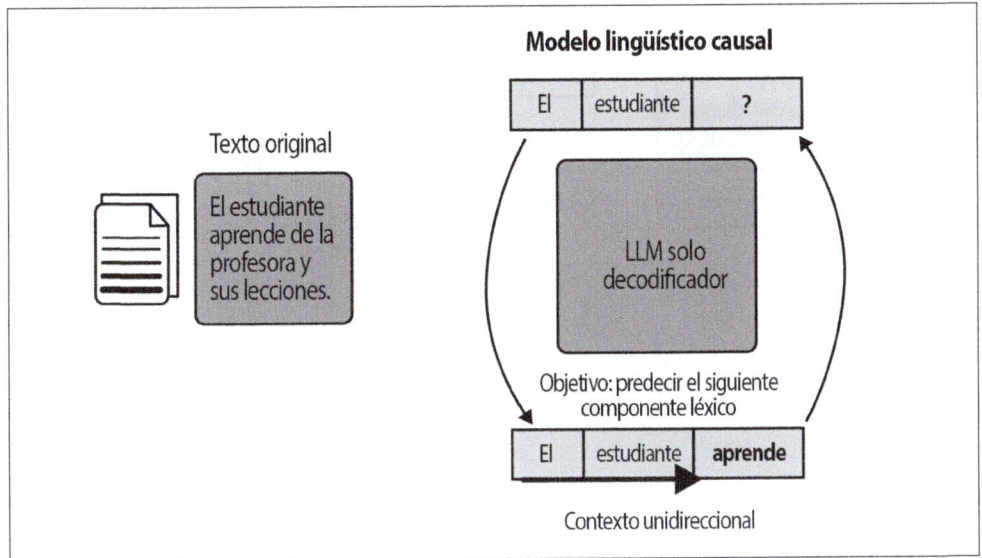

Figura 3-10. *Los modelos de solo decodificador (autorregresivos) solo revelan los componentes léxicos que conducen al que se predice.*

Los modelos de solo decodificador y autorregresivos utilizan millones de ejemplos de texto para aprender una representación estadística del lenguaje al predecir continuamente el próximo componente léxico a partir de los anteriores. Estos modelos son el estándar para tareas generativas, incluyendo preguntas-respuestas. Las familias de modelos GPT-3 Falcon y LLaMA son modelos autorregresivos bien conocidos.

 Meta cambió el caso del nombre del modelo Llama cuando lanzó Llama 2. La primera versión utiliza el caso mixto (LLaMA), que es un acrónimo de *Large Language Model Meta AI* (Modelo de lenguaje grande para IA de Meta). La segunda versión utiliza el caso del título (Llama 2).

Los modelos de codificador decodificador, a menudo llamados de secuencia a secuencia, utilizan tanto el transformador codificador como el decodificador. Si bien los objetivos de formación previa varían de un modelo a otro, el modelo básico popular T5 (por ejemplo, FLAN-T5) fue formado previamente usando un enmascaramiento multicomponente léxico consecutivo llamado tramo dañado. Luego, el decodificador intenta reconstruir la secuencia enmascarada de componentes léxicos, <X>, como se muestra en la figura 3-11.

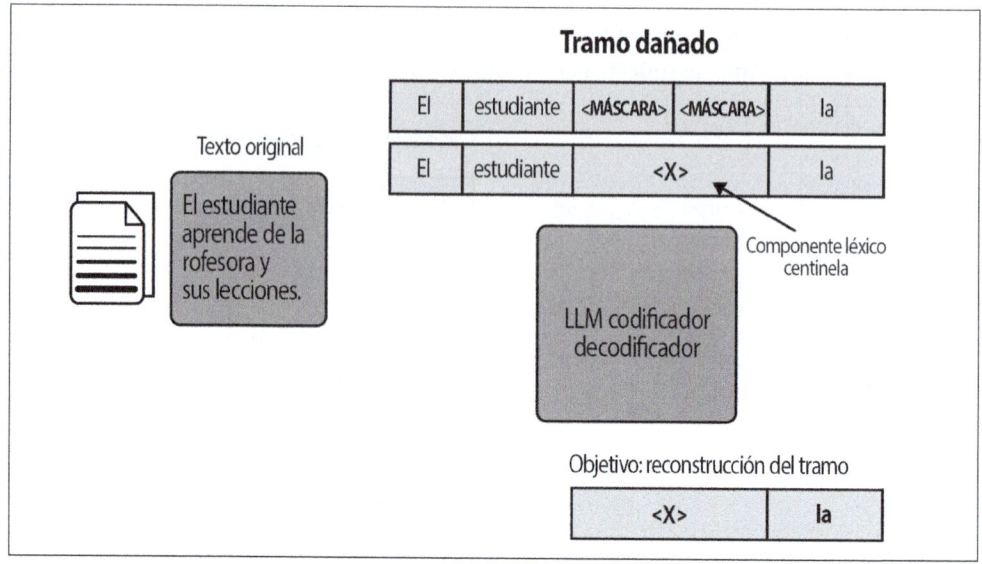

Figura 3-11. *Modelos de codificador-decodificador (secuencia a secuencia).*

Los modelos de secuencia a secuencia, originalmente diseñados para la traducción, también son muy útiles para tareas de resumen de texto. T5 y su hermano con ajuste fino, FLAN-T5, son modelos bien conocidos de codificador-decodificador, secuencia a secuencia, utilizados en un número amplio de tareas de lenguaje generativo.

Ahora que hemos visto los tres tipos principales de modelos básicos basados en transformadores, vamos a explorar algunos de los conjuntos de datos más comunes, disponibles públicamente, que se utilizan para formación previa de modelos básicos.

Conjuntos de datos para formación previa

Un modelo generativo aprende las funciones durante la fase de formación previa, cuando ve una gran cantidad de datos de formación, a menudo en la escala de terabytes y petabytes. Los conjuntos de datos a menudo provienen de Internet (datos públicos), pero también pueden incluir datos privados de los depósitos o bases de datos privadas de Amazon S3.

Dos de los conjuntos de datos más populares para preformar modelos de lenguaje grande son Wikipedia y Common Crawl. Wikipedia ofrece un extracto multilingüe de su contenido de 2022, mientras que Common Crawl es un registro mensual de texto que se encuentra en todo Internet.

Como puede imaginar, este tipo de datos de Internet en formato libre es muy desordenado. Como tal, hay variantes de estos conjuntos de datos, como Wiki-40B[4],

---

[4] Mandy Guo y otros, «Wiki-40B: Multilingual Language Model Dataset», arXiv, 2020.

Colossal Clean Crawled Corpus (C4)[5], The Pile[6] y RefinedWeb[7], que intentan limpiar los datos para una formación de modelos de mayor calidad. RefinedWeb, en particular, intenta filtrar el texto generado por la máquina utilizando métodos estadísticos para determinar si el texto es generado por seres humanos o por máquinas.

 La familia de modelos Falcon fue formada con 1.5 billones de componentes léxicos de datos llamados RefinedWeb. Los datos se procesaron en un grupo de 257 instancias ml.c5.18xlarge de SageMaker, compuesto por 18 504 CPU y 37 TB de RAM de CPU.

A continuación, aprenderá sobre las leyes de escalamiento, que describen la relación entre el tamaño del modelo, el tamaño del conjunto de datos y el presupuesto informático.

Leyes de escalamiento

Para los modelos generativos, ha surgido un conjunto de *leyes de escalamiento* que describen las compensaciones entre el tamaño del modelo y el del conjunto de datos para un presupuesto informático fijo (por ejemplo, el número de horas de GPU). Estas leyes de escalamiento[8] establecen que puede lograr un mejor rendimiento del modelo generativo aumentando el número de componentes léxicos o el número de parámetros del modelo.

La ampliación de ambos requerirá normalmente un presupuesto informático más alto, que habitualmente se define en términos de operaciones de punto flotante por segundo (FLOP). En la figura 3-12 se hace una comparación del presupuesto informático necesario para preformar variaciones y tamaños diferentes de BERT, T5 y GPT-3. Recuerde que BERT es un modelo de solo codificador, T5 es un modelo codificador decodificador y GPT-3 es un modelo solo de decodificador. Tenga en cuenta que el eje *y* es logarítmico.

[5] Colin Raffel y otros, «Exploring the Limits of Transfer Learning with a Unified Text-to-Text Transformer», *arXiv*, 2020.

[6] Leo Gao y otros «The Pile: An 800GB Dataset of Diverse Text for Language Modeling», arXiv, 2020.

[7] Guilherme Penedo y otros, «The RefinedWeb Dataset for Falcon LLM: Outperforming Curated Corpora with Web Data, and Web Data Only», arXiv, 2023.

[8] Jared Kaplan y otros, «Scaling Laws for Neural Language Models», arXiv, 2020.

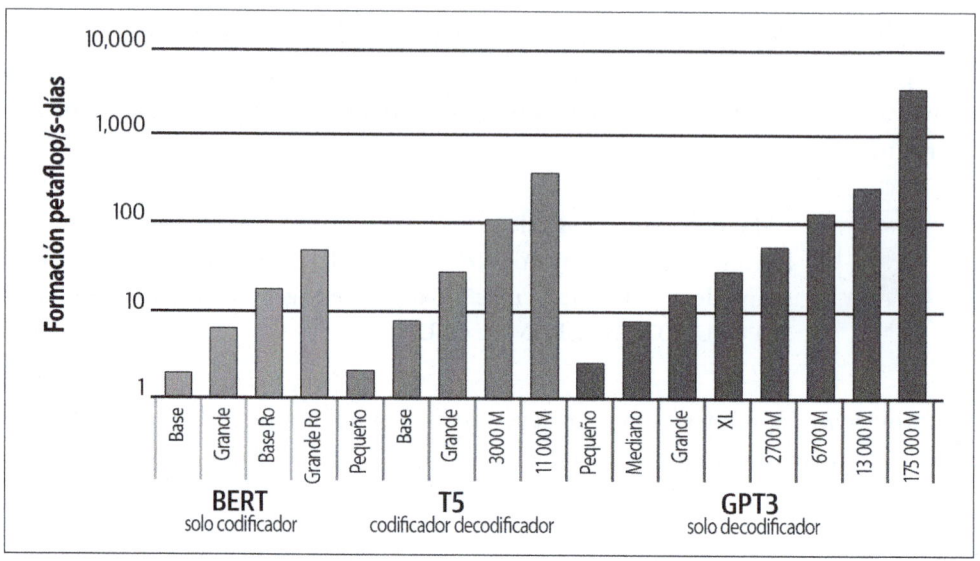

Figura 3-12. *Requisitos de preformación para modelos comunes en petaflop/s-días (fuente: adaptado de una imagen en Brown y otros).*

Aunque el modelo GPT-3 de 175 mil millones supera a los modelos T5 y BERT en tareas generativas, de acuerdo con varios parámetros de referencia los modelos más grandes requieren un presupuesto informático mayor. Podría preguntarse si es posible obtener 175 mil millones de parámetros de rendimiento de un modelo más pequeño. De hecho, ¡es posible!

Los investigadores han descubierto que, al aumentar el tamaño del conjunto de datos de formación en lugar del tamaño del modelo, se puede obtener un rendimiento de vanguardia que excede los modelos de 175 mil millones de parámetros con un conjunto mucho más pequeño de pesos. De hecho, en el documento «Scaling Laws for Neural Language Models» se muestra que si se mantiene el presupuesto informático constante, el rendimiento del modelo puede aumentar cuando aumenta el tamaño del conjunto de datos de formación (y se mantiene constante el tamaño del parámetro del modelo) o se aumenta el número de parámetros del modelo (y se mantiene constante el tamaño del conjunto de datos). Consulte la figura 3-13 para ver cómo disminuye la pérdida a medida que aumenta el tamaño del conjunto de datos o el tamaño del parámetro.

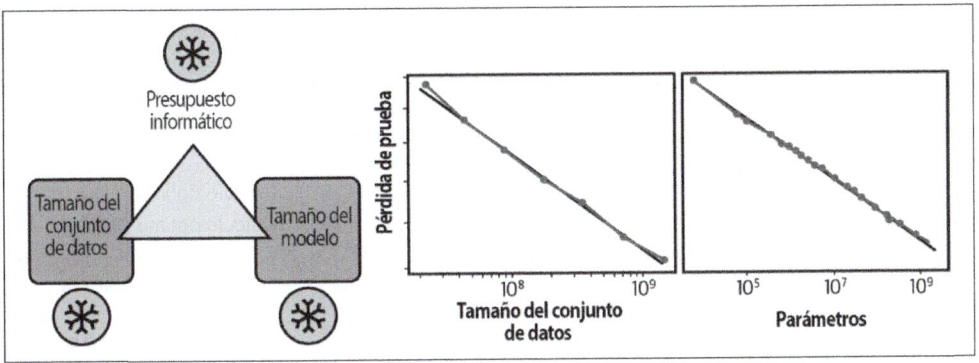

Figura 3-13. *Impacto del tamaño del parámetro y del conjunto de datos en el rendimiento del modelo (Fuente: gráficos de la figura adaptados a partir de una imagen en Kaplan y otros).*

Esto también indica que puede mejorar el rendimiento de los modelos más pequeños simplemente formándolos con más datos. Este es el apasionante campo de la investigación de modelos de informatización óptima que aprenderá a continuación.

Modelos informáticos óptimos

En 2022, un grupo de investigadores publicó un artículo[9] que comparaba el rendimiento del modelo de varias combinaciones de modelos y tamaños de conjuntos de datos. Dado que los autores nombraron el modelo final de informatización óptima Chinchilla, este artículo es conocido como el artículo Chinchilla.

El artículo Chinchilla implica que los modelos enormes, de parámetros de más de 100 mil millones, como el GPT-3, pueden estar sobreparametrizados y poco formados. Además, plantean la hipótesis de que se podría lograr un rendimiento de más de 100 mil millones de parámetros con un modelo pequeño simplemente proporcionando más datos de formación al modelo más pequeño.

Para ser más específicos, los autores del artículo Chinchilla afirman que el tamaño óptimo del conjunto de datos de formación (medido en componentes léxicos) es 20 veces el número de parámetros del modelo y que cualquier cosa por debajo de esa relación de 20 veces está potencialmente sobreparametrizada y poco formada. En la tabla 3-2 se comparan los modelos de cálculos óptimos de Chinchilla y LLaMA con las variantes de 175 mil millones de parámetros de GPT-3, OPT y BLOOM.

---

[9] Jordan Hoffmann y otros, «Training Compute-Optimal Large Language Models», *arXiv*, 2022.

Tabla 3-2. *Leyes de escalamiento de Chinchilla para el tamaño del modelo y del conjunto de datos.*

Modelo	Tamaño del modelo (parámetros)	Tamaño óptimo del conjunto de datos (componentes léxicos)	Tamaño real del conjunto de datos (componentes léxicos)	Hipótesis
Chinchilla	70 B	1.4 T	1.4 T	Cálculo óptimo (20x)
LLaMA-65B	65 B	1.3 T	1.4 T	Cálculo óptimo (20x)
GPT-3	175 B	**3.5 T**	**300 B**	Sobreparametrizado para el tamaño del conjunto de datos (<20x)
OPT-175B	175 B	**3.5 T**	**180 B**	Sobreparametrizado para el tamaño del conjunto de datos (<20x)
BLOOM	176 B	**3.5 T**	**350 B**	Sobreparametrizado para el tamaño del conjunto de datos (<20x)
Llama2-70B	70 B	1.4 T	2.0 T	Mejor que el cálculo óptimo (>20x)

Aquí, se ve que, de acuerdo con las leyes de escalamiento de Chinchilla, estos modelos de parámetros de más de 175 mil millones deben ser formados con 3.5 billones de componentes léxicos. En cambio, fueron formados con 180–350 mil millones de componentes léxicos, un orden de magnitud menor de lo recomendado. Como tal, el documento insinúa que estos modelos de más de 175 mil millones de parámetros podrían haber sido formados con muchos más datos, o podrían haber sido de un orden de magnitud más pequeño.

De hecho, el modelo más reciente de Llama 2 de 70 mil millones de parámetros, que fue lanzado después del documento Chinchilla, fue formado con 2 trillones de componentes léxicos, mayor que la relación de 20 componentes léxicos a 1 parámetro descrita por el documento. Llama 2 superó al modelo original de LLaMA basado en varios puntos de referencia[10], incluyendo la comprensión masiva del lenguaje multitarea (MMLU). Esto demuestra la tendencia reciente de aumentar la cantidad de datos de formación previa manteniendo el número de parámetros relativamente fijo.

Resumen

En este capítulo, se vio cómo los modelos básicos se forman usando cantidades grandes de texto durante la etapa inicial de formación, llamada formación previa. Aquí es donde el modelo desarrolla su comprensión del lenguaje.

También aprendimos tres tipos diferentes de modelos de lenguaje basados en transformadores: de solo codificador (autocodificación), de solo decodificador (autorregresivo) y de codificador-decodificador (secuencia a secuencia).

---

[10] Dan Hendrycks y otros, «Measuring massive multitask Language Understanding», *arXiv*, 2021.

Además, aprendimos algunas leyes empíricas de escalamiento que se han descubierto para formación previa de modelos de IA generativa. Estas leyes de escalamiento ayudan a los investigadores a elegir el número de parámetros del modelo (mil millones, 7 mil millones, 70 mil millones, etc.) y el tamaño del conjunto de datos (700 mil millones de componentes léxicos, 1.4 billones de componentes léxicos, 2 billones de componentes léxicos, etc.) para un presupuesto informático determinado al preparar un modelo básico desde cero.

También vimos cómo al agregar más datos de formación, más allá de la relación de 20 veces definida por las leyes de escalamiento de Chinchilla, puede mejorarse el rendimiento del modelo mientras se mantiene el tamaño del modelo relativamente fijo.

Recuerde que la formación previa de un modelo básico no es común, ya que requiere una gran cantidad de horas y datos de cómputo de la GPU. Lo más habitual es afinar el modelo al conjunto de datos utilizando un grupo de GPU mucho más pequeño, como se verá en los próximos capítulos. Sin embargo, antes de explorar el ajuste fino, vamos a entender mejor los problemas informáticos y de memoria al trabajar con modelos generativos grandes. Tales problemas incluyen limitaciones de memoria de GPU y gastos generales de informática distribuida.

En el capítulo 4, aprenderemos a utilizar la cuantificación para reducir los requisitos de memoria del trabajo de formación. También aprenderemos a escalar de manera eficiente la formación de modelos en múltiples GPU mediante estrategias de informática distribuida, como el paralelismo de datos totalmente fragmentados (FSDP en inglés), incluidas las optimizaciones para AWS.

## CAPÍTULO 4

Optimizaciones de memoria y cálculo

En el capítulo 3, exploramos las mejores prácticas para experimentar y seleccionar un modelo básico para un caso de uso. El siguiente paso suele ser personalizar el modelo según la necesidad y los conjuntos de datos específicos. Esto podría incluir adaptar el modelo a los conjuntos de datos utilizando una técnica llamada *ajuste fino*, que exploraremos con más detalle en el capítulo 5. Al formar o afinar modelos básicos grandes, a menudo se enfrentan desafíos informáticos; en particular, acomodar modelos grandes en la memoria de la GPU.

En este capítulo, exploraremos técnicas que ayudan a superar las limitaciones de la memoria. Aprenderemos a aplicar la cuantificación y la formación distribuida para minimizar la RAM de GPU requerida y a escalar la formación de modelos horizontalmente a través de GPU múltiples para modelos más grandes.

Por ejemplo, el modelo Falcon original, de 40 mil millones de parámetros, formado con un grupo de 48 instancias `ml.p4d.24xlarge` de Amazon SageMaker, que constan de 384 GPU NVIDIA A100 GPU, con 15TB de RAM de GPU y 55TB de RAM de CPU. Una versión más reciente de Falcon fue formada con un grupo de 392 instancias `ml.p4d.24xlarge` de SageMaker, que consta de 3136 NVIDIA A100 GPU, 125 TB de RAM de GPU y 450 TB de RAM de CPU. El tamaño y la complejidad del modelo Falcon requiere un grupo de GPU, pero también se beneficia de la cuantificación, como veremos a continuación.

Problemas de memoria

Uno de los problemas más comunes que encontrará cuando intente formar o afinar los modelos básicos es que se está quedando sin memoria. Si alguna vez ha intentado formar o incluso simplemente cargar el modelo en las GPU NVIDIA, el mensaje de error de la figura 4-1 puede resultarle familiar.

```
OutOfMemoryError: CUDA out of memory.
```

Figura 4-1. *Error CUDA de falta de memoria.*

CUDA, abreviatura de Compute Unified Device Architecture, es una colección de bibliotecas y herramientas desarrolladas para GPU NVIDIA para aumentar el rendimiento en operaciones comunes de aprendizaje profundo, incluida la multiplicación de matrices, entre muchas otras. Las bibliotecas de aprendizaje profundo como PyTorch y TensorFlow utilizan CUDA para manejar los detalles específicos de hardware de nivel bajo, incluido el movimiento de datos entre la CPU y la memoria de la GPU. Como los modelos generativos modernos contienen varios miles de millones de parámetros, es probable que haya encontrado este error fuera de memoria durante el desarrollo mientras carga y prueba un modelo en el entorno de investigación.

Un parámetro de modelo único, con una precisión total de 32 bits, está representado por 4 bytes. Por lo tanto, un modelo de 1000 millones de parámetros requiere 4 GB de RAM de GPU solo para cargar el modelo en RAM de GPU con precisión total. Si también desea formar al modelo, necesitará más memoria de GPU para almacenar los estados del optimizador numérico, gradientes y activaciones, así como cualquier variable temporal utilizada por las funciones, como se muestra en la tabla 4-1.

Tabla 4-1. *RAM adicional necesaria para formar un modelo.*

Estados	Bytes por parámetro
Parámetros del modelo (pesos)	4 bytes por parámetro
Optimizador Adán (2 estados)	8 bytes por parámetro
Gradientes	4 bytes por parámetro
Activaciones y memoria temporal	8 bytes por parámetro (estimación optimizada)
TOTAL	**= 4 + 20 bytes por parámetro**

Cuando experimente con la formación de un modelo, se recomienda comenzar con `batch_size=1` para encontrar los límites de memoria del modelo con un solo ejemplo de formación. A continuación, puede aumentar incrementalmente el tamaño del lote hasta que llegue al error CUDA de falta de memoria. Esto determinará el tamaño máximo del lote para el modelo y el conjunto de datos. Un tamaño de lote más grande a menudo puede acelerar la formación del modelo.

Estos componentes adicionales pueden ocupar de 12 a 20 bytes adicionales de memoria de la GPU por parámetro del modelo. Por ejemplo, para formar a un modelo de 1000 millones de parámetros, necesitará aproximadamente 24 GB de RAM de GPU con una precisión total de 32 bits, seis veces más memoria que los 4 GB de RAM de GPU para cargar el modelo, como se ve en la figura 4-2.

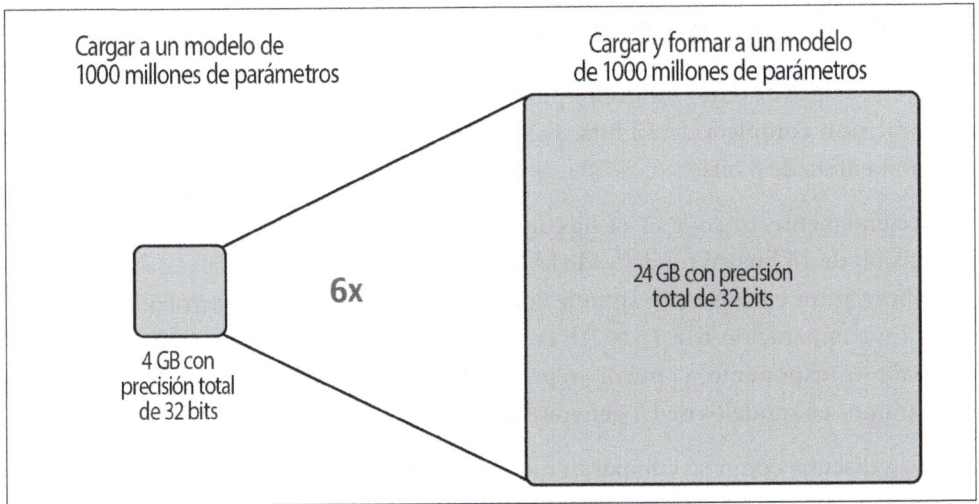

Figura 4-2. *Comparación aproximada entre la RAM de GPU necesaria para cargar*
y la necesaria para cargar y formar a un modelo de 1000 millones de parámetros
con precisión total de 32 bits.

Vale la pena señalar que las NVIDIA A100 y H100, utilizadas en el momento de escribir estas líneas, solo admiten hasta 80 GB de RAM de GPU. Como es probable que desee formar modelos de más de 1000 millones de parámetros, necesitará encontrar una solución alternativa, como cuantificar el modelo.

AWS también ha desarrollado aceleradores de aprendizaje automático (AA), como AWS Trainium, diseñados a medida, para la formación de alto rendimiento y bajo coste de modelos de IA generativa de más de 100 mil millones de parámetros. Puede aprovechar los circuitos AWS Trainium con la familia de instancias `Trn1`. La instancia `Trn1` más grande, en el momento de escribir este artículo, está alimentada por 16 chips AWS Trainium y tiene 512 GB de memoria compartida del acelerador. Además, las instancias `Trn1` están optimizadas para la cuantificación y la formación de modelos distribuidos, y admiten una amplia gama de tipos de datos.

La cuantificación es una forma popular de convertir los parámetros del modelo de 32 bits de precisión a uno de 16 bits de precisión, o incluso de 8 o 4. Al cuantificar los pesos del modelo desde una precisión completa de 32 bits hasta una media precisión de 16, puede reducir rápidamente el requerimiento de memoria de modelo de 1000 millones de parámetros en un 50 %, a solo 2 GB para la carga y 40 GB para la formación.

Pero, antes de sumergirnos en la cuantificación, vamos a explorar tipos de datos comunes para la formación de modelos y a discutir la precisión numérica.

Tipos de datos y precisión numérica

Los diversos tipos de datos utilizados por PyTorch y TensorFlow son los siguientes: `fp32` para precisión completa de 32 bits, `fp16` para semiprecisión de 16 bits e `int8` para precisión entera de 8 bits.

Más recientemente, `bfloat16` se ha convertido en una alternativa popular a `fp16` para la precisión de 16 bits en modelos de IA generativa más modernos. `Bfloat16` (o `bf16`) es la abreviatura en inglés de «punto flotante del cerebro 16», desarrollado en Google Brain. En comparación con `fp16`, `bfloat16` tiene un intervalo dinámico mayor con 8 bits para el exponente y puede representar un intervalo amplio de valores que encontramos en modelos de IA generativa.

Vamos a discutir cómo se comparan estos tipos de datos y por qué `bfloat16` es una opción popular para la cuantificación de 16 bits.

Supongamos que desea almacenar 20 decimales del número pi (3.14159265358979323846) utilizando una precisión completa de 32 bits. Recuerde que los números de punto flotante se almacenan como una serie de bits que consisten en solo 0s y 1s. Los números se almacenan en 32 bits usando 1 bit para el signo (negativo o positivo), 8 bits para el exponente (que representa el margen dinámico) y 23 bits para la fracción, también llamada mantisa o significando, que representa la precisión del número. En la tabla 4-2 se muestra cómo `fp32` representa el valor de pi.

Tabla 4-2. *fp32 frente a int8 representando a pi.*

Signo	Exponente	Fracción (mantisa/significando)
1 bit	8 bits	23 bits
0	10000000	10010010000111111011011

`fp32` puede representar números en un intervalo de –3e38 a +3e38. El código PyTorch siguiente muestra cómo imprimir la información de tipo de datos para `fp32`:

```
import torch
torch.finfo(torch.float32)
```

La salida es:

```
finfo(resolution=1e-06, min=-3.40282e+38, max=3.40282e+38,
eps=1.19209e-07, smallest_normal=1.17549e-38, tiny=1.17549e-38,
dtype=float32)
```

Almacenar un número real en 32 bits causará una pérdida ligera de precisión. Puede ver esto almacenando `pi` como un tipo de datos `fp32` y, luego, mostrando el valor del tensor a 20 decimales usando `Tensor.item()`:

```
pi = 3,14159265358979323846
pi_fp32 = torch.tensor(pi, dtype=torch.float32)
print('%.20f' % pi_fp32.item())
```

La salida es:

```
3.14159274101257324219
```

Se puede ver la pérdida ligera de precisión si se compara este valor con el valor real de pi, que comienza con `3.14159265358979323846`. Esta pérdida ligera de precisión se debe a la conversión en el intervalo de números `fp32`, como se muestra en la figura 4-3.

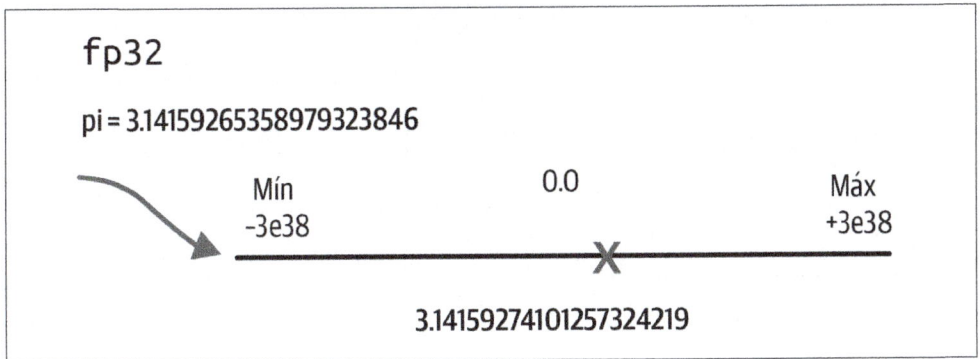

Figura 4-3. *fp32 proyectando pi en el intervalo de −3e38 a +3e38.*

También se puede mostrar el consumo de memoria:

```
def show_memory_comsumption(tensor):
    memory_bytes = tensor.element_size() * tensor.numel()
    print("Tensor memory consumption:", memory_bytes, "bytes")
show_memory_comsumption(pi_fp32)
```

La salida es:

```
Consumo de memoria del tensor: 4 bytes
```

Ahora que hemos explorado los tipos de datos y las representaciones numéricas, vamos a seguir y a discutir cómo la cuantificación puede ayudar a reducir el espacio de memoria necesario para cargar y formar un modelo de parámetros multimillonarios.

Cuantificación

Al intentar formar un modelo de parámetros multimillonarios con una precisión total de 32 bits, se llega rápidamente al límite de una sola GPU NVIDIA A100 o H100 con solo 80 GB de RAM de GPU. Por lo tanto, casi siempre hay que utilizar la cuantificación cuando se utiliza una sola GPU.

La cuantificación reduce la memoria necesaria para cargar y formar el modelo, al reducir la precisión de los pesos del modelo. La cuantificación convierte los parámetros del modelo de 32 bits de precisión a 16 bits o incluso a 8 o 4.

Al cuantificar los pesos del modelo de 32 bits de precisión total a 16 u 8 bits de precisión, se puede reducir rápidamente la memoria necesaria para un modelo de 1000 millones de parámetros en un 50 % a solo 2 GB, o incluso en un 75 % a solo 1 GB para la carga, como se muestra en la figura 4-4.

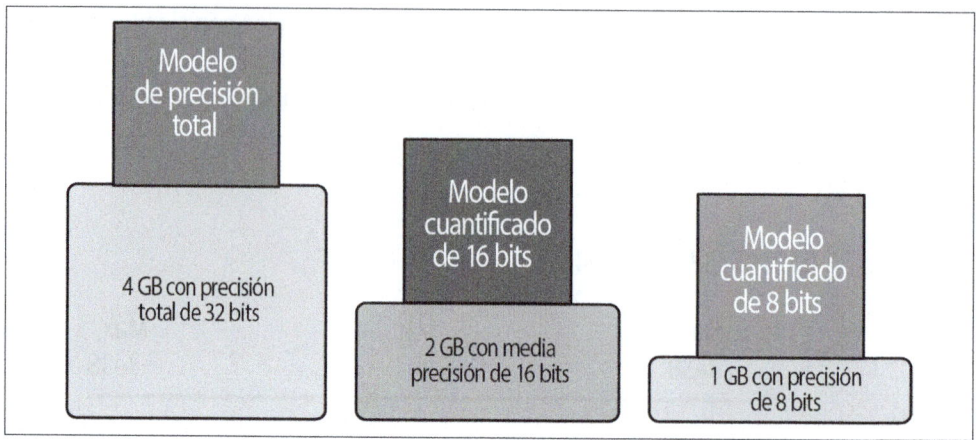

Figura 4-4. *RAM aproximada de la GPU necesaria para cargar un modelo de 1000 millones de parámetros con una precisión de 32, 16 y 8 bits.*

La cuantificación proyecta un conjunto de fuentes de números de punto flotante de precisión mayor en un conjunto de números objetivo de precisión menor. A partir de los intervalos de origen y destino, el mecanismo de cuantificación calcula primero un factor de escala, realiza la proyección y, a continuación, almacena los resultados con precisión reducida, lo que requiere menos memoria y, en última instancia, mejora el rendimiento de la formación y reduce el coste.

fp16

Con `fp16`, los 16 bits consisten en 1 bit para el signo, pero solo 5 para el exponente y 10 para la fracción, como se muestra en la tabla 4-3.

Tabla 4-3. `fp32` *frente a* `fp16`.

	Signo	Exponente	Fracción (mantisa/significando)
`fp32`	**1 bit**	**8 bits**	**23 bits**
(4 bytes de memoria)	0	10000000	10010010000111111011011
`fp16`	**1 bit**	**5 bits**	**10 bits**
(2 bytes de memoria)	0	10000	1001001000

Con el número reducido de bits para el exponente y la fracción, el intervalo de números `fp16` representables es solo de –65 504 a +65 504. También puede ver esto cuando muestra la información del tipo de datos para `fp16`:

```
torch.finfo(torch.float16)
```

La salida es:

```
finfo(resolution=0,001, min=+38, max=+38, eps=0,000976562,
smallest_normal=6,10352e-05, tiny=6,10352e-05, dtype=float16)
```

Vamos a almacenar `pi` con 20 decimales de nuevo en `fp16` y a comparar el valor:

```
pi = 3,14159265358979323846
pi_fp16 = torch.tensor(pi, dtype=torch.float16)
print('%.20f' % pi_fp16.item())
```

La salida es:

```
3.14062500000000000000
```

Tenga en cuenta la pérdida de precisión después de esta proyección, ya que solo hay seis lugares después de la coma decimal ahora. El valor `fp16` de pi es 3.140625 ahora. Recuerde que ya perdió precisión solo almacenando el valor en `fp32`, como se muestra en la figura 4-5.

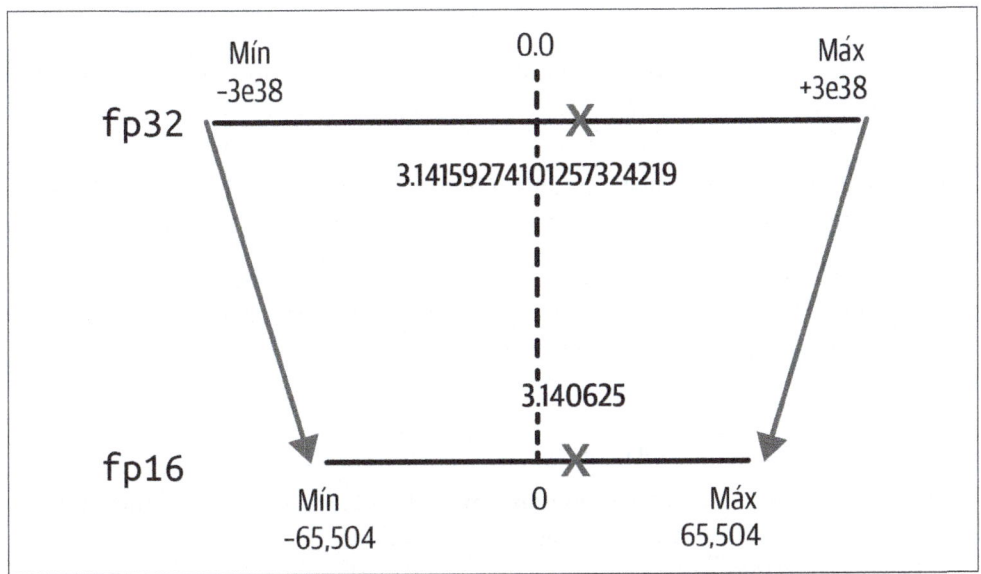

Figura 4-5. *La cuantificación de* `fp32` *a* `fp16` *ahorra un 50 % de memoria.*

Sin embargo, la pérdida de precisión es aceptable en la mayoría de los casos. Los beneficios de una reducción del 50 % en la memoria de la GPU para `fp16`, en comparación con `fp32`, habitualmente vale la pena, ya que `fp16` solo requiere 2 bytes de memoria frente a 4 bytes de `fp32`.

Cargar un modelo de 1000 millones de parámetros ahora solo requiere 2 GB de RAM de GPU, con 12 GB de RAM de GPU necesarios para formar el modelo, como se muestra en la figura 4-6.

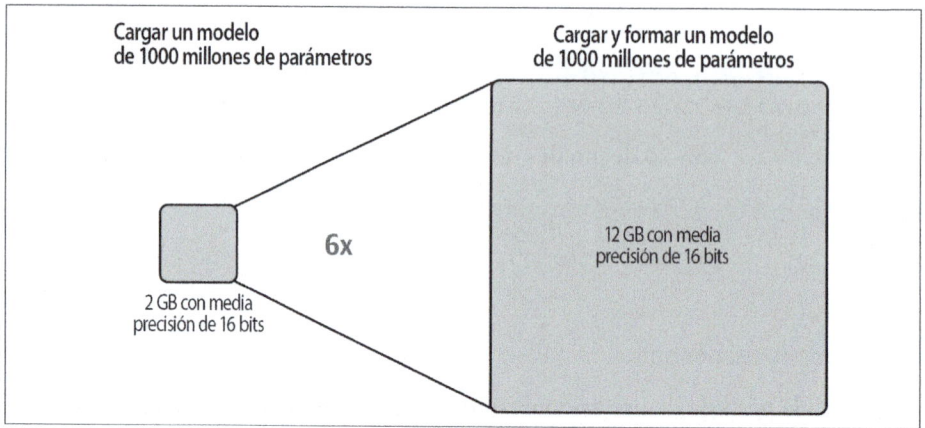

Figura 4-6. *Solo se necesitan 12 GB de RAM de GPU para cargar y formar un modelo de 1000 millones de parámetros con media precisión de 16 bits.*

bfloat16

`bfloat16` se ha convertido en una alternativa popular al `fp16`, ya que captura la gama completa de `fp32` con solo 16 bits. Esto reduce las inestabilidades numéricas durante la formación del modelo causadas por el desbordamiento. El desbordamiento ocurre cuando los números fluyen fuera del intervalo de representación al convertirlos de un espacio de precisión alta a uno de precisión baja, causando errores `NaN` (no un número).

En comparación con `fp16`, `bfloat16` tiene un margen dinámico mayor pero menos precisión, lo que suele ser aceptable. `bfloat16` utiliza un solo bit para el signo y los 8 bits completos para el exponente. Sin embargo, trunca la fracción a solo 7 bits, por lo que a menudo se le llama el «flotante truncado de 32 bits», como se muestra en la tabla 4-4.

Tabla 4-4. `fp32` *frente a* `bfloat16`.

	Signo	Exponente	Fracción (mantisa/significando)
`fp32`	**1 bit**	**8 bits**	**23 bits**
(4 bytes de memoria)	0	10000000	10010010000111111011011
`bfloat16`	**1 bit**	**8 bits**	**7 bits**
(2 bytes de memoria)	0	10000000	1001001

El intervalo de números `bfloat16` representables es idéntico a `fp32`. Mostremos la información del tipo de datos para `bfloat16`:

```
torch.finfo(torch.bfloat16)
```

La salida es:

```
finfo(resolution-0,01, min--3,38953e+38, max=3,38953e+38,
eps=0,0078125, smallest_normal=1,17549e-38, tiny=1,17549e-38,
dtype=bfloat16)
```

Vamos a almacenar `pi` con 20 decimales de nuevo en `bfloat16` y a comparar el valor:

```
pi = 3,14159265358979323846
pi_bfloat16 = torch.tensor(pi, dtype=torch.bfloat16)
print('%.20f' % pi_bfloat16.item())
```

La salida es:

```
3.14062500000000000000
```

Similar a `fp16`, `bfloat16` tiene una pérdida mínima de precisión. El valor `bfloat16` de `pi` es `3.140625`. Sin embargo, los beneficios de mantener el margen dinámico de `fp32` (mostrado en la figura 4-7) y por lo tanto reducir el desbordamiento, generalmente superan la pérdida de precisión.

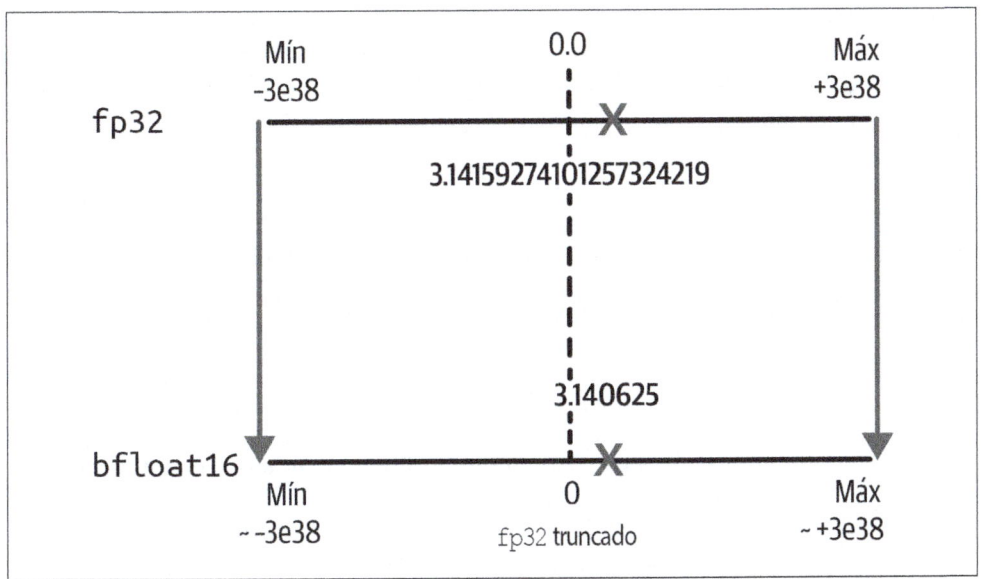

Figura 4-7. *La cuantificación de* `fp32` *a* `bfloat16` *mantiene el intervalo dinámico de* `fp32`, *al la vez que ahorra el 50 % de la memoria.*

`bfloat16` es compatible de forma nativa con las GPU más nuevas, como la A100 y la H100 de NVIDIA. Muchos modelos modernos de IA generativa recibieron formación previa con `bfloat16`, incluyendo FLAN-T5, Falcon y Llama 2.

fp8

`fp8` es un tipo de dato más reciente y una progresión natural de `fp16` y `bfloat16` para reducir aún más la necesidad de memoria y cálculo para modelos de parámetros multimillonarios.

`fp8` permite al usuario configurar el número de bits asignados al exponente y la fracción dependiendo de tareas como formación, inferencia o cuantificación posterior a la formación. Las GPU NVIDIA comenzaron a admitir `fp8` con el chip H100. AWS Trainium también soporta `fp8`, llamado fp8 configurable o simplemente `cfp8`. Con `cfp8`, se utiliza 1 bit para el signo y los 7 bits restantes son configurables entre el exponente y la fracción, como se muestra en la tabla 4-5.

Tabla 4-5. `fp32` *frente a* `fp8`.

	Signo	Exponente	Fracción (mantisa/significando)
`fp32`	**1 bit**	**8 bits**	**23 bits**
(4 bytes de memoria)	0	10000000	10010010000111111011011
`fp8`	**1 bit**	**7 bits**	
(1 bytes de memoria)	0	0000011 (configurable)	

Los resultados empíricos muestran que `fp8` puede igualar el rendimiento de la formación de los modelos `fp16` y `bfloat16`, al tiempo que reduce la necesidad de memoria en otro 50 % y acelera la formación del modelo.

int8

Otra opción de cuantificación es la cuantificación `int8` de 8 bits. Usando 1 bit para el signo, los valores int8 son representados por los 7 bits restantes, como se muestra en la tabla 4-6.

Tabla 4-6. `fp32` *frente a* `int8`.

	Signo	Exponente	Fracción (mantisa/significando)
`fp32`	**1 bit**	**8 bits**	**23 bits**
(4 bytes de memoria)	0	10000000	10010010000111111011011
`int8`	**1 bit**	**n/a**	**7 bits**
(1 bytes de memoria)	0		0000011

El intervalo de números `int8` representables es de -128 a +127. Aquí está la información de tipo de datos para `int8`:

```
torch.iinfo(torch.int8)
```

La salida es:

```
iinfo(min=-128, max=127, dtype=int8)
```

Vamos a almacenar `pi` con 20 decimales de nuevo en `int8` y ver lo que sucede:

```
pi = 3,14159265358979323846
pi_int8 = torch.tensor(pi, dtype=torch.int8)
print(pi_int8.item())
```

La salida es:

```
3
```

Como era de esperar, `pi` se proyecta a solo 3 en el espacio de precisión más bajo de 8 bits, como se muestra en la figura 4-8.

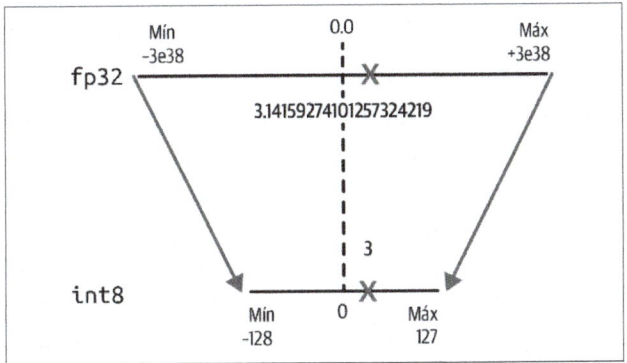

Figura 4-8. *La cuantificación de* `fp32` *a* `int8` *ahorra un 75 % de memoria.*

Esto reduce el requisito de memoria de 4 bytes originales a solo 1 byte, pero resulta en una mayor pérdida de precisión debido a la conversión de una representación de punto flotante a un valor entero.

Reducir la necesidad de memoria de los modelos básicos grandes no solo es útil para cargar y formar los modelos, sino también para la inferencia. A pesar de la pérdida de precisión, la cuantificación de 8 bits se utiliza a menudo para mejorar el rendimiento de inferencia y la latencia para los modelos instalados. Las implementaciones optimizadas para la cuantificación `int8`, como la integración de *bitsandbytes* de *LLM.int8()*, de Hugging Face, han demostrado minimizar el impacto de la cuantificación en el rendimiento del modelo. Aprenderá sobre la cuantificación postformación (PTQ) y la técnica de cuantificación postformación GPT (GPTQ)[1] con más detalle cuando prepare el modelo para la instalación, en el capítulo 8.

En la tabla 4-7 se comparan los tipos de datos discutidos hasta ahora.

Tabla 4-7. *Comparación de los tipos de datos utilizados para la cuantificación.*

	Bits totales	Bits de signo	Bits de exponente	Bits de fracción	Memoria necesaria para almacenar un valor
fp32	32	1	8	23	4 bytes
fp16	16	1	5	10	2 bytes
bf16	16	1	8	7	2 bytes
fp8	8	1	7		1 byte
int8	8	1	n/a	7	1 byte

---

[1] Elias Frantar y otros, «GPTQ: Accurate Post-Training Quantization for Generative Pre-Trained Transformers», *arXiv*, 2023.

En resumen, la elección del tipo de datos para la cuantificación del modelo debe basarse en las necesidades específicas de la aplicación. Si bien `fp32` ofrece una opción segura si la precisión es primordial, es probable que alcance los límites de hardware, como la RAM de GPU disponible, especialmente para modelos de parámetros multimillonarios.

En este caso, la cuantificación utilizando `fp16` y `bfloat16` puede ayudar a reducir la necesidad de memoria requerida en un 50 %. Generalmente, se prefiere `bfloat16` sobre `fp16`, ya que mantiene el mismo margen dinámico que `fp32` y reduce el desbordamiento. `fp8` es un tipo de dato emergente para reducir aún más los requisitos de memoria y procesamiento. Algunas implementaciones de hardware permiten configurar los bits para exponente y fracción; los resultados empíricos muestran que el rendimiento puede coincidir con la formación del modelo con `fp16` y `bfloat16`. `int8` se ha convertido en una opción popular para optimizar el modelo para la inferencia. `fp8` se está haciendo más popular a medida que emerge tanto el soporte de hardware como el de entornos de aprendizaje profundo.

 Se recomienda que siempre haga referencia a los resultados de cuantificación para garantizar que el tipo de datos seleccionado cumpla con los requisitos de exactitud y rendimiento.

Otra técnica de optimización de memoria y procesamiento es FlashAttention. FlashAttention tiene como objetivo reducir los requerimientos de memoria y calculo cuadrático, $O(n^2)$, de las capas de autoservicio en los modelos basados en el transformador.

Optimización de las capas de autoservicio

Como se menciona en el capítulo 3, el rendimiento del transformador a menudo se ve embotellado por la complejidad del cálculo y memoria de las capas de autoservicio. Muchas mejoras de rendimiento están dirigidas específicamente a estas capas. A continuación, aprenderá algunas técnicas poderosas para reducir la memoria y aumentar el rendimiento de las capas de autoservicio.

FlashAttention

La capa de atención del transformador es un cuello de botella cuando se intenta escalar a secuencias de entrada más largas porque los requisitos de cálculo y memoria escalan cuadráticamente $O(n^2)$ con el número de componentes léxicos de entrada. FlashAttention, inicialmente propuesta en un documento de investigación[2], es una solución específica de la GPU para este problema de escalado cuadrático.

---

[2] Tri Dao y otros, «FlashAttention: Fast and Memory-Efficient Exact Attention with IO-Awareness», *arXiv*, 2022.

FlashAttention, en la versión 2 en el momento de escribir este libro, reduce la cantidad de lecturas y escrituras entre la memoria principal de la GPU, llamada memoria de ancho de banda alta (HBM), y la RAM estática de la GPU (SRAM), mucho más rápida, pero pequeña en el circuito integrado. A pesar del nombre, la memoria de ancho de banda alta de la GPU es un orden de magnitud más lento que la GPU SRAM en el circuito integrado.

En general, FlashAttention aumenta el rendimiento de autoatención de 2 a 4 veces y reduce el uso de memoria de 10 a 20 veces, al reducir los requisitos informáticos y de memoria cuadráticos $O(n^2)$ a O lineal (n), donde n es el número de componentes léxicos de entrada en la secuencia. Con FlashAttention, el transformador se escala para gestionar secuencias de entrada mucho más largas, lo que permite un rendimiento mejor en ventanas contextuales de entrada más grandes.

Una implementación popular se puede instalar con un simple comando `pip install flash-attn--no-build-isolation`, que instala la biblioteca *flash-attn* como un reemplazo de la atención original.

Las optimizaciones de atención son un área activa de investigación, incluida la próxima generación FlashAttention-2[3], que continúa implementando optimizaciones específicas de la GPU para mejorar el rendimiento y reducir los requisitos de memoria.

Aprendamos sobre otra técnica para mejorar el rendimiento de las capas de autoservicio en el transformador.

Atención de consulta agrupada

Otra optimización popular para las capas de servicio es la atención de consulta agrupada (GQA). GQA mejora la atención tradicional de cabezas múltiples del transformador, descrita en el capítulo 3, compartiendo una sola clave (k) y valor (v) de cabeza para cada *grupo* de cabezas de consulta (q) (en contraposición a cada cabeza de consulta), como se muestra en la figura 4-9.

---

[3] Tri Dao, «FlashAttention-2: Faster Attention with Better Parallelism and Work Partitioning», *arXiv*, 2023.

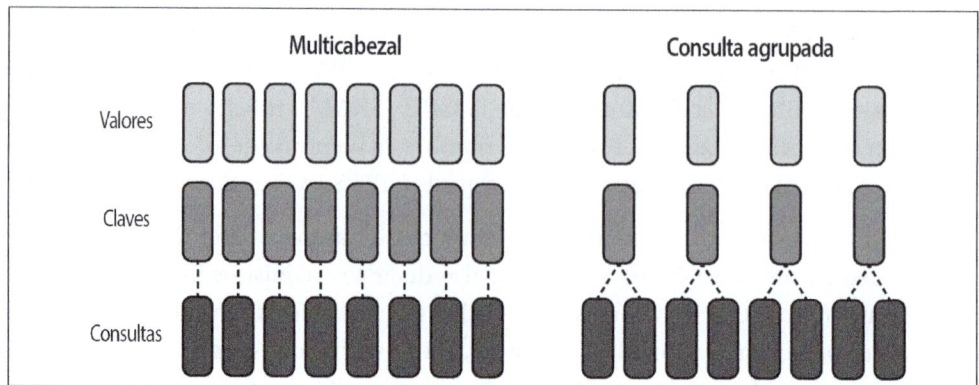

Figura 4-9. *La atención de consulta agrupada frente al servicio tradicional multicabezal.*

GQA permite agrupar las consultas en menos cabezas clave y de valor y, por lo tanto, reduce el consumo de memoria de las cabezas de atención. Además, GQA mejora el rendimiento al reducir el número de lecturas y escrituras de memoria.

Dado que estas mejoras son proporcionales al número de componentes léxicos de entrada, MQA es particularmente útil para secuencias de componentes léxicos de entrada largas y permite una ventana contextual más grande. Por ejemplo, el modelo Llama 2 de Meta utiliza GQA para mejorar el rendimiento y aumentar el tamaño de ventana contextual del componente léxico de entrada a 4096, el doble del tamaño de ventana contextual 2048 del modelo LLaMA original.

Informática distribuida

Para modelos más grandes, es probable que necesite usar un grupo distribuido de GPU para formar estos modelos enormes en cientos o miles de GPU. Hay muchos tipos diferentes de patrones de informática distribuida, incluyendo paralelismo de datos distribuidos (DDP) y paralelismo de datos totalmente fragmentados (FSDP). La diferencia principal es cómo se divide (o fragmenta) el modelo en las GPU del sistema.

Si los parámetros del modelo caben en una sola GPU, se elegirá DDP para cargar una sola copia del modelo en cada GPU. Si el modelo es demasiado grande para una sola GPU, incluso después de la cuantificación, se debe usar FSDP para fragmentar el modelo en varias GPU. En ambos casos, los datos se dividen en lotes y se distribuyen a través de todas las GPU disponibles para aumentar la utilización de la GPU y la rentabilidad, a expensas de algunos gastos generales de comunicación, que veremos dentro de poco.

Paralelismo de datos distribuidos

PyTorch viene con una implementación optimizada de DDP que copia automáticamente el modelo en cada GPU (asumiendo que encaja en una sola GPU utilizando una técnica como la cuantificación), divide los datos en lotes y envía los lotes a cada GPU en paralelo. Con DDP, cada lote de datos se procesa en paralelo en cada GPU, seguido de un paso de sincronización donde se combinan (por ejemplo, promediados) los resultados de cada GPU (por ejemplo, gradientes). Posteriormente, cada modelo, uno por GPU, se actualiza con los resultados combinados y el proceso continúa, como se muestra en la figura 4-10.

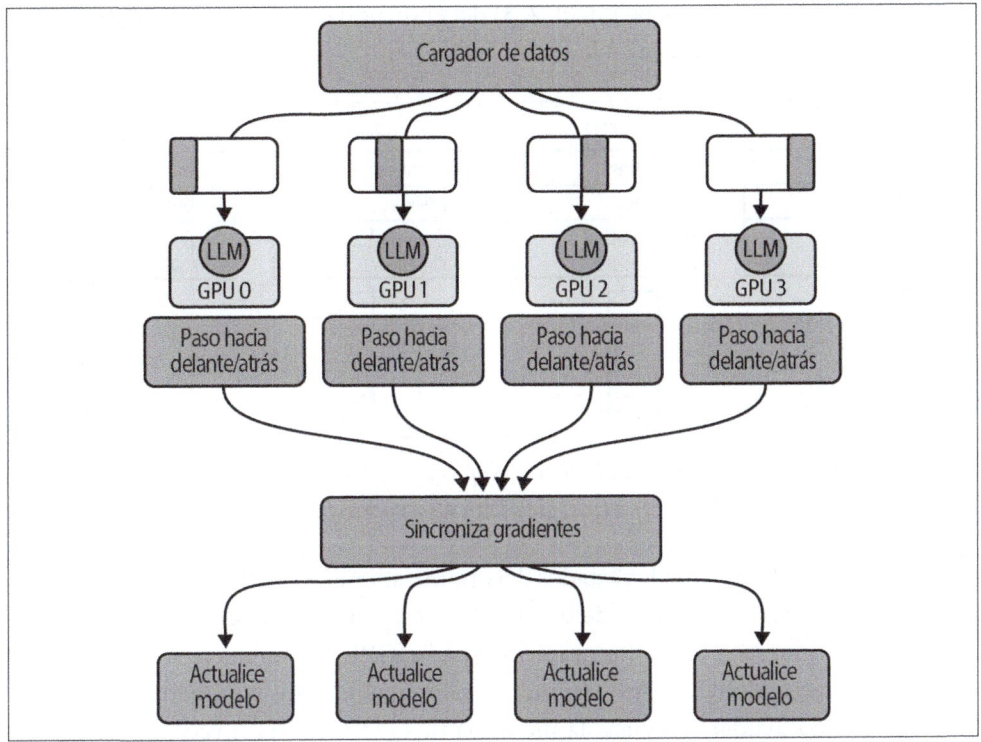

Figura 4-10. *Paralelismo de datos distribuidos (DDP).*

Tenga en cuenta que DDP asume que cada GPU puede adaptarse no solo a los parámetros del modelo y los lotes de datos, sino también a los datos adicionales que se necesitan para cumplir con el ciclo de formación, incluidos los estados del optimizador, las activaciones, las variables de función temporales, etc., como se muestra en la figura 4-15. Si la GPU no puede almacenar todos estos datos, debe compartir el modelo en varias GPU. PyTorch tiene una implementación optimizada de fragmentación de modelos que verá a continuación.

Paralelismo de datos totalmente fragmentados

El FSDP surgió a raíz de un artículo sobre ZeRO publicado en 2019[4]. El objetivo de ZeRO, u optimizador de redundancia cero, es reducir la redundancia de datos de DDP fragmentando el modelo —y sus gradientes, activaciones y estados de optimización adicionales— en las GPU para conseguir una redundancia cero en el sistema. ZeRO describe tres etapas de optimización (1, 2, 3) dependiendo de lo que se está fragmentando con las GPU, como se muestra en la figura 4-11.

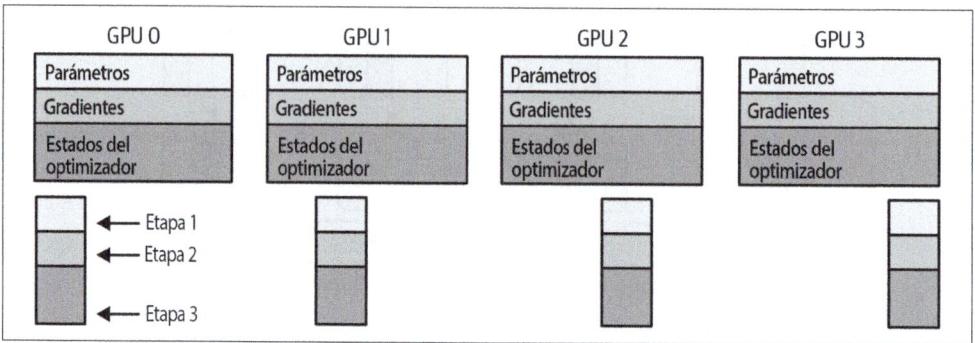

Figura 4-11. *ZeRO consta de tres etapas dependiendo de los fragmentos de la GPU: parámetros, gradientes y estados del optimizador.*

ZeRO Stage 1 solo fragmenta los estados del optimizador en las GPU, pero aun así reduce la necesidad de memoria del modelo hasta 4 veces. ZeRO Stage 2 fragmenta tanto los estados del optimizador como los gradientes en las GPU para reducir la memoria de la GPU hasta 8 veces. ZeRO Stage 3 fragmenta todo, incluidos los parámetros del modelo, en las GPU para ayudar a reducir la memoria de la GPU hasta n veces, donde n es el número de GPU. Por ejemplo, al usar ZeRO Stage 3 con 128 GPU, puede reducir el consumo de memoria hasta en 128 veces.

En comparación con DDP, en el que cada GPU tiene una copia completa de todo lo necesario para realizar el paso hacia delante y hacia atrás, FSDP necesita reconstruir dinámicamente una capa completa a partir de los datos fragmentados en cada GPU antes de los pasos hacia delante y hacia atrás, como se muestra en la figura 4-12.

---

[4] Samyam Rajbhandari y otros, «ZeRO: Memory Optimizations Toward Training Trillion Parameter Models», *arXiv*, 2020.

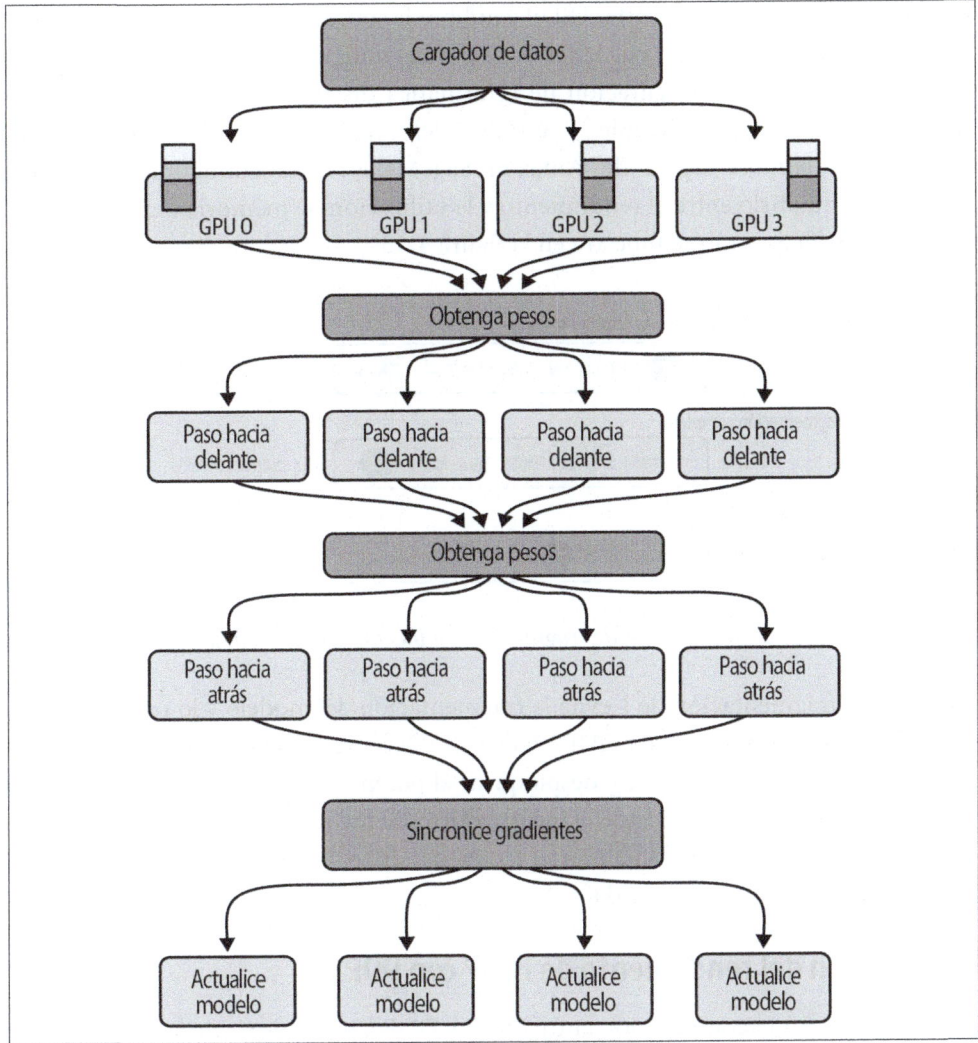

Figura 4-12. *FSDP a través de múltiples GPU.*

En la figura 4-12, se ve que, antes del paso hacia delante, cada GPU solicita datos a las otras GPU para materializar los datos fragmentados en datos locales no fragmentados durante el tiempo que dure la operación, normalmente por capas.

Cuando se completa el pase hacia delante, FSDP libera los datos locales no codificados de nuevo a las otras GPU, lo que devuelve los datos al estado de fragmentación original y libera la memoria de la GPU para el paso hacia atrás. Después del paso hacia atrás, FSDP sincroniza los gradientes a través de las GPU, similar a DDP, y actualiza los parámetros del modelo en todos los fragmentos, donde se almacenan fragmentos diferentes en GPU distintas.

Al materializar los datos a la carta, FSDP equilibra la sobrecarga de comunicación con la necesidad general de memoria de la GPU. Se puede configurar manualmente el factor de fragmentación con la configuración de informática distribuida. Más adelante en este capítulo, verá un ejemplo usando el parámetro de configuración *Sharded_data_parallel_degree* de Amazon SageMaker. Esta configuración ayuda a gestionar el equilibrio entre el rendimiento y la utilización de memoria dependiendo del entorno específico, como se muestra en la figura 4-13.

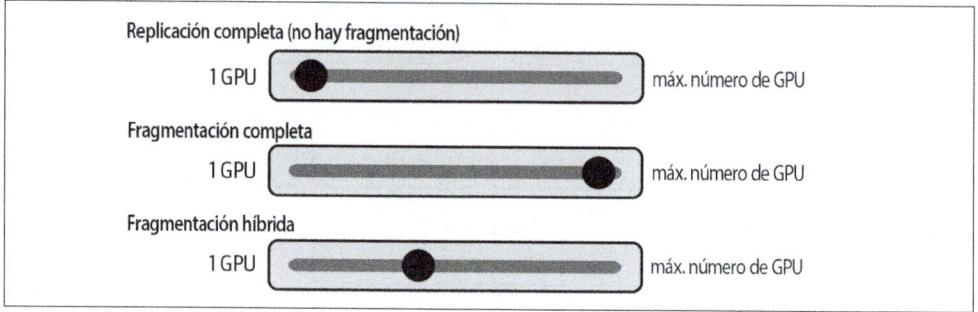

Figura 4-13. *Elija un factor de fragmentación basado en los recursos del entorno.*

Un factor de fragmentación de 1 evita la fragmentación del modelo y lo replica en todas las GPU, volviendo el sistema a DDP. Puede establecer el factor de fragmentación a un número máximo de *n* GPU para desbloquear el potencial de fragmentación completa. La fragmentación completa ofrece el mejor ahorro de memoria, a costa de la sobrecarga de comunicación de GPU. Establecer el factor de reparto a cualquier valor intermedio permitirá la fragmentación híbrida.

Comparación del rendimiento de FSDP con DDP

La figura 4-14 es una comparación entre FSDP y DDP a partir de un artículo de PyTorch de 2023 sobre FSDP[5]. Estas pruebas se realizaron en modelos T5 de diferentes tamaños utilizando 512 GPU NVIDIA A100, cada una con 80 GB de memoria. Estas comparan el número de flops por GPU. Un teraflop es 1 billón de operaciones de punto flotante por segundo.

---

[5] Yanli Zhao y otros, «PyTorch FSDP: Experiences on Scaling Fully Sharded Data Parallel», *arXiv*, 2023.

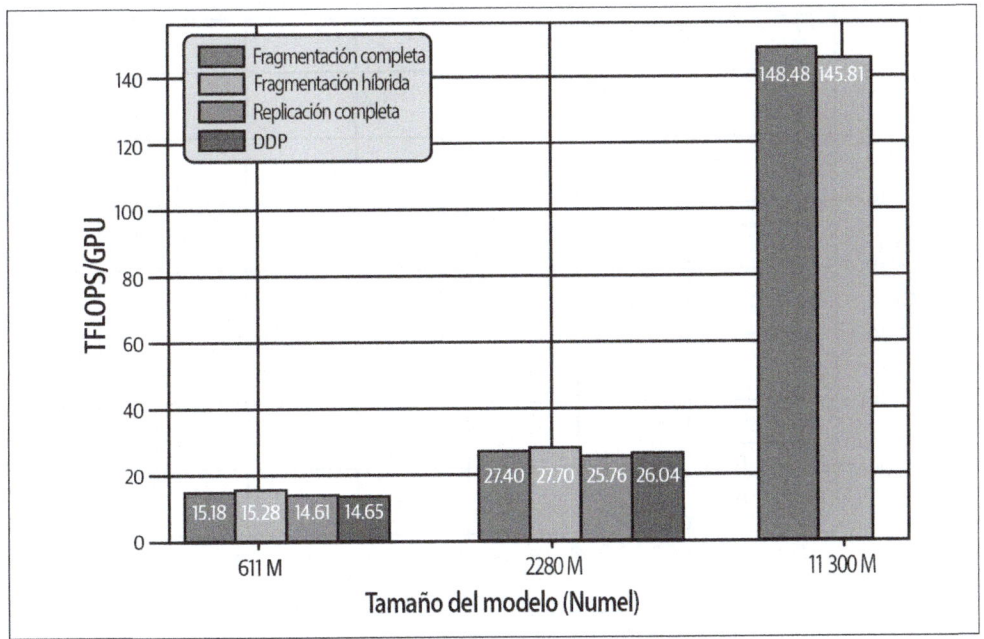

Figura 4-14. *Mejora del rendimiento con FSDP sobre DDP*
(Fuente: adaptada de una imagen en Zhao y otros).

Tenga en cuenta que la replicación completa significa que no hay fragmentación. Y dado que la replicación completa es el equivalente a DDP, el rendimiento de la replicación completa y las configuraciones DDP son casi idénticos.

Para los modelos T5 más pequeños, 611 millones de parámetros y 2.28 miles de millones de parámetros, el FSDP funciona igual que el DDP. Sin embargo, con 11.3 miles de millones de parámetros, DDP se queda sin memoria de GPU, por lo que no hay datos para DDP en la dimensión de 11.3 miles de millones. FSDP, sin embargo, admite fácilmente el tamaño de parámetro más alto cuando se utiliza la fragmentación híbrida y completa.

Además, la formación del modelo de 11 mil millones de parámetros con tamaños de grupo diferentes, desde 8 GPU hasta 512 GPU, muestra solo una disminución del 7 % en los teraflop por GPU debido a la sobrecarga de comunicación de la GPU. Estas pruebas se realizaron con tamaños de lote de 8 (azul) y 16 (naranja), como se muestra en la figura 4-15, que también se obtiene del artículo PyTorch FSDP de 2023.

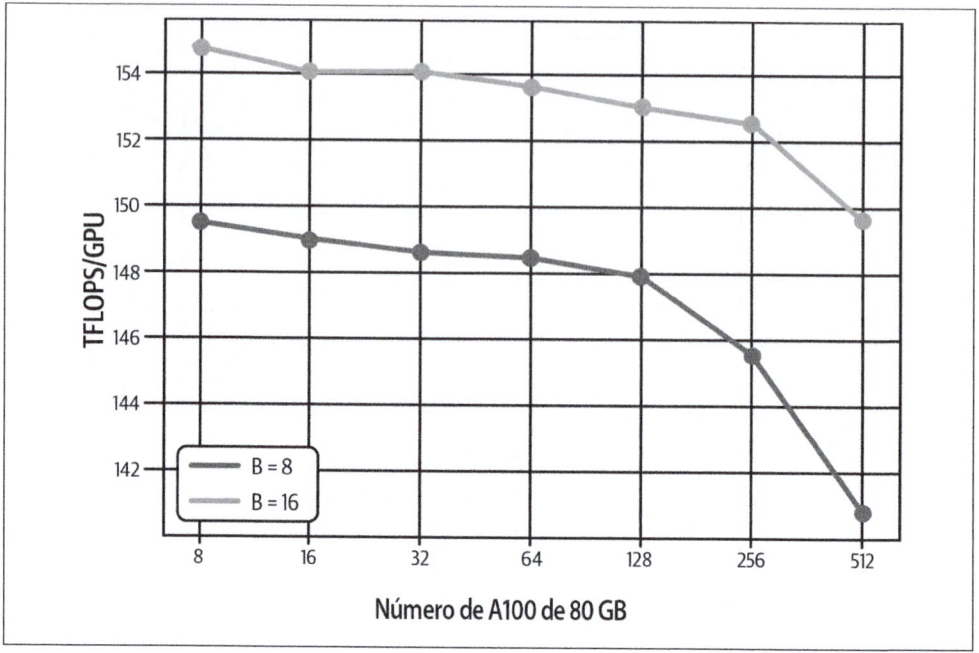

Figura 4-15. *Disminución del rendimiento pequeña debido a la sobrecarga de comunicación de la GPU (Fuente: adaptada de una imagen de Zhao y otros).*

Esto muestra que FSDP puede escalar la formación tanto para modelos pequeños como grandes en grupos de GPU de tamaños diferentes. A continuación, aprenderá a realizar informática distribuida y FSDP en AWS usando Amazon SageMaker.

Informática distribuida en AWS

La formación distribuida de Amazon SageMaker se ha utilizado para formar a algunos de los modelos básicos más poderosos del mundo, incluidos Falcon y BloombergGPT. Falcon-180B, por ejemplo, fue formado usando un grupo de formación distribuido de Amazon SageMaker de 512 instancias ml.p4d.24xlarge, cada una con 8 GPU NVIDIA A100 (40 GB de RAM cada una) para un total de 4096 GPU y aproximadamente 164 TB de RAM de GPU. BloombergGPT fue formado con 64 instancias ml.p4d.24xlarge para un total de 512 GPU y aproximadamente 20 TB de RAM de GPU.

Con la infraestructura de informática distribuida de SageMaker, se pueden ejecutar cargas de trabajo de IA generativa altamente escalables y rentables con solo unas pocas líneas de código. A continuación, aprenderemos a implementar FSDP con Amazon SageMaker.

Paralelismo de datos totalmente fragmentados con Amazon SageMaker

FSDP es una estrategia de informática distribuida común, soportada por Amazon SageMaker. En el siguiente código se muestra cómo iniciar un trabajo de formación distribuida FSDP usando PyTorch Estimator con 2 instancias ml.p4d.24xlarge de SageMaker, cada una con 8 GPU y 320 GB de RAM de GPU:

```
# Elija el tipo y recuento de instancias
# en función de los requisitos de memoria de la GPU
# para la variante del modelo estamos usando
# por ejemplo Llama2 7, 13, 70 mil millones
instance_type = "ml.p4d.24xlarge" # 8 GPU cada una
instance_count = 2
# Establezca el número de GPU en esa instancia
processes_per_host = 8
# Configure el factor de fragmentación
# En este caso, 16 es la configuración máxima, totalmente fragmentada
# ya que tenemos 2 instancias * 8 GPU por instancia
sharding_degree = 16
# Prepare el trabajo de formación
smp_estimator = PyTorch(
    entry_point="train.py", # código de formación
    instance_type = instance_type,
    instance_count = instance _count,
    distribution={
        "smdistributed": {
            "modelparallel": {
                "enabled": True,
                "parameters": {
                    "ddp": True,
                    "sharded_data_parallel_degree":
                        sharding_degree
                }
            }
        },
        ...
    },
    ...
)
```

Aquí, configure el trabajo para usar *smdistributed* con *modelparallel.enabled* y *ddp* establecido en *True*. Esto configura el grupo de SageMaker para usar la estrategia de informática distribuida FSDP. Tenga en cuenta que definimos el parámetro *sharded_data_parallel_degree* como 16 porque tenemos dos instancias con ocho GPU cada una. Este parámetro es nuestro factor de fragmentación, como se discute en la sección «Paralelismo de datos totalmente fragmentados». Aquí, elegimos la fragmentación total estableciendo el valor como el número total de GPU en el grupo.

A continuación, se presentan algunos fragmentos interesantes de los *train.py* referenciados en el código *PyTorch Estimator* anterior. El código completo está en el repositorio de GitHub asociado a este libro:

```
from transformers import AutoConfig, AutoModelForCausalLM
import smp # SageMaker distributed library

# Crear configuración FSDP para SageMaker
smp_config = {
    "ddp": True,
    "bf16": args.bf16,
    "sharded_data_parallel_degree": args.sharded_data_parallel_degree,
}

# Inicializar FSDP
smp.init(smp_config)

# Cargar el modelo HuggingFace
model = AutoModelForCausalLM.from_pretrained(model_checkpoint)
# Envolver el modelo HuggingFace en la clase
# DistributedModel de SageMaker
model = smp.DistributedModel(
    model
)

# Definir el paso de formación distribuida
@smp.step
def train_step(model, input_ids, attention_mask, args):
    if args.logits_output:
        output = model(input_ids=input_ids,
            attention_mask=attention_mask,
            labels=input_ids)
        loss = output["loss"]
    else:
        loss = model(input_ids=input_ids,
        attention_mask=attention_mask,
        labels=input_ids)["loss"]
    model.backward(loss) if args.logits_output:
        return output
    return loss
```

A continuación, verá cómo formar a un modelo en el hardware de AWS Trainium, que está diseñado específicamente para cargas de trabajo de aprendizaje profundo. Para esto, aprenderá sobre el SDK de AWS Neuron, así como sobre la biblioteca Hugging Face Optimum Neuron que integra el ecosistema Hugging Face Transformers con el SDK de Neuron.

SDK de AWS Neuron y AWS Trainium

El SDK de AWS Neuron es la interfaz de desarrollador de AWS Trainium. La biblioteca Optimum Neuron de Hugging Face es la interfaz entre el SDK de AWS Neuron y la biblioteca Transformers. Aquí tenemos un ejemplo que muestra la clase *NeuronTrainer* de la biblioteca Optimum Neuron, que es un reemplazo directo para la clase *Transformers* Trainer cuando se forma con AWS Trainium:

```
from transformers import TrainingArguments
from optimum.neuron import NeuronTrainer

def train():
    model = AutoModelForCausalLM.from_pretrained(
        model_checkpoint)

    training_args = TrainingArguments(
        ...
    )

    trainer = NeuronTrainer(
        model=model,
        args=training_args,
        train_dataset=...,
        eval_dataset=...
    )

formador.tren ()
```

Resumen

En este capítulo, exploramos los problemas informáticos de formar modelos básicos grandes debido a las limitaciones de la memoria de la GPU y aprendimos a usar la cuantificación para ahorrar memoria, reducir costes y mejorar el rendimiento.

También aprendimos a escalar la formación de modelos entre múltiples GPU y nodos en un grupo mediante estrategias de formación distribuidas, como el paralelismo de datos distribuidos (DDP) y el paralelismo de datos totalmente fragmentados (FSDP).

Al combinar la cuantificación y la informática distribuida, puede formar modelos muy grandes de manera eficiente y rentable con un impacto mínimo en el rendimiento de la formación y exactitud del modelo.

También aprendimos a formar modelos con el SDK de AWS Neuron y AWS Trainium, hardware diseñado específicamente para cargas de trabajo de aprendizaje profundo generativo. Vio cómo utilizar la biblioteca Hugging Face Optimum Neuron, que se integra con el SDK de AWS Neuron para mejorar la experiencia de desarrollo al trabajar con AWS Trainium.

En el capítulo 5, aprenderemos a adaptar los modelos básicos generativos existentes a sus propios conjuntos de datos utilizando una técnica llamada ajuste fino. El ajuste fino de un modelo básico existente puede ser una alternativa menos costosa pero suficiente para modelar la formación previa desde cero.

CAPÍTULO 5
Ajuste fino y evaluación

En el capítulo 4, aprendió varias técnicas para ayudar a aumentar el rendimiento de modelos generativos grandes. También exploró estrategias eficientes de informática distribuida, como el paralelismo de datos distribuidos (DDP) y el paralelismo de datos totalmente fragmentados (FSDP) para escalar los esfuerzos de desarrollo de modelos grandes en un conjunto de instancias de informática distribuida. Si bien estas técnicas son esenciales para formar previamente modelos básicos grandes desde cero, también son útiles para adaptarlos a conjuntos de datos personalizados y casos de uso durante un proceso llamado *ajuste fino* o *afinación*.

En este capítulo, se sumergió profundamente en una técnica de ajuste fino llamada *ajuste fino de las instrucciones*. Ya aprendimos acerca de las instrucciones en el capítulo 2 con la discusión sobre la ingeniería de indicaciones. Las instrucciones son comandos para que el modelo realice una tarea, como «resumir esta conversación» o «generar un correo electrónico de *marketing* personalizado». Al afinar un modelo básico con instrucciones, es importante presentar una combinación de instrucciones en muchas tareas diferentes para mantener la capacidad del modelo básico para servir como un modelo generativo de propósito general.

En este capítulo, aprenderá sobre varias métricas de evaluación y puntos de referencia para ayudar a medir la efectividad de sus esfuerzos de ajuste fino de las instrucciones en muchas tareas. Se recomienda que establezca un conjunto de métricas de evaluación de referencia y compare la salida del modelo generado tanto antes como después del ajuste fino. Este bucle de retroalimentación es crítico en una etapa de desarrollo y ajuste de modelos altamente iterativos.

Y aunque este capítulo se centra principalmente en el ajuste fino de los modelos de lenguaje generativo, los modelos multimodales también se benefician del ajuste fino de las instrucciones, ya que casi siempre aceptan una indicación de instrucción basada en el lenguaje (como «resumir el contenido de la imagen dada» o «¿Cómo se cocina la comida que se muestra en esta imagen?»). Por lo tanto, es importante entender el ajuste fino de las instrucciones cuando se trabaja con modelos generativos para todo tipo de modalidades de contenido. Aprenderá más sobre el ajuste fino multimodal específicamente en el capítulo 11, pero continuemos la discusión sobre el ajuste fino de las instrucciones.

Ajuste fino de las instrucciones

Debido a que han sido formados previamente con millones de documentos, imágenes, vídeos y clips de audio, los modelos básicos han aprendido los fundamentos del lenguaje humano, incluyendo el razonamiento. Aun así, estos modelos básicos a menudo necesitan datos o instrucciones adicionales para ayudarles a aprender más sobre el conjunto de datos o dominio específico y aprender a realizar tareas humanas y razonamiento paso a paso. Esta ayuda adicional se llama *ajuste fino* y, específicamente, *ajuste fino de las instrucciones*.

Los modelos con los que los seres humanos interactúan más comúnmente se llaman modelos de «instrucción» o de «charla». Estos modelos están afinados con instrucciones utilizando el modelo básico equivalente al modelo inicial. Las variantes de instrucción son útiles para interfaces de asistente virtual de propósito general, ya que pueden realizar muchas tareas, aceptar indicaciones humanas y generar respuestas similares a las humanas. Vamos a revisar algunos ejemplos de modelos que han sido afinados con la instrucción.

Llama 2-Chat

Llama-2-70b-chat es la variante afinada de instrucción de Llama-2-70b. Muchos de los ejemplos de este libro son de la familia de modelos Llama 2. Específicamente, en la discusión de ingeniería de indicaciones en el capítulo 2 utilizamos la variante de instrucción, o charla, de Llama 2.

Falcon-Chat

Falcon-180b es un modelo básico potente de 180 mil millones de parámetros y fue formado con un conjunto de datos altamente curado, llamado RefinedWeb. La variante Falcon-180b-chat fue afinada con instrucciones en muchas tareas.

FLAN-T5

FLAN-T5, uno de los modelos generativos originales de instrucción afinada, es la variante de instrucción del modelo básico T5. En este caso, FLAN es un conjunto predefinido y bien documentado de instrucciones utilizadas durante el ajuste fino de las instrucciones. FLAN también se ha utilizado con Palm y otros modelos básicos iniciales[1]. Sin embargo, FLAN-T5 es probablemente la variante más popular de un modelo de instrucción de FLAN afinado. Con la variante XXL más grande, con solo 11 mil millones de parámetros, FLAN-T5 es un modelo grande de propósito general que ha sido formado con cientos de instrucciones y puede razonar en cadena de modo notorio.

---

[1] Hyung Won Chung y otros, «Scaling Instruction-Finetuned Language Models», *arXiv*, 2022.

FLAN-T5 está muy bien documentado, así que vamos a profundizar en cómo las variantes de este modelo fueron afinadas usando el conjunto de datos de instrucciones FLAN.

Conjunto de datos de instrucciones

A diferencia de los miles de millones de componentes léxicos necesarios para preparar un modelo básico, descrito en el capítulo 3, se pueden lograr muy buenos resultados con el ajuste fino de las instrucciones utilizando un conjunto de datos de instrucciones relativamente pequeño; a menudo de solo 500 a 1000 ejemplos son suficientes. Habitualmente, sin embargo, cuantos más ejemplos proporcione al modelo durante el ajuste fino, mejor será el modelo.

Conjunto de datos de instrucciones multitarea

Debe proporcionar al modelo muchos tipos diferentes de instrucciones durante la afinación para preservar la función de propósito general del modelo. Si proporciona instrucciones para una sola tarea (por ejemplo, resumen) durante el ajuste fino, el modelo puede experimentar un «olvido catastrófico» en el que se vuelve tan bueno en una sola tarea que puede perder la capacidad para gestionar, o generalizar, otras tareas.

En la figura 5-1, se puede ver un conjunto de datos multitarea de muestra que incluye ejemplos de instrucciones en una variedad de tareas, incluyendo resumen, clasificación, traducción de código y reconocimiento de entidades con nombre.

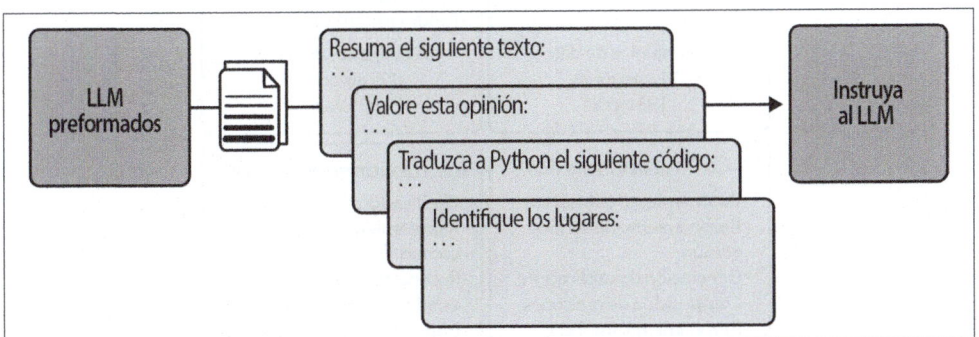

Figura 5-1. *Multitarea de ajuste fino con instrucción.*

Al formar al modelo con un conjunto de datos de instrucción mixta, puede mejorar el rendimiento del modelo en muchas tareas simultáneamente, evitar el problema del olvido catastrófico y mantener la capacidad del modelo para generalizar tareas múltiples.

Si tiene principalmente datos para una sola instrucción (por ejemplo, resumen), puede minimizar el olvido catastrófico mejorando los ejemplos de instrucciones de una sola tarea con un porcentaje pequeño de ejemplos de tareas múltiples (por ejemplo, el 5 % de las instrucciones de una sola tarea) durante el proceso de ajuste fino. Puede utilizar un conjunto de datos público o generar un conjunto de datos de instrucciones multitarea utilizando un modelo de instrucción existente, como se describe en la tarjeta de conjuntos de datos del proyecto Alpaca de la Universidad de Stanford[2].

 Asegúrese de revisar la licencia antes de usar cualquier modelo o mecanismo para mejorar su propio modelo. Esto puede ser permitido o no según la licencia. Por favor, consulte a un experto legal para obtener asesoramiento.

Echemos un vistazo al conjunto de datos de ajuste fino multitarea FLAN.

FLAN: Ejemplo de conjunto de datos de instrucciones multitarea

El conjunto de datos de instrucciones FLAN, actualmente en la versión 2, es en realidad una colección de 473 conjuntos de datos diferentes a través de 146 categorías de tareas y casi 1800 tareas detalladas, como se ve en la figura 5-2.

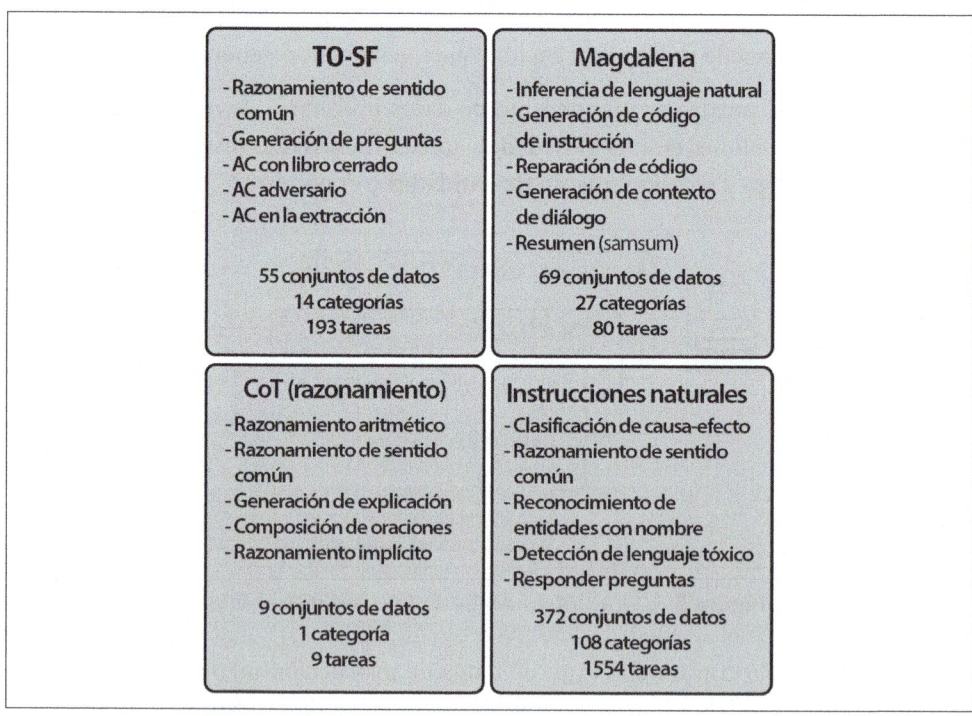

Figura 5-2. *Conjunto de datos FLAN (Fuente: adaptado de una imagen en Chung y otros).*

---

[2] Rohan Taori y otros, «Alpaca: A Strong, Replicable Instruction-Following Model», Center for Research on Foundation Models, Stanford University, 2021.

Uno de los conjuntos de datos de la colección FLAN, *samsum*, contiene 16 000 conversaciones y resúmenes curados por seres humanos. Estas conversaciones y resúmenes fueron creados por expertos lingüísticos para producir ejemplos de formación de calidad alta para una tarea generativa de diálogo resumen. Se muestran ejemplos de este conjunto de datos en la tabla 5-1.

Tabla 5-1. *Conjunto de datos samsum de diálogo conversacional, que incluye resúmenes curados por seres humanos.*

Diálogo	Resumen
Amanda: Horneé galletas. ¿Quieres algunas? **Jerry:** ¡Claro! **Amanda:** Te las traeré mañana :-)	Amanda horneó galletas y le traerá algunas a Jerry mañana.
Olivia: ¿Por quién votas en esta elección? **Oliverio:** Por los liberales como siempre. **Olivia:** ¡Yo también! **Oliverio:** Genial	Olivia y Oliverio votan por los
Laura: Bueno, he terminado por hoy-) **Laura:** Avísame cuando estés libre y volvamos a casa juntas. **Kim:** Hmm... ¿7? **Laura:** Bueno **Kim:** Genial, espérame en el trabajo, llamaré una vez llegue.	Laura recogerá a Kim en el trabajo alrededor de las 7 y volverán juntas a la casa.

A continuación, verá cómo construir un conjunto de datos de instrucciones a partir de un conjunto de datos tabular utilizando plantillas para indicaciones para formatear el texto como instrucciones.

Plantilla para indicaciones

Con el fin de convertir una tabla de texto, como se muestra anteriormente en las instrucciones para afinar, puede utilizar una plantilla para indicaciones, que proporciona una estructura para la indicación de instrucciones. Aquí está la plantilla para indicaciones específica de *samsum* del repositorio FLAN GitHub, que contiene marcadores de posición para las columnas de diálogo y resumen en el conjunto de datos *samsum*:

```
{diálogo}
Resuma brevemente ese diálogo.
{resumen}
Aquí hay un diálogo:
{diálogo}
Escriba un resumen breve.
{resumen}
```

```
Diálogo:
{diálogo}
¿Cuál es el resumen de este diálogo?
{resumen}

{diálogo}
¿De qué se trataba ese diálogo, en dos oraciones o menos?
{resumen}
Aquí hay un diálogo:
{diálogo}
¿De qué hablaban?
{resumen} Diálogo:
{diálogo}
¿Cuáles fueron los puntos principales en esa conversación?
{resumen} Diálogo:
{diálogo}
¿De qué trataba esa conversación?
{resumen}
```

Tenga en cuenta que la plantilla contiene varias instrucciones para cada fila de datos de resumen de diálogo en la tabla *samsum*. Al utilizar esta plantilla con cada fila del conjunto de datos *samsum*, se crean siete ejemplos de instrucciones. Al producir instrucciones diferentes para la misma tarea con formatos de instrucción ligeramente diferentes, el modelo ve más ejemplos y a menudo se generaliza mejor a nuevas instrucciones que solo puede ver durante la inferencia.

Dado que *samsum* contiene aproximadamente 16 000 filas de datos, se generan 16 000 * 7 = 112 000 instrucciones después de utilizar la plantilla con el conjunto de datos *samsum*. Al extender esto al conjunto completo de 473 conjuntos de datos de FLAN a través de, aproximadamente, 1800 tareas detalladas utilizando la plantilla para indicaciones de FLAN de 10 000 líneas, se obtiene el conjunto de datos de instrucciones multitarea utilizado para formar a la familia de modelos FLAN, como FLAN-T5.

Ahora que ha visto cómo se formó a FLAN-T5, aprenderá a utilizar la misma técnica de plantilla para indicaciones y a preparar un conjunto de datos personalizado para el ajuste fino de las instrucciones de su propio modelo de IA generativa.

Convierta un conjunto de datos personalizado en uno de instrucciones

Aunque las conversaciones en el conjunto de datos *samsum* y la plantilla asociada FLAN-T5 ayudaron al modelo FLAN-T5 a aprender a resumir conversaciones, FLAN-T5 puede no capturar el matiz y la singularidad de su caso de uso generativo específico o tarea. De modo que tal vez quiera afinar un modelo básico con el conjunto de datos personalizado, como conversaciones entre los agentes de servicio al cliente y los clientes.

Considere el conjunto de datos de resumen de diálogo público, *dialogsum*, como un conjunto de datos personalizado que queremos usar para afinar un modelo generativo. El conjunto de datos de *dialogsum* consta de más de 13 000 conversaciones y resúmenes. La columna de resumen fue rellenada por seres humanos como resumen de referencia.

En la tabla 5-2 se muestra un ejemplo de diálogo junto con un resumen anotado por seres humanos.

Tabla 5-2. *Ejemplo de resumen de conversación anotada por seres humanos.*

Diálogo	Resumen
#Persona1#: Hola, tengo una reserva. **#Persona2#**:¿Señor, puedo ver alguna identificación, por favor? **#Persona1#**: Claro. Aquí está. **#Persona2#**: Muchas gracias. ¿Tiene una tarjeta de crédito? ... **#Persona2#**: ¡Disfrute de la estancia!	**#Persona1#** tiene una reserva. **#Persona2#** le pide la identificación y tarjeta de crédito y le ayuda a registrarse.

Después de convertir el conjunto de datos tabular en un conjunto de datos de instrucciones, puede afinar un modelo generativo para resumir usando este conjunto de datos de instrucciones personalizado. El objetivo es afinar un modelo para generar resúmenes al menos tan buenos, si no mejores, que el resumen humano. Más adelante en este capítulo, aprenderá a medir el resumen generado por un modelo comparándolo con este resumen de referencia humano. Esto se llama *evaluación del modelo*.

Pero, primero, vamos a mostrar cómo convertir este conjunto de datos tabular en uno de datos de instrucciones usando el código de *f-string* y .format() de Python para convertir las filas de pares de diálogo y resumen en instrucciones. El siguiente código realiza esta conversión:

```
prompt_template = f"""
Aquí hay un diálogo:

{dialogue}

Escriba un resumen breve.

{resumen }
"""

from transformers import AutoTokenizer
from datasets import load_dataset

# Carga del conjunto de datos personalizado
dataset = load_dataset("knkarthick/dialogsum")

def convert_row_to_instruction(row):
    prompt = prompt_template.format(
        dialogue=row["dialogue"],
        summary=row["summary"]

instruction_dataset = dataset.map(convert_row_to_instruction)

print(instruction_dataset[0])
```

Salida:

```
Aquí hay un diálogo:

#Persona1#: Hola, tengo una reserva.
#Persona2#: ¿Señor, puedo ver alguna identificación, por favor?
#Persona1#: Claro. Aquí está.
#Persona2#: Muchas gracias. ¿Tiene una tarjeta de crédito?
...
#Persona2#: ¡Disfrute de la estancia!

Escriba un resumen breve.

#Persona1# tiene una reserva. #Persona2# le pide la
identificación y tarjeta de crédito y le ayuda a registrarse.
```

A continuación, aprenderá a usar este conjunto de datos de instrucciones recién creado para afinar un modelo generativo utilizando su conjunto de datos personalizado.

Ajuste fino de las instrucciones

El ajuste fino de las instrucciones es un tipo de aprendizaje automático supervisado que mejora el modelo comparando continuamente la salida del modelo para una entrada dada (por ejemplo, indicación de instrucción con diálogo) con la etiqueta verdadera (por ejemplo, resumen de línea de base humana).

En la figura 5-3 se muestra el proceso de ajuste fino de las instrucciones a grandes rasgos. El modelo primero hace una predicción (por ejemplo, genera un resumen) usando la entrada dada (por ejemplo, indicación de instrucciones). A continuación, compara la predicción con la etiqueta verdadera (por ejemplo, resumen de referencia humana). Después de calcular la diferencia (por ejemplo, pérdida) entre la predicción y la etiqueta verdadera, el modelo propaga la pérdida de nuevo, a través de la red neuronal, y actualiza los parámetros, o pesos, para mejorar la predicción en el futuro.

Después de hacer muchas rondas de predicción y retropropagación, el modelo aprende a generar texto como —o mejor que— el ser humano que creó la etiqueta verdadera de referencia.

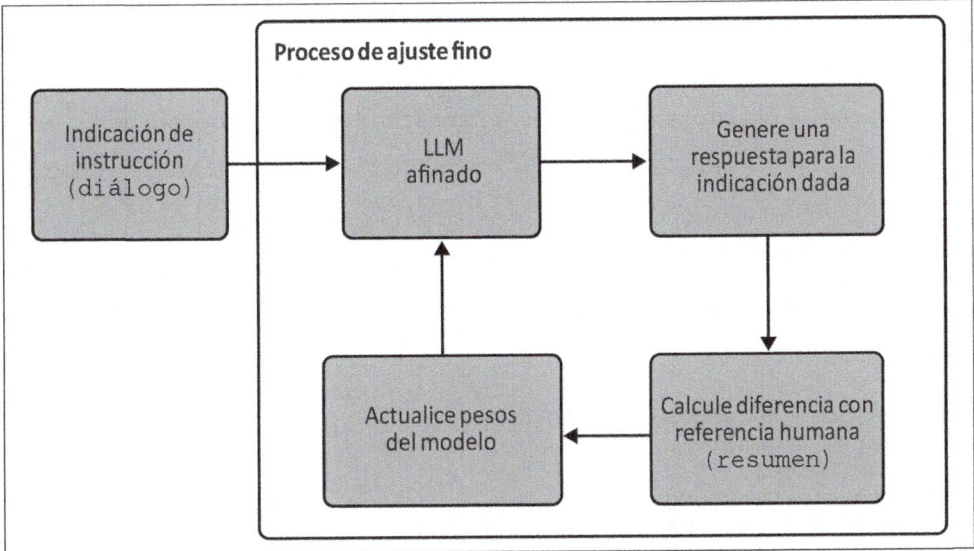

Figura 5-3. *Retropropagación de la pérdida a través de la red para mejorar el modelo generativo.*

A continuación, verá ejemplos de implementación de ajuste fino con Amazon SageMaker, incluidos ejemplos distribuidos de nodo único y multinodo. Estos ejemplos utilizan el tipo de instancia SageMaker `ml.p4de.24xlarge`, cada uno con ocho GPU NVIDIA A100 y 640 GB de memoria total de la GPU. El código completo está en el repositorio de GitHub asociado a este libro:

Amazon SageMaker Studio

Aquí está el código para el ajuste fino de un solo nodo de modelo generativo utilizando un modelo del centro de modelos Hugging Face. SageMaker Studio se basa en el proyecto Jupyter Notebook de código abierto y es una manera excelente para comenzar a experimentar con plantillas diferentes para indicaciones y modelos generativos:

```
import torch
from transformers import (
    AutoModelForCausalLM,
    AutoTokenizer,
    Trainer,
    TrainingArguments,
)

from datasets import load_dataset

# Carga el conjunto de datos y convierte cada fila
# en una indicación de instrucción
dataset = load_dataset(...)
dataset = dataset.map(convert_row_to_instruction)

# Define y carga el modelo para afinarlo
model_checkpoint = "<choose a model>"
```

```
model = AutoModelForCausalLM.from_pretrained(model_checkpoint)

# Convierte el texto en componentes léxicos utilizando
# el analizador léxico del modelo
tokenizer = AutoTokenizer.from_pretrained(model_checkpoint)
tokenized_dataset = dataset.map(
    lambda row: tokenizer(...)
)

# Define argumentos de formación
training_args = TrainingArguments(
    bf16=True, # Use bfloat16
    ...
)

# Crea una instancia de formación
trainer = Trainer(
    model=model,
    args=training_args,
    train_dataset=tokenized_dataset,
    ...
```

 Si bien es común usar Amazon SageMaker Studio durante la etapa de experimentación, es muy fácil crear un cuaderno de trabajo de SageMaker Studio para automatizar el proceso de afinación sin cambiar el código del cuaderno.

Amazon SageMaker JumpStart

Una forma fácil y sencilla de afinar un modelo generativo potente en AWS es usar Amazon SageMaker JumpStart. Con SageMaker JumpStart y la biblioteca SageMaker Python puede escalar su carga de trabajo de ajuste fino a un grupo grande y distribuido de instancias de GPU, simplemente cambiando un parámetro, instance_count, como verá a continuación:

```
from sagemaker.jumpstart.estimator import JumpStartEstimator
from datasets import load_dataset

# Carga el conjunto de datos y convierte cada fila
# en una indicación de instrucción
dataset = load_dataset(...)
dataset = dataset.map(convert_row_to_instruction)

# Define y carga el modelo para afinarlo
model_checkpoint = "<choose a model>"

# Guarda datos de formación en un archivo local para cargar en s3
local_data_file = "train.jsonl"
dataset.to_json(local_data_file)

# Especifica la ubicación de S3 y carga el archivo
# de conjunto de datos local
```

```
train_data_s3_location = "s3://<your-private-s3-location>/"
S3Uploader.subir (local_data_file, train_data_s3_location)

# Configura el estimador incluyendo el tipo de instancia
# y el recuento
estimator = JumpStartEstimator(
    model_id=model_checkpoint,
    instance_type="ml.p4de.24xlarge",
    instance_count=2 # aumenta este valor para un grupo más grande

# Establece los hiperparámetros incluyendo
# instruction_tuned="True"
estimator.set_hyperparameters(
    instruction_tuned="True",
    ...
)

# Especifique la ubicación S3 de los datos de formación
# y comienza a afinar
estimator.fit({"training": train_data_s3_location})
```

Amazon SageMaker Estimator para Hugging Face

Para obtener la máxima flexibilidad y configurabilidad, puede utilizar la implementación de Hugging Face en la clase `Estimator` de Amazon SageMaker. Estas clases son parte de la librería SageMaker Python. Coordinan el trabajo de capacitación de principio a fin, utilizando la infraestructura de apoyo de SageMaker, incluidas la configuración y el desmontaje. Esto le da el control total del *train.py*, como se ve a continuación:

```
from sagemaker.huggingface import HuggingFace # Estimador

# Hiperparámetros, que se pasan en el trabajo de formación
hyperparameters ={
    'model_id': model_checkpoint, # pre-trained model
    ...
}

# Crea el estimador
Huggingface_estimator = HuggingFace(
    entry_point = 'train.py', # el código de train.py se muestra
    instance_type = 'ml.p4de.24xlarge',          # a continuación
    instance_count=2 , # aumenta el valor para un grupo más grande
    hyperparameters = hyperparameters, # hiperparámetros
    ...
)
```

Aquí hay un fragmento del *train.py* al que se hace referencia desde el estimador HuggingFace:

```
from transformers import (
    AutoModelForCausalLM,
    Trainer,
    TrainingArguments,
)
from datasets import load_dataset
```

```
# Carga el conjunto de datos y convierte cada fila
# en una indicación de instrucción
dataset = load_dataset(...)
dataset = dataset.map(convert_row_to_instruction)

# Define y carga el modelo para afinarlo
model_checkpoint = "..." # Modelo generativo como Llama2, Falcon

model = AutoModelForCausalLM.from_pretrained(model_checkpoint)

# Convierte el texto en componentes léxicos utilizando
# el analizador léxico del modelo,
tokenizer = AutoTokenizer.from_pretrained(model_checkpoint)
tokenized_dataset = dataset.map(
    lambda row: tokenizer(...)
)

training_args = TrainingArguments(
    bf16=True, # Use bfloat16
    ...
)

# Crea una instancia de formación
trainer = Trainer(
    model=model,
    args=training_args,
    train_dataset=dataset,
    ...
)

# Comienza a afinar
trainer.train()

# Guarda el modelo afinado
trainer.model.save_pretrained("/opt/ml/model/")
```

Evaluación

Hay muchas métricas para evaluar el rendimiento del modelo de IA generativa y hay mucho debate en la comunidad sobre su significado y efectividad. En su núcleo, las métricas de evaluación, tales como Recall-Oriented Understudy for Gisting Evaluation (ROUGE), y puntos de referencia, como Holistic Evaluation of Language Models (HELM) y Massive Multitask Language Understanding (MMLU)[3], proporcionan una referencia con la que puede comparar los cambios al modelo, como el ajuste fino. Vamos a sumergirnos en algunas de estas métricas de evaluación y puntos de referencia para entender mejor cómo se utilizan para medir las mejoras de un modelo generativo a través de mecanismos como el ajuste fino de las instrucciones.

---

[3] Dan Hendrycks y otros, «Measuring massive multitask Language Understanding», *arXiv*, 2009.

Métricas de evaluación

Las métricas clásicas de evaluación del aprendizaje automático, como la precisión y el error cuadrático medio (RMSE), son fáciles de calcular, ya que las predicciones son deterministas y fáciles de comparar con las etiquetas de un conjunto de datos de validación o prueba.

Sin embargo, el resultado de los modelos de IA generativa es famoso por el diseño no determinista, lo que hace que la evaluación sea muy difícil sin la intervención humana. Además, las métricas de evaluación para los modelos generativos son muy específicas de la tarea. Por ejemplo, la métrica ROUGE se utiliza para evaluar tareas de resumen, mientras que la métrica de evaluación bilingüe sustituta (BLEU) se utiliza para tareas de traducción.

Dado que este capítulo se centra en el resumen, aprenderá a calcular la métrica ROUGE. A través de este proceso, se verá claro por qué ROUGE es útil y controvertido al mismo tiempo.

ROUGE calcula cuán bien se compara la entrada (`dialogue`, en este caso) con la salida generada (`summary`, en este caso). Para ello, ROUGE calcula el número de unigramas (palabras sueltas), bigramas (dos palabras consecutivas) y secuencias comunes más largas (n-gramas consecutivos) similares entre las entradas y las salidas generadas para calcular las puntuaciones ROUGE-1, ROUGE-2 y ROUGE-L. Cuanto más alta es la puntuación, más similares son.

Ya puede entender la controversia. El lenguaje humano consiste en muchos ejemplos en los que frases similares varían enormemente en el significado, difiriendo ya sea por unas pocas palabras o por un cambio ligero en su posición. Considere, por ejemplo, «este libro es genial» y «este libro no es genial». Utilizando solo ROUGE, estas frases parecen similares. Sin embargo, son, de hecho, opuestas.

Aunque ROUGE está lejos de ser perfecto, es útil como métrica de referencia antes y después de afinar el modelo porque demuestra una mejora relativa. Muchas bibliotecas populares de lenguaje natural, incluyendo Hugging Face, son compatibles con ROUGE. A continuación, se muestra el código para evaluar el modelo utilizando la biblioteca de evaluación de Hugging Face. Aquí, puede ver una mejora de aproximadamente 80 % en las puntuaciones de ROUGE después de afinar el conjunto de datos de diálogo basado en un conjunto de datos de prueba que el modelo no ha visto durante el ajuste fino:

```
import evaluate

rouge = evaluate.load('rouge')

foundation_model_results = rouge.compute(
    predictions=foundation_model_summaries,
    references=human_baseline_summaries,
    use_aggregator=True,
```

```
    use_stemmer=True,
)
print(foundation_model_results)
```

Aquí están las puntuaciones ROUGE para los modelos básicos antes de afinar con instrucción:

```
{'rouge1': 0,2334,
 'rouge2': 0,0760,
 'rougeL': 0,2014}
fine_tuned_results = rouge.compute(
    predictions=fine_tuned_model_summaries,
    references=human_baseline_summaries,
    use_aggregator=True,
    use_stemmer=True,
)
print(fine_tuned_results)
```

Aquí están las puntuaciones ROUGE para los modelos básicos después de afinar con instrucción. Los puntajes son más altos, que es el comportamiento deseado para la variante afinada del modelo:

```
{'rouge1': 0,4216,
 'rouge2': 0,1804,
 'rougeL': 0,3384}
```

Puntos de referencia y conjuntos de datos

Para evaluar y comparar modelos generativos de manera más completa, puede utilizar los puntos de referencia y conjuntos de datos existentes establecidos por la comunidad, como General Language Understanding Evaluation (GLUE), SuperGLUE, HELM, Beyond the Imitation Game (BIG-bench)[4] y MMLU, entre muchos otros. Estos puntos de referencia han evolucionado a lo largo de los años para incluir muchas tareas complejas, como la comprensión de lectura y la inferencia de sentido común.

GLUE se introdujo en 2018 para evaluar y comparar el rendimiento del modelo en un conjunto de tareas lingüísticas. El resultado fue una serie de modelos lingüísticos más generalizables que impactaron de modo positivo el paisaje de la investigación y el desarrollo del lenguaje natural. SuperGLUE, el sucesor de GLUE, fue introducido en 2019 para incluir tareas más desafiantes, como el razonamiento de varias oraciones y la comprensión de lectura. Tanto GLUE como SuperGLUE ofrecen tablas de clasificación públicas para fomentar y recompensar las mejoras en la comprensión del idioma.

HELM es un punto de referencia diseñado para fomentar la transparencia del modelo y, en última instancia, proporcionar a los usuarios información sobre qué modelo elegir para una tarea determinada. HELM es una combinación de 7 métricas a través de 16

---

[4] Aarohi Srivastava y otros, «Beyond the Imitation Game: Quantifying and Extrapolating the Capabilities of Language Models», *arXiv*, 2023.

«escenarios» principales, según lo definido por la comunidad HELM. Entre los escenarios se incluyen tareas como pregunta y respuesta, resumen y análisis de reacciones, así como detección de toxicidad y sesgos. HELM también ofrece un mecanismo de extensión para agregar escenarios y tareas nuevos. Como tal, HELM se considera un punto de referencia «vivo» que puede evolucionar con el tiempo.

MMLU evalúa el conocimiento de un modelo y la capacidad de resolución de problemas. Los modelos se prueban en materias diferentes, incluidas la matemática, la historia y la ciencia.

 Para los puntos de referencia generados por la comunidad, pueden existir muchas variantes, cada una de las cuales cubre un conjunto diferente de tareas y de datos. Un ejemplo es la referencia de MMLU que, a partir de este escrito, tiene tres variaciones. Lamentablemente, esto causa aún más controversia en cuanto a la pertinencia de los puntos de referencia en general.

BIG-bench es otra referencia popular para los modelos generativos. Consta de 204 tareas en lingüística, matemática, biología, física, desarrollo de software, razonamiento de sentido común y mucho más. Debido a que el BIG-bench es enorme, se lanzó en tamaños diferentes para ayudar a reducir el coste de inferencia para participar en la tabla de clasificación de los puntos de referencia.

Es importante elegir métricas, puntos de referencia y conjuntos de datos que ayuden a evaluar no solo la capacidad generativa de los modelos, sino también el potencial para producir discurso de odio, noticias falsas y otros resultados dañinos. Los conjuntos de datos RealToxicityPrompts y TruthfulQA son buenos puntos de partida para evaluar el potencial del modelo para generar discurso de odio y desinformación, respectivamente.

Resumen

En este capítulo, aprendimos a afinar el modelo con instrucciones utilizando plantillas para indicaciones con un conjunto de datos que coincida con la tarea generativa y el caso de uso. También vimos ejemplos de ajuste fino con cuadernos de Amazon SageMaker Studio, SageMaker JumpStart y la biblioteca SageMaker Python con la biblioteca de Hugging Face Transformers. También aprendimos algunas métricas comunes como ROUGE y parámetros de referencia como MMLU, que puede usar para evaluar el modelo antes y después de afinar.

En el capítulo 6, aprenderemos a realizar un ajuste fino con parámetros eficientes (PEFT) para reducir el número de parámetros que deben actualizarse durante el ajuste fino, en lugar de un ajuste fino «completo» de todos los parámetros presentados en este capítulo.

## CAPÍTULO 6

Ajuste fino con parámetros eficientes

Como hemos discutido en capítulos anteriores, la formación de modelos generativos es costosa en términos informáticos. Adaptar los modelos al dominio con un ajuste fino completo requiere memoria no solo para almacenar el modelo, sino también varios parámetros adicionales que se requieren durante el proceso de formación. En contraste con el ajuste fino completo, el ajuste fino con parámetros eficientes (PEFT) proporciona un conjunto de técnicas que le permiten afinar los modelos mientras utiliza menos recursos informáticos.

Hay una variedad de técnicas y categorías de PEFT, exploradas en un documento sobre escalado[1]. Las técnicas varían en la implementación, pero, en general, cada una se centra en fijar todos o la mayoría de los parámetros originales del modelo y extender o reemplazar las capas del modelo mediante la formación de un conjunto adicional, mucho más pequeño, de parámetros. Las técnicas más utilizadas se clasifican en las categorías de aditivo y reparametrización.

Las técnicas aditivas, como el ajuste de indicaciones, mejoran el modelo mediante el ajuste fino y la adición de parámetros o capas adicionales al modelo formado previamente. Las técnicas de reparametrización, como la adaptación de rango bajo (LoRA), permiten la adaptación utilizando representaciones de rango bajo para reducir el número de parámetros de formación y calcular los recursos necesarios para afinar.

En este capítulo, aprenderá sobre algunas técnicas específicas de PEFT que se pueden utilizar con modelos generativos, incluyendo el ajuste de indicaciones, LoRA y QLoRA. Este capítulo se centra en conceptos clave ilustrados a través de ejemplos de modelos de lenguaje grandes (LLM); en el capítulo 11 se explora PEFT para modelos multimodales.

Ajuste fino completo frente a PEFT

En esta sección, aprenderá más sobre las diferencias entre el ajuste fino completo de un modelo básico y la utilización de métodos eficientes para la adaptación del modelo. A grandes rasgos, con un ajuste fino completo, está actualizando cada parámetro del

---

[1] Vladislav Lialin y otros, «Scaling Down to Scale Up: A Guide to Parameter-Efficient Fine-Tuning», *arXiv*, 2023.

modelo a través de un aprendizaje supervisado. Por el contrario, las técnicas PEFT fijan los parámetros del modelo formado previamente y afinan un conjunto más pequeño de parámetros.

Como se discutió en el capítulo 4, al formar y afinar un modelo básico, no solo es necesario cargar los parámetros del modelo, sino también asignar memoria para los estados del optimizador, gradientes, activaciones progresivas y memoria temporal. Estos componentes adicionales pueden ocupar de 12 a 20 bytes adicionales de memoria de la GPU por parámetro del modelo.

El ajuste fino completo requiere a menudo una gran cantidad de RAM de la GPU, lo que aumenta rápidamente el presupuesto y el coste informático general. PEFT reduce los requisitos de procesamiento y memoria al fijar los parámetros originales del modelo básico y afinar solo un conjunto pequeño de parámetros nuevos del modelo.

En algunos casos, el número de parámetros recién formados es de solo el 1 al 2 % de los pesos originales del LLM. Debido a que está formando un número relativamente pequeño de parámetros, los requisitos de memoria para el ajuste fino se hacen más manejables y a menudo pueden realizarse en una sola GPU.

Además de requerir menos recursos durante el ajuste fino, los métodos PEFT también son menos propensos a un olvido catastrófico, como se discute en el capítulo 5, porque los pesos básicos originales permanecen fijos, preservando el conocimiento original del modelo.

PEFT también es útil cuando desea adaptar el modelo, por ejemplo, para usuarios diferentes. Supongamos que necesita afinar para soportar la hiperpersonalización, donde está creando una experiencia única de asistente virtual, por usuario, en el sistema. Si se utilizara el ajuste fino completo para cada usuario, esto resultaría en una versión nueva de modelo para cada uno, como se muestra en la figura 6-1.

Cada uno de estos modelos nuevos adaptados es del mismo tamaño que el original, lo que puede generar un problema costoso de almacenamiento y alojamiento si está realizando un ajuste fino completo para varios usuarios.

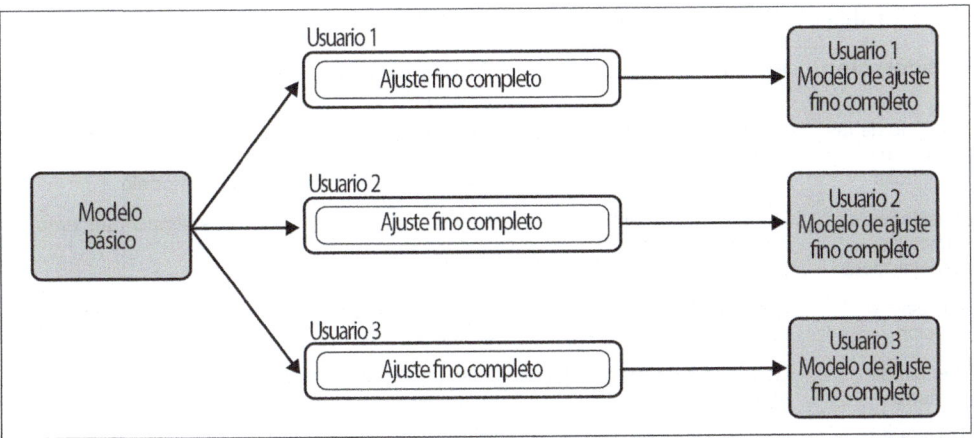

Figura 6-1. *El ajuste fino completo crea una copia completa del modelo original para cada usuario.*

Con PEFT, solo se forma un número pequeño de pesos para cada uno de los tres usuarios, lo que resulta en una necesidad de modelo mucho más pequeña en general. Los parámetros nuevos o actualizados se combinan con los originales para la inferencia, como se muestra en la figura 6-2. Esto permite una adaptación eficiente del modelo original a usuarios múltiples.

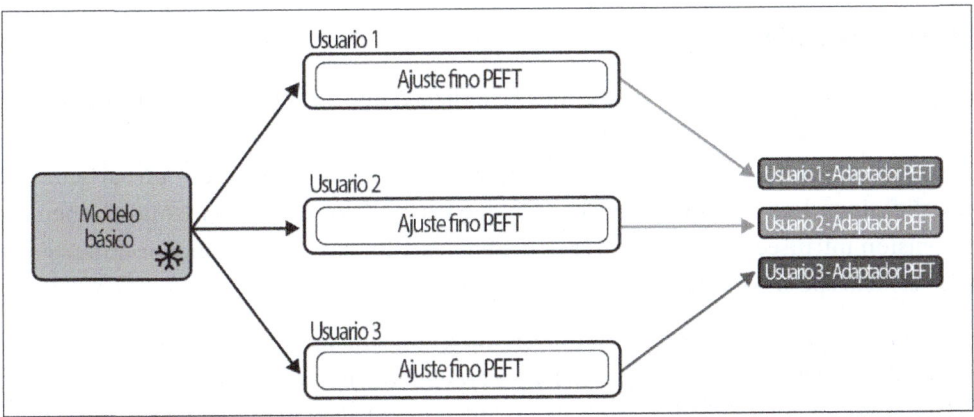

Figura 6-2. *PEFT reduce los pesos de modelo específicos de la tarea y puede fusionarse con LLM originales en la inferencia.*

Hay algunas cosas a considerar al elegir entre el ajuste fino completo y el ajuste fino con parámetros eficientes. En la tabla 6-1 se resumen estas consideraciones.

Tabla 6-1. *Consideraciones para elegir PEFT frente al ajuste fino completo.*

Consideración	Ajuste fino completo	Ajuste fino con parámetros eficientes (PEFT)
Ajuste fino de las necesidades informáticas	Aumento de las necesidades informáticas (procesamiento, memoria, almacenamiento)	Reducción de las necesidades de procesamiento como resultado de la formación de solo un subconjunto de parámetros del modelo
Necesidades de recursos de almacenamiento	Modelo de aumento de las necesidades de almacenamiento	Reducción de los requisitos de almacenamiento
Datos de formación	Conjunto de datos más grande con ejemplos múltiples	Conjunto de datos más pequeño con menos ejemplos
Eficiencia de parámetros	Cada peso actualizado durante el ajuste fino	Solo un subconjunto de pesos actualizados durante el ajuste fino
Rendimiento del modelo	Normalmente resulta en un rendimiento mayor	El rendimiento puede ser similar, pero a menudo un poco más bajo que con el ajuste fino completo
Requisitos de alojamiento de inferencias	Cada modelo afinado debe ser hospedado	Alojar el LLM original y los pesos adicionales del modelo para la inferencia

En general, los métodos PEFT pueden ser una buena opción para minimizar los requisitos de recursos y, al mismo tiempo, mantener un rendimiento adecuado del modelo para el caso de uso o la tarea adaptados. A continuación, aprenderá sobre dos técnicas específicas de PEFT llamadas adaptación de rango bajo (LoRA) y LoRA cuantificada (QLoRA).

LoRA y QLoRA

LoRA es una técnica de PEFT comúnmente utilizada que fija los pesos originales del LLM y crea matrices nuevas de rango bajo que pueden ser formadas en cada capa del transformador. Esta técnica fue presentada por primera vez en un artículo de investigación[2]. Los investigadores resaltan que los modelos básicos a menudo tienen una dimensión intrínseca baja; es decir, se pueden describir con muchas menos dimensiones que las de los pesos originales.

En combinación, plantearon la hipótesis de que las actualizaciones de los pesos del modelo (por ejemplo, parámetros) tienen un rango intrínseco bajo durante la adaptación del modelo, lo que significa que puede utilizar matrices más pequeñas, con menos dimensiones, para afinar. Este método de afinación reduce el número de parámetros a formar y, como resultado, el tiempo de formación requerido. Esto también se traduce en una reducción de los recursos informáticos y de almacenamiento necesarios.

---

[2] Edward Hu y otros, «LoRA: Low-Rank Adaptation of Large Language Models», *arXiv*, 2021.

Aunque el artículo original sobre LoRA se centró en modelos de lenguaje, LoRA también se utiliza para modelos multimodales como Stable Diffusion, que utiliza un modelo de lenguaje basado en transformador para ayudar a alinear el texto a las imágenes. Explorará LoRA en un contexto multimodal en el capítulo 11.

Principios básicos de LoRA

Para entender cómo funciona LoRA, primero repasemos la arquitectura del transformador del capítulo 3. Durante el ajuste fino completo, cada parámetro en el modelo se actualiza. Este proceso de actualización de cada parámetro durante el ajuste fino completo puede requerir muchos recursos y tiempo de cálculo.

LoRA es una estrategia de ajuste fino que reduce el número de parámetros a formar fijando todos los parámetros originales del modelo e insertando un par de matrices de descomposición de rangos junto con los pesos originales de un conjunto específico de módulos (por ejemplo, capas) en el modelo, por lo general las capas lineales, incluido el autoservicio.

Estas matrices de descomposición de rangos tienen significativamente menos parámetros que los pesos del modelo original que aprenden a representar durante el ajuste fino de LoRA. Las dimensiones de las matrices más pequeñas, mostradas en la figura 6-3 como A y B, se definen de manera que el producto sea una matriz con las mismas dimensiones que los pesos que están modificando.

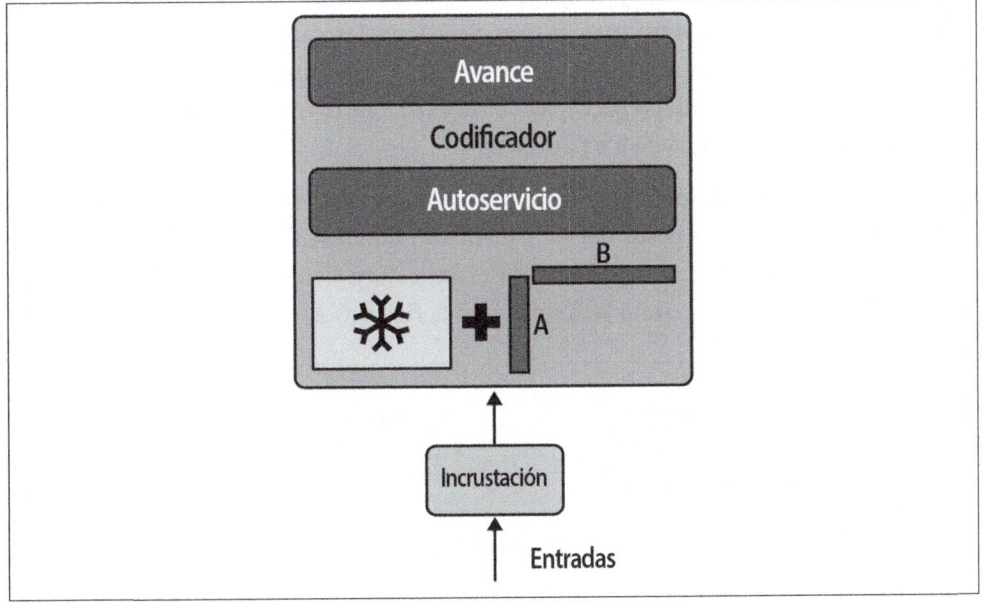

Figura 6-3. *Las matrices A y B de rango bajo se aprenden durante el proceso de ajuste fino de LoRA.*

Rango

Con LoRA, se mantienen fijos los pesos originales del modelo y se forman estas matrices más pequeñas utilizando el mismo proceso de aprendizaje supervisado definido en el capítulo 5. El tamaño de las matrices de rango bajo es establecido por el parámetro llamado rango (r). El rango se refiere al número máximo de columnas (o filas) linealmente independientes en la matriz de peso. Un valor más pequeño conduce a una matriz de rango bajo más simple con menos parámetros para formar. Esto conduce a un ahorro de costes, al requerir menos recursos de cálculo y memoria.

Los investigadores han estudiado cómo afectan los distintos valores de rango al rendimiento del modelo en tareas de generación. En general, encontraron que la efectividad de un ajuste de rango más alto parece estancarse al establecer el rango mayor que un valor de 16.

Establecer el rango entre 4 y 16 a menudo puede proporcionarle una buena compensación entre reducir el número de parámetros a formar, al tiempo que conserva niveles aceptables de rendimiento del modelo. Si bien es importante experimentar con el valor correcto de *r* para su propio usuario, a menudo puede lograr buenos resultados con un número *r* más pequeño (es decir, 4, 8 o 16).

Módulos y capas objetivo

Aunque LoRA se puede utilizar con cualquier subconjunto de matrices de peso en la arquitectura del transformador (por ejemplo, capas de autoservicio, de avance, etc.), los investigadores han descubierto que utilizar LoRA en las capas lineales del modelo a menudo es suficiente para afinar un usuario y ganar rendimiento. La mayoría de los parámetros del modelo están en las capas de servicio, por lo que esto también resulta en un mayor grado de eficiencia de los parámetros.

Un artículo de investigación de Ashish Vaswani y otros[3] traduce esto en términos prácticos, especificando los pesos del transformador con las dimensiones de 512 x 64, lo que significa que cada matriz de peso en la arquitectura tiene 32 768 parámetros para formar (512 x 64 = 32 768), como se muestra en la figura 6-4.

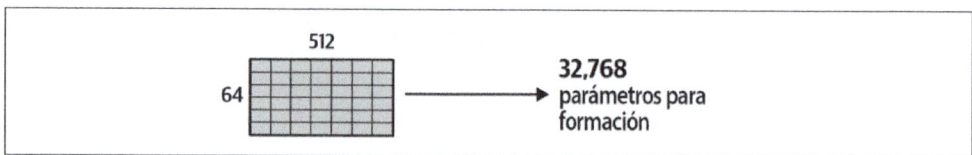

Figura 6-4. *El ajuste fino completo forma a todos los parámetros.*

---

[3] Ashish Vaswani y otros, «Attention Is All You Need», *arXiv*, 2023.

Si estuviera realizando un ajuste fino completo, estaría actualizando 32 768 parámetros para cada matriz de peso en la arquitectura. Con LoRA, asumiendo un rango igual a 4, se formarán dos matrices de descomposición de rango bajo cuya dimensión baja es 4. Esto significa que la matriz A tendrá una dimensión de 4 x 64, lo que resulta en un total de 256 parámetros, mientras que la matriz B tendrá las dimensiones de 512 x 4, lo que resulta en 2048 parámetros a formar, como se muestra en la figura 6-5.

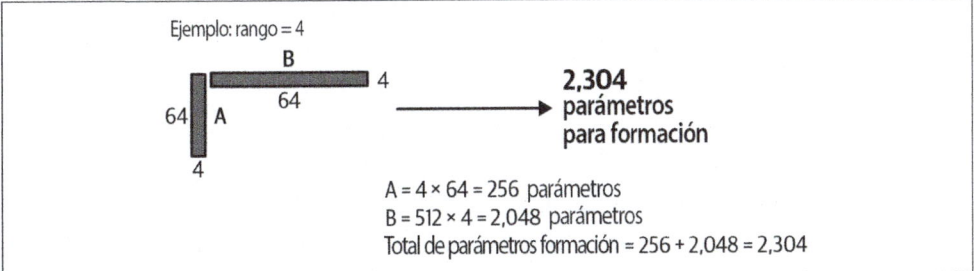

Figura 6-5. *LoRA reduce significativamente el número de parámetros a formar.*

Al actualizar solo los pesos de las matrices nuevas de rango bajo, puede afinar para un solo usuario formando solo 2304 (256 + 2048) parámetros en lugar de los 32 768, en este caso.

Debido a que LoRA le permite reducir significativamente el número de parámetros susceptibles de formación, a menudo puede realizar este método de ajuste fino con parámetros eficientes con una sola GPU y evitar la necesidad de un grupo distribuido de GPU. Esto resulta no solo en un ahorro de costes, sino también en una reducción en el tiempo necesario para afinar el modelo.

Utilización de LoRA

Hay maneras diferentes de utilizar LoRA para el ajuste fino, en términos de la implementación técnica. Las bibliotecas comunes de código abierto admiten los diferentes métodos de PEFT. A continuación, se muestra un ejemplo utilizando los transformadores de Hugging Face y los cuadernos de Amazon SageMaker Studio para realizar el ajuste fino de LoRA para un usuario específico con un rango de 16. Tenga en cuenta que Amazon SageMaker JumpStart también es compatible con LoRA para muchos de sus modelos básicos:

```
from peft import LoraConfig, get_peft_model, TaskType

lora_config = LoraConfig(
    r=16, # rank
    lora_alpha=32,
    target_modules=["q", "v"],
    lora_dropout=0.05, bias="none",
    task_type=TaskType.CAUSAL_LM
)
```

```
peft_model = get_peft_model(original_model,lora_config)

peft_training_args = TrainingArguments(
    output_dir="./model",
    auto_find_batch_size=True,
    learning_rate=1e-3,
    num_train_epochs=1,
    logging_steps=1,
    max_steps=1
)

peft_trainer = Trainer(
    model=peft_model,
    args=peft_training_args,
    train_dataset=tokenized_datasets["train"]
)
```

Como se muestra en la figura 6-6, las dos matrices de rango bajo, A y B, se multiplican para crear una matriz con las mismas dimensiones que los pesos fijos originales. La matriz resultante es la combinada con los pesos originales.

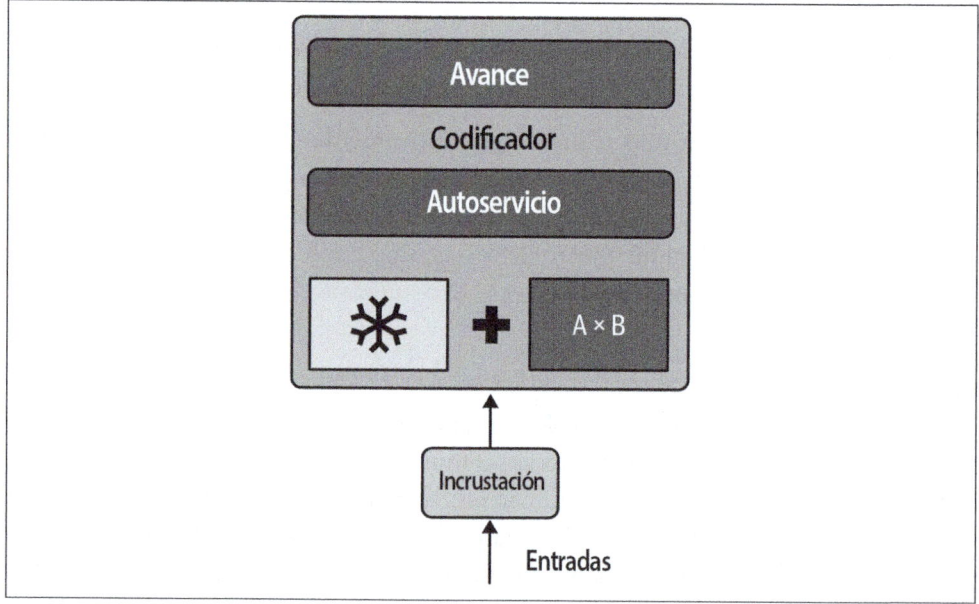

Figura 6-6. *Matrices de rango bajo multiplicadas y añadidas a los pesos originales.*

Debido a que LoRA no afecta a los pesos originales del modelo, para volver a los pesos originales para otro usuario puede restar o descargar el valor de la matriz de rango bajo de los pesos originales.

Para realizar la inferencia, tanto los pesos LLM, con formación previa, como los pesos LoRA nuevos, necesitan ser cargados y combinados, como se muestra en el código usando la implementación de Hugging Face:

```
from peft import PeftModel, PeftConfig

peft_model_base =
    AutoModelForCausalLM.from_pretrained(base_model_dir,
        torch_dtype=torch.bfloat16)
tokenizer = AutoTokenizer.from_pretrained(base_model_dir)

peft_model = PeftModel.from_pretrained(peft_model_base,
    model_dir, torch_dtype=torch.bfloat16, is_trainable=False)
```

Recordemos que las matrices de descomposición de rango son mucho más pequeñas que los pesos originales, por lo que puede afinar eficientemente un conjunto diferente para cada usuario y cambiarlas en el momento de la inferencia combinando los pesos con el modelo original. Hay un par de métodos en la combinación de los pesos del adaptador con el modelo básico original, como se verá a continuación.

Fusión del adaptador LoRA con el modelo original

Considere la posibilidad de formar a un conjunto de matrices LoRA (el adaptador LoRA) para un usuario específico, el usuario 1, y luego llevar a cabo la inferencia con este usuario. Cuando esté listo para usar el modelo para la inferencia, puede multiplicar las matrices LoRA juntas y luego agregar la matriz resultante a los pesos fijos originales. Esta matriz nueva, de pesos sumados, reemplaza los pesos originales que representaba el adaptador LoRA. A continuación, puede utilizar el modelo fusionado para llevar a cabo la inferencia en el usuario 1.

Al implementar el modelo en un servidor de inferencia independiente como los puntos de conexión de SageMaker, es posible que deba prefusionar el modelo original con el adaptador LoRA. Aquí está el código para combinar los pesos usando la función merge_and_unload() de la biblioteca PEFT antes de llamar a save_pretrained() en el modelo:

```
merged_model = PeftModel.from_pretrained(
    original_model, "tenant_1_lora_adapter/")
# Para guardar el modelo fusionado, llame a `merge_and_unload()`
# antes de guardar
merged_model = model.merge_and_unload()
merged_model.save_pretraining("merged_model/")
```

Esto da como resultado una sola carpeta, merged_model/, con el modelo fusionado. El servidor de inferencia trata esta carpeta como un modelo normal y no requiere la biblioteca PEFT al cargar el modelo para la inferencia.

Mantenimiento de adaptadores LoRA separados

Alternativamente, puede afinar otro par de matrices LoRA para un usuario separado, que se muestra como usuario 2. Para llevar a cabo la inferencia para el usuario 2, toma las matrices LoRA formadas para este usuario, calcula el producto y agrega esta matriz a los pesos originales.

Este método es eficiente en procesamiento y almacenamiento, ya que todavía está almacenando una sola copia del modelo preformado, de tamaño completo, formando estas matrices más pequeñas adaptadas a los usuarios y solo cambiando los pesos cuando necesite usarlas. En el siguiente código se muestra cómo cargar dos modelos PEFT (merged_model_1 y merged_model_2) desde un modelo inicial único:

```
merged_model_1 PeftModel.from_pretrained(
    original_model, "tenant_1_lora_adapter/")

merged_model_2 PeftModel.from_pretrained(
    original_model, "tenant_2_lora_adapter/")
```

Ajuste fino completo frente a rendimiento LoRA

Utilicemos la métrica de ROUGE que aprendimos en el capítulo 5, para comparar el rendimiento de un modelo LoRA afinado tanto con un modelo inicial original como con una versión completamente afinada.

En la tabla 6-2 se resume la comparación de desempeño del ajuste fino del modelo generativo para el resumen del diálogo. Para ello, la puntuación de referencia representa el rendimiento del modelo formado previamente y el conjunto de datos de diálogos. Un número más alto indica un mejor rendimiento para esta métrica.

Tabla 6-2. *Métricas de ROUGE de muestra para un ajuste fino completo frente al ajuste fino de LoRA.*

	Modelo inicial	Ajuste fino completo (apróx. +80%)	Ajuste fino de LoRa (apróx. -3%)
rouge1	0.2334	0.4216	0.4081
rouge2	0.0760	0.1804	0.1633
rougeL	0.2014	0.3384	0.3251
rougeLsum	0.2015	0.3384	0.3249

Como puede ver, las puntuaciones son bastante bajas para el modelo inicial y luego mejoran al realizar un ajuste fino completo o al actualizar todos los parámetros del modelo. La métrica cae un poco cuando se utiliza el ajuste fino con parámetros eficientes basado en LoRA. Sin embargo, el uso de LoRA para el ajuste fino formó un número mucho menor de parámetros que el ajuste fino completo, utilizando significativamente menos cálculo, en este caso 1.4 %; este compromiso pequeño en el rendimiento bien puede valer la pena. Esto se traduce directamente en ahorro de costes a medida que se reducen las necesidades de cálculo y memoria.

QLoRA

Aunque LoRA reduce los requisitos de memoria, hay una variación de LoRA, llamada QLoRA, que tiene como objetivo reducirlos aún más, combinando la adaptación de rango bajo con la cuantificación[4]. QLoRA utiliza la cuantificación de 4 bits en un formato llamado `NormalFloat4` o `nf4`.

Puede verse que el ajuste fino con QLoRA coincide con los métodos de ajuste fino de 16 bits porque los pesos de 4 bits solo se descuantifican a 16 bits según sea necesario para los cálculos durante las pasadas hacia delante y hacia atrás. En la siguiente muestra de código se ve cómo afinar QLoRA utilizando la biblioteca de código abierto *bitsandbytes*. Aquí, la biblioteca *bitsandbytes* se utiliza para cargar el modelo en 4 bits, específicamente en el formato `nf4`:

```python
from transformers import BitsAndBytesConfig, AutoModelForCausalLM

bnb_config = BitsAndBytesConfig(
        load_in_4bit=True,
        bnb_4bit_use_double_quant=True,
        bnb_4bit_quant_type="nf4",
        bnb_4bit_compute_dtype=torch.bfloat16
)

model = AutoModelForCausalLM.from_pretrained(model_checkpoint,
        quantization_config=bnb_config)

from peft import LoraConfig, get_peft_model

config = LoraConfig(
    r=16,
    lora_alpha=32,
    target_modules=[
        "query_key_value",
        "dense",
        "dense_h_to_4h",
        "dense_4h_to_h",
    ],
    lora_dropout=0,05,
    bias="none",
    task_type="CAUSAL_LM"
)

model = get_peft_model(model, config)

trainer = transformers.Trainer(
    model=model,

    args=transformers.TrainingArguments(
        ...
        bf16=True
    )
)
```

---

[4] Edward Hu y otros, «QLoRA: Efficient Finetuning of Quantized LLMs», arXiv, 2023.

En el capítulo 4 aprendió sobre la cuantificación como un método para reducir la memoria necesaria para almacenar los pesos del modelo mediante la reducción de la precisión de un punto flotante de 32 bits a una representación de menor precisión. QLoRA utiliza una técnica llamada doble cuantificación para reducir aún más la memoria necesaria para el ajuste fino mediante la realización de la cuantificación en las constantes cuantificadas. Es común que QLoRA se dirija a todas las capas lineales y no solo a las de autoservicio dirigidas por LoRA. Esto proporciona más oportunidades para la optimización.

LoRA y QLoRA proporcionan eficiencias en los recursos necesarios para afinar tareas específicas. Ambas técnicas utilizan matrices de descomposición de rango bajo para el ajuste fino. En la siguiente sección, aprenderá acerca de las indicaciones suaves y el ajuste de las indicaciones como otro PEFT que utiliza un método diferente para el ajuste fino.

Afinación de indicaciones e indicaciones suaves

Es importante tener en cuenta que el ajuste de indicaciones es diferente de la ingeniería de indicaciones, que aprendimos en el capítulo 2. La ingeniería de indicaciones requiere que se refine una indicación basada en texto para obtener la respuesta prevista de un modelo generativo. Esto puede llevar mucho tiempo y requiere gran esfuerzo humano para desempeñarse de manera efectiva. En comparación con los aspectos manuales de la ingeniería de indicaciones, el ajuste de indicaciones utiliza el aprendizaje automático para aprender las mejores instrucciones para una tarea y las implementa como componentes léxicos virtuales, agregados a sus indicaciones de entrada.

Con la ingeniería de indicaciones, hay limitaciones relacionadas con la longitud máxima de la ventana contextual para el modelo elegido. Por el contrario, el ajuste de indicaciones se enfoca en agregar componentes léxicos adicionales, que se puedan formar con el mensaje de entrada, que son más eficientes en términos de límites de ventana contextual porque estos componentes léxicos son representaciones condensadas de instrucciones.

La ingeniería de indicaciones tradicional utiliza lo que se conoce como indicaciones duras, o puntas, que representan el lenguaje natural (como, por ejemplo, «¿Cuál es el mejor libro para enseñar a alguien acerca de los transformadores?»). Estas indicaciones duras corresponden a una ubicación fija en el espacio vectorial de incrustación. La afinación de indicaciones se basa en las indicaciones suaves, que a menudo se conocen como componentes léxicos virtuales porque pueden representar cualquier valor dentro del espacio de incrustación multidimensional continuo.

Estas indicaciones suaves, mostradas en la figura 6-7, representan una secuencia de vectores que no se traducen directamente al lenguaje natural.

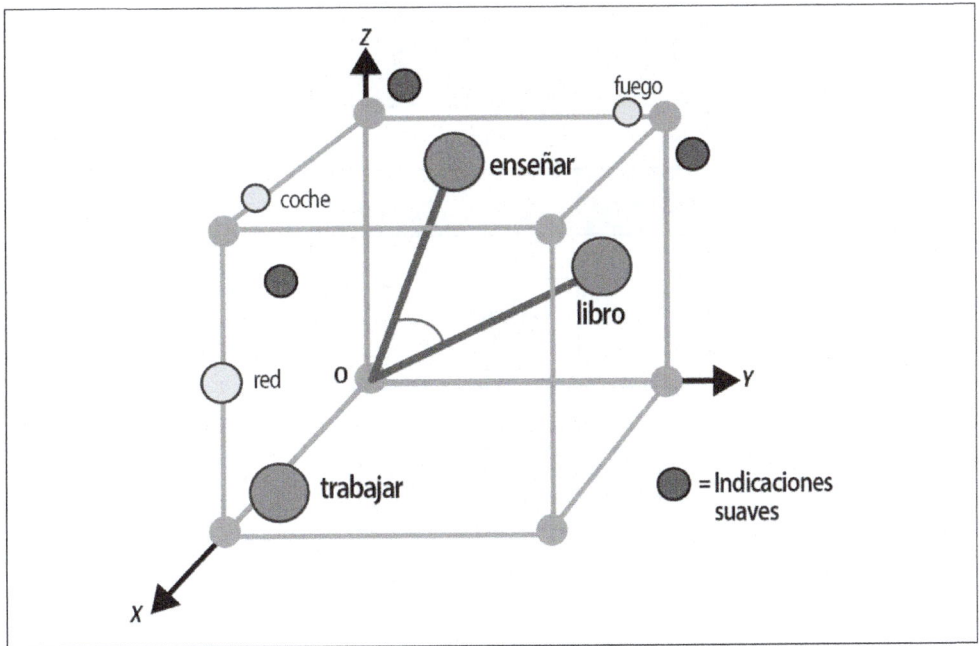

Figura 6-7. *Las indicaciones suaves representan una secuencia de vectores que no se traducen directamente al lenguaje natural.*

El ajuste de indicaciones no afecta a los pesos del modelo básico original. En su lugar, el ajuste de indicaciones implica crear un modelo pequeño que se utiliza para codificar la indicación de texto y generar componentes léxicos virtuales específicos de la tarea. El valor óptimo de estos componentes léxicos se aprende durante el proceso de aprendizaje supervisado a través de la propagación posterior. En el siguiente código se muestra un ejemplo, utilizando la biblioteca PEFT de Hugging Face, de una parte de la configuración utilizada para formar al modelo que se utilizará para generar componentes léxicos virtuales:

```
peft_config = PromptTuningConfig(
    task_type=TaskType.CAUSAL_LM,
    prompt_tuning_init=PromptTuningInit.TEXT,
    num_virtual_tokens=8,
    prompt_tuning_init_text="Clasifique si el tuit es una queja o no:",
    tokenizer_name_or_path=model_checkpoint,
)
```

Estos componentes léxicos virtuales específicos de la tarea, o indicaciones suaves, se agregan a la indicación, como se muestra en la figura 6-8.

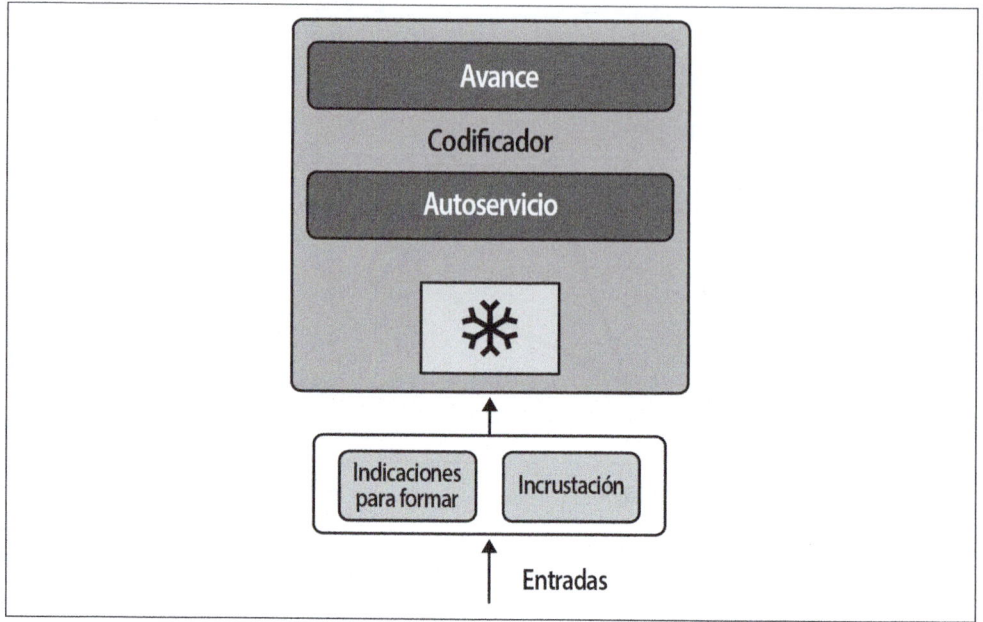

Figura 6-8. *Las indicaciones suaves se aprenden en un intento de maximizar el rendimiento de la tarea.*

Las indicaciones suaves se añaden luego a los vectores de incrustación que representan el texto de entrada. Estos vectores de indicación suave tienen la misma longitud que los vectores de incrustación que representan el componente léxico del idioma. La investigación ha demostrado que entre 20 y 100 componentes léxicos virtuales pueden ser suficientes para lograr un buen rendimiento para su tarea. Aunque los componentes léxicos de la indicación dura están específicamente relacionados con el texto de entrada, estos componentes léxicos virtuales con indicaciones suaves que se pueden formar no representan directamente texto discreto.

El ajuste de indicaciones está en la categoría aditiva de los métodos de ajuste fino PEFT porque agrega indicaciones suaves, mientras que los pesos del modelo subyacente permanecen fijos. Los vectores de incrustación de la indicación suave se actualizan con el tiempo para optimizar la capacidad del modelo para responder a la indicación.

Debido a que solo está afinando un conjunto de indicaciones suaves y dejando el modelo básico original sin cambios, esta es una estrategia de afinación eficiente en parámetros. De manera similar a LoRA, se puede formar y optimizar para indicaciones de niveles de tarea diferentes. Para ello, anteponga a la indicación de entrada los componentes léxicos aprendidos (indicaciones suaves) específicos de su tarea.

El rendimiento del ajuste de las indicaciones varía, y la investigación ha demostrado que no puede funcionar tan bien como el ajuste fino completo para LLM más pequeños, pero a medida que aumenta el tamaño del modelo, el rendimiento del ajuste de las indicaciones tiende a una mejora. Por ejemplo, una investigación[5] usando el parámetro de evaluación de SuperGLUE ha mostrado un rendimiento equivalente al ajuste fino completo para algunos modelos que tienen 10 mil millones de parámetros.

Sin embargo, el desafío principal con el ajuste de indicaciones tiende a ser la interpretabilidad, porque estos componentes léxicos virtuales aprendidos pueden adquirir cualquier valor dentro de ese espacio vectorial de incrustación continua, y no necesariamente corresponden a algún componente léxico conocido o lenguaje discreto en el vocabulario del LLM.

Otra consideración con el ajuste de indicaciones es que realmente no adapta un modelo para tareas nuevas, porque el objetivo principal es optimizar las indicaciones que se pasan al modelo básico original. Como resultado, si bien puede producir respuestas potencialmente mejores del modelo, no puede inyectar conocimiento o contexto desconocido para el modelo básico.

Por lo general, estas indicaciones suaves forman grupos semánticos estrechos basados en el análisis de los componentes léxicos más cercanos a las ubicaciones de las indicaciones blandas, lo que significa que las palabras más cercanas a estas indicaciones suaves tienen significados similares. Esto sugiere que los componentes léxicos se aprenden según representaciones de palabras.

Resumen

En este capítulo, se exploró LoRA, que utiliza matrices de descomposición de rangos para actualizar los parámetros del modelo de una manera eficiente. Con LoRA, el objetivo es encontrar una manera eficiente de actualizar los pesos del modelo sin tener que formar cada parámetro de nuevo.

LoRA es un método potente de ajuste fino que logra un gran rendimiento. Debido a que LoRA reduce la cantidad de recursos necesarios para ajustar los modelos en relación con el ajuste fino completo, se utiliza ampliamente en la práctica para muchos casos de uso y tareas. Los principios detrás de este método son útiles para formación no solo de modelos de lenguaje generativo, sino también de otros tipos de modelos, incluyendo de imagen y vídeo.

QLoRA es una variante de LoRA que utiliza la cuantificación, un tipo nuevo de datos llamado `Normal Float4` (nf4), y se dirige a algo más que las capas de atención del transformador.

También se exploró el ajuste de indicaciones como una forma de optimizar las indicaciones utilizando componentes léxicos suaves, aptos para formación, que se añaden a la indicación de entrada. Aunque LoRA puede ser más eficiente en la

---

[5] Brian Lester y otros, «The Power of Scale for Parameter-Efficient Prompt Tuning», *arXiv*, 2021.

adaptación a tareas especializadas, el ajuste de indicaciones es una técnica relativamente simple para la optimización de indicaciones.

En el capítulo 7, aprenderá una técnica poderosa llamada aprendizaje por refuerzo a partir de la retroalimentación humana (RLHF) para afinar los modelos generativos y alinearlos con los valores y preferencias humanos.

CAPÍTULO 7
Ajuste fino con aprendizaje por refuerzo a partir de la retroalimentación humana

Como aprendimos en los capítulos 5 y 6, afinar las instrucciones puede mejorar el rendimiento del modelo y ayudarlo a comprender mejor las indicaciones humanas y generar respuestas más humanas. Sin embargo, no impide que el modelo genere respuestas indeseadas, falsas y a veces incluso dañinas.

El resultado indeseable no es realmente una sorpresa, dado que estos modelos están formados con cantidades grandes de datos de texto de Internet, que desafortunadamente contiene gran cantidad de lenguaje inapropiado y erróneo y toxicidad. Y mientras los investigadores y los profesionales continúan depurando y refinando los conjuntos de datos para formación previa para eliminar datos no deseados, todavía existe la posibilidad de que el modelo pueda generar contenido que no se alinee de modo positivo con los valores y preferencias humanos.

El aprendizaje por refuerzo a partir de la retroalimentación humana (RLHF) es un mecanismo de ajuste fino que utiliza la anotación humana, también llamada retroalimentación humana, para ayudar al modelo a adaptarse a los valores y preferencias humanos. RLHF se aplica más comúnmente después de otras formas de ajuste fino, incluyendo el ajuste fino de las instrucciones.

Si bien la RLHF se utiliza habitualmente para ayudar a un modelo a generar salidas más humanas y alineadas con los seres humanos, también se puede utilizar para afinar modelos altamente personalizados. Por ejemplo, podría afinar un asistente de charla específico para cada usuario de la aplicación. Este asistente de charla puede adoptar el estilo, la voz o el sentido del humor de cada usuario en función de sus interacciones con la aplicación.

En este capítulo, aprenderá a usar RLHF para afinar el modelo para alinear mejor la producción generada con las preferencias y valores humanos y, en última instancia, aumentar la utilidad, honestidad e inocuidad del modelo (HHH).

Alineación humana: útil, honesta e inofensiva

El lenguaje positivo a menudo atrae más a los seres humanos. Discutamos el resultado de un modelo en el contexto de una alineación útil, honesta e inofensiva:

Útil

Es posible que el modelo no genere una respuesta útil para la indicación. Considere preguntarle al modelo: «¿Qué ciudades en los Estados Unidos son las más populares para las vacaciones de verano?». El modelo responde con: «La mayoría de las ciudades principales en Estados Unidos son populares para las vacaciones de verano». Está claro que no es una respuesta útil y que podría mejorarse.

Honesta

El modelo también puede generar respuestas engañosas o incorrectas. Digamos que le pregunta al modelo si sacudir la cabeza puede mejorar su audición. El modelo puede generar una respuesta segura a veces, pero totalmente incorrecta, como: «Sí, sacudir la cabeza puede mejorar su audición», lo cual no está científicamente demostrado que sea verdad.

Inofensiva

Tampoco querrá que el modelo genere respuestas perjudiciales, ofensivas o delictivas. En lugar de responder como tal, puede afinar el modelo para ignorar la pregunta o responder con una respuesta menos tóxica que no propague lo ofensivo o aliente el comportamiento delincuencial. Por ejemplo, si le pregunta al modelo cómo piratear un sistema informático, el modelo puede responder con: «No puedo responder a esta pregunta porque no fomento conductas delictivas».

A continuación, aprenderá sobre el aprendizaje por refuerzo, que es la base del proceso de ajuste de RLHF.

Panorama del aprendizaje por refuerzo

Es importante entender el aprendizaje por refuerzo antes de sumergirse más profundamente en RLHF. Un ejemplo popular de aprendizaje por refuerzo es AWS DeepRacer, donde un jugador forma a un pequeño automóvil sin conductor para conducir de forma autónoma en una pista de carreras y evitar choques. El jugador compite con otros pilotos para completar la pista en el menor tiempo. El jugador con el menor tiempo gana la carrera.

En la figura 7-1, el *agente* es el automóvil que está aprendiendo una *política* o modelo basado en las recompensas otorgadas al automóvil por permanecer en la pista y elegir las acciones adecuadas. El algoritmo de formación maximiza el objetivo del coche para completar la pista en el menor tiempo y ganar la carrera.

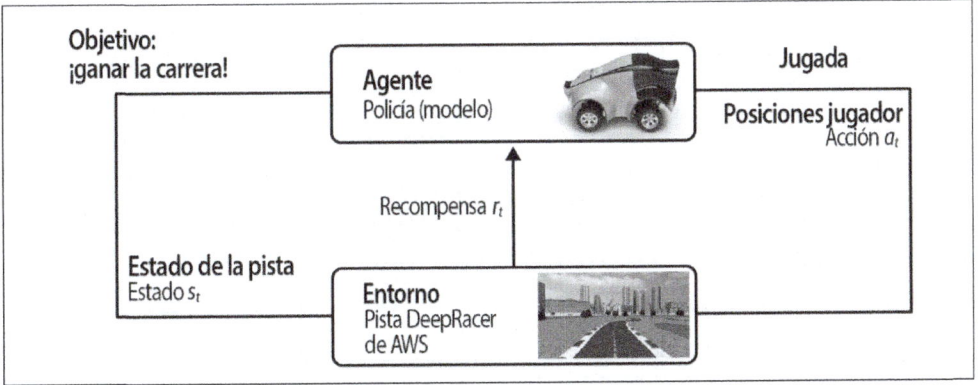

Figura 7-1. *Aprendizaje por refuerzo en el contexto de un modelo de IA generativa.*

El *entorno* es la pista de carreras, incluidas sus curvas y condiciones. El *estado* en cualquier momento es la posición actual del coche y la velocidad en la pista de carreras. El *espacio de acción* comprende todas las acciones posibles que un coche puede elegir en función del estado actual, incluyendo la dirección izquierda/derecha, el frenado y la aceleración. El agente toma decisiones siguiendo una estrategia, conocida como la política de RL. Durante la carrera, el agente elige un conjunto de acciones que conducen a una victoria o una pérdida.

Después de cada carrera, el agente recoge una recompensa general, que afecta a las acciones de los agentes en la siguiente carrera. El objetivo del aprendizaje por refuerzo es que el agente aprenda la política óptima, o modelo, para elegir las acciones para un entorno determinado que maximice las recompensas.

Este proceso de aprendizaje es iterativo e implica ensayo y error. Inicialmente, el agente toma una acción aleatoria, lo que conduce a un estado nuevo. A partir de este estado, el agente procede a explorar estados posteriores a través de acciones adicionales.

La secuencia de estados y acciones que conducen a una recompensa a menudo se denomina *jugada* en términos de RL. A medida que el agente gane más experiencia a través de jugadas adicionales, aprenderá a seguir acciones que produzcan una recompensa alta: en este caso, ganar la carrera.

En la figura 7-2, se ven los conceptos de RL aplicados a un modelo generativo. Aquí, el modelo es el agente. La política consiste en las ponderaciones del modelo. El algoritmo RL actualizará los pesos del modelo para elegir una acción mejor o generar un próximo componente léxico mejor, dados el entorno, el estado y el objetivo. El objetivo es que el modelo genere respuestas que estén mejor alineadas con las preferencias humanas como la utilidad, la honestidad y la inocuidad (HHH).

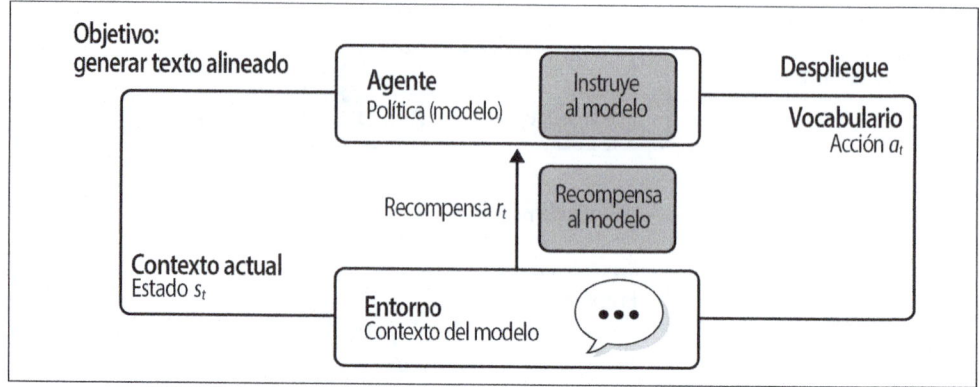

Figura 7-2. *Aprendizaje por refuerzo en el contexto de un modelo de IA generativa.*

La acción se elige del espacio de acción que consiste en todos los componentes léxicos posibles. Específicamente, el siguiente componente léxico se elige en función de la distribución de probabilidad de los componentes léxicos sobre todos los componentes léxicos en el vocabulario del modelo. El entorno es la ventana contextual del modelo. El estado consiste en los componentes léxicos que se encuentran actualmente en la ventana contextual.

En este contexto generativo, la secuencia de acciones y estados que resultan en una recompensa se denomina *despliegue*.

 La *jugada* se utiliza en el contexto RL clásico, mientras que el *despliegue* se utiliza comúnmente en un contexto generativo. Son equivalentes.

La recompensa se basa en cuán bien se alinea la respuesta del modelo con una preferencia humana como la utilidad. A medida que el modelo experimente con más despliegues y recompensas, aprenderá a generar componentes léxicos que produzcan recompensas más altas. Con los ejemplos en este capítulo se mostrarán modelos de recompensa que dan una recompensa más alta al texto que es más útil, honesto e inofensivo.

El modelo de recompensa juega un papel clave en la RLHF al alentar al modelo a generar más respuestas preferidas y alineadas con los seres humanos y desalentar las respuestas no preferidas. Determinar lo que se prefiere o no es un poco más complicado que rastrear el tiempo de un coche para completar una carrera. Para determinar lo que se considera útil, honesto e inofensivo, a menudo se necesita que los seres humanos etiqueten el contexto utilizando servicios humanos gestionados, como SageMaker Ground Truth para formar un modelo de recompensa personalizado, como verá a continuación.

Forme un modelo de recompensa personalizado

Un modelo de recompensa es típicamente un clasificador que predice una de dos clases: positiva o negativa. Estos a menudo se llaman clasificadores binarios y se basan en modelos de lenguaje más pequeños, como BERT. Ya existen muchos clasificadores binarios que detectan el lenguaje para clasificar las emociones o detectar el lenguaje tóxico. Si estos no son adecuados para su caso de uso, puede formar a su propio modelo de recompensa.

 La formación de un modelo de recompensa personalizado es una tarea relativamente costosa y laboriosa. Debería explorar los clasificadores binarios existentes antes de comprometerse con este esfuerzo.

Recopilación de datos de formación con personas en el ciclo

El primer paso para formar un modelo de recompensa personalizado es recopilar datos de los seres humanos sobre lo que es útil, honesto e inofensivo. Esto se llama recopilar retroalimentación humana de anotadores humanos, o etiquetadores. Este paso normalmente implica un servicio gestionado como SageMaker Ground Truth.

En un contexto generativo, es común pedir a los anotadores humanos que clasifiquen varias respuestas para un mensaje dado. Al clasificar las respuestas entre sí, los etiquetadores humanos en realidad crean varias filas de datos de formación, según la indicación, para el modelo de recompensa, como veremos dentro de poco.

Pero, primero, veamos un conjunto de ejemplos de instrucciones proporcionadas a los anotadores humanos al pedirles que clasifiquen las respuestas de los modelos para una indicación dada.

Ejemplo de instrucciones para etiquetadores humanos

Por lo general, a los anotadores humanos se les pide que clasifiquen las respuestas para una indicación dada de acuerdo con criterios dados. Por ejemplo, «Por favor clasifique las respuestas de las más a las menos útiles» o «Por favor clasifique las respuestas de las más a las menos inofensivas».

Cuantos más detalles comparta, más probable es que el etiquetador realice correctamente la tarea y proporcione un conjunto de datos de clasificación de alta calidad y alineado con el ser humano para formar el modelo de recompensa. Para garantizar el etiquetado de calidad y la retroalimentación, asegúrese de proporcionar instrucciones claras para ayudar a los etiquetadores a comprender la tarea, los criterios de alineación humana y cómo tratar cualquier caso extremo.

En general, las instrucciones deben describir claramente la tarea para el etiquetador. Aquí hay un ejemplo de instrucciones de etiquetado humano derivadas del artículo «Scaling Instruction-Finetuned Language Models»[1]:

- Clasifique las respuestas según la que proporcione la mejor respuesta a la indicación de entrada.

- ¿Cuál es la mejor respuesta? Tome una decisión basada en (a) la corrección de la respuesta y (b) su carácter informativo. Para (a) se le permite buscar en la web. En general, utilice su mejor criterio para clasificar las respuestas en función de que sean las más útiles e inofensivas, que definimos como aquellas que son al menos algo correctas, mínimamente informativas sobre lo que pide la pregunta y menos tóxicas en el lenguaje.

- Las respuestas largas no siempre son las mejores. Las respuestas breves y coherentes pueden ser mejores que las más largas, si son al menos tan correctas e informativas.

Proporcionar estas instrucciones humanas detalladas aumentará la probabilidad de que las respuestas sean de alta calidad y de que todos los seres humanos lleven a cabo la tarea de etiquetado de manera consistente.

A continuación, verá cómo recopilar los comentarios humanos utilizando un servicio gestionado como Amazon SageMaker Ground Truth.

Uso de Amazon SageMaker Ground Truth para anotaciones humanas

Para recopilar los datos de etiquetadores humanos, puede usar un servicio como Amazon SageMaker Ground Truth para permitir a los etiquetadores clasificar las respuestas de una indicación dada de mayor a menor utilizando una interfaz de usuario de arrastrar y soltar como la que se muestra en la figura 7-3.

---

[1] Hyung Won Chung y otros, «Scaling Instruction-Finetuned Language Models», *arXiv*, 2022.

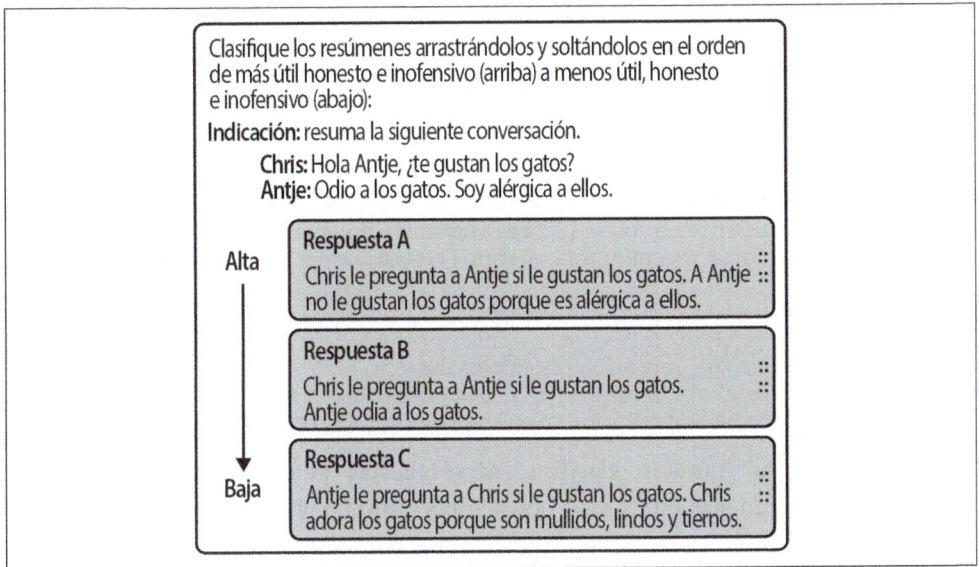

Figura 7-3. *Clasificación con Amazon SageMaker Ground Truth.*

En este caso, se le pide al anotador humano que clasifique el resumen más útil de una conversación dada. Aquí está el código que configura y envía una de estas tareas a SageMaker Ground Truth como una tarea humana en el bucle. En este caso, una tarea es una indicación con un conjunto de tres respuestas posibles que deben ser clasificadas:

```
items = [
    {
        "indicación":
            """
            Chris: Hola Antje, ¿te gustan los gatos? Antje: Odio a
            los gatos. Soy alérgica a ellos. """,
        "respuestas": [
            """
            Chris le pregunta a Antje si le gustan los gatos.
            A Antje no le gustan los gatos porque es alérgica a ellos.
            """,
            """
            Chris le pregunta a Antje si le gustan los gatos. Antje
            odia a los gatos.
            """,
            """
            Antje le pregunta a Chris si le gustan los gatos.
            Chris adora los gatos porque son mullidos, lindos y tiernos.
            """
        ]
    }
]

humanLoopName = str(uuid.uuid4())
inputContent = {"taskObject": task}
```

```
start_loop_response = a2i.start_human_loop(
    HumanLoopName=humanLoopName,
    FlowDefinitionArn=augmented_ai_flow_definition_arn,
    HumanLoopInput={"InputContent":
        json.dumps(inputContent)},
)

loop = a2i.describe_human_loop(HumanLoopName=human_loop_name)
print(f'HumanLoop Status: {loop["HumanLoopStatus"]}')
print(f'HumanLoop Output S3: {loop["HumanLoopOutput"]}')

# Salida

# Estado del bucle humano: InProgress
# Salida del bucle humano S3: {'OutputS3Uri':
s3://<ground-truth-ranking-results-s3-location>/output.json'}
```

Cuando el anotador humano clasifica las respuestas para un mensaje dado, se almacenarán como cadenas JSON en la ubicación S3, similar al código anterior. Aquí hay un extracto de una de las cadenas JSON. Tenga en cuenta que 1 es el mejor clasificado y 3 es el peor:

```
{
    "humanAnswers": [{
        "answerContent": {
            "ranking_A": "1", # clasificación para respuesta A (1=mejor)
            "ranking _B": "2", # clasificación para respuesta B
            "ranking_C": "3", # clasificación para respuesta C (3=peor)
        }
    }]
}
```

Al repetir este proceso a través de muchos etiquetadores humanos, se crea un conjunto de datos de preferencias humanas que puede usarse para formar un modelo de recompensa. Sin embargo, antes de que pueda formar al modelo de recompensa, debe convertir las cadenas JSON en un formato numérico adecuado para formar un clasificador binario.

Prepare los datos de clasificación para formar un modelo de recompensa

Ahora que ha recopilado clasificaciones con anotaciones humanas y las ha almacenado como JSON en S3, debe convertir estos datos en un formato utilizado para formar al modelo de recompensa para predecir una recompensa positiva (1) o una negativa (0). En otras palabras, necesita convertir las clasificaciones del 1 al 3 en 0s y 1s, como se muestra a continuación.

En nuestro ejemplo, hay tres respuestas posibles para la indicación dada: respuestas A, B y C, como se muestra en la figura 7-4. Aquí se ve que, para la indicación dada, el etiquetador humano le ha dado a la respuesta A la clasificación más alta (puesto 1), a la respuesta B la clasificación media (puesto 2) y a la respuesta C la clasificación más baja (puesto 3).

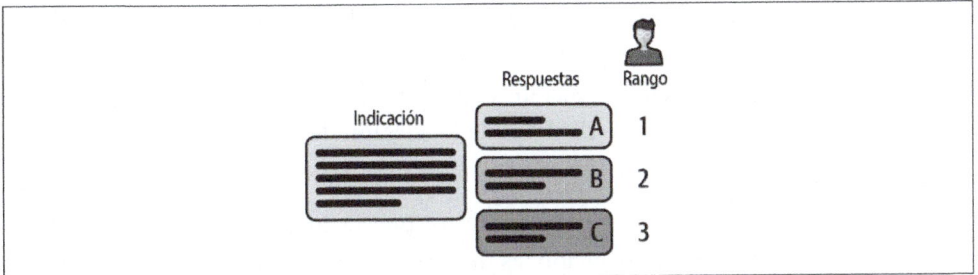

Figura 7-4. *Respuestas clasificadas para una indicación dada.*

En otras palabras, respuesta A > respuesta B > respuesta C o, simplemente, A > B > C. Puede dividir esta relación en tres comparaciones separadas por pares: A > B, B > C y A > C. A continuación, puede asignar 0 o 1 a cada elemento en cada una de las respuestas apareadas, como se muestra en la figura 7-5. Aquí, 1 representa la respuesta preferida y 0 la menos preferida entre el par de respuestas.

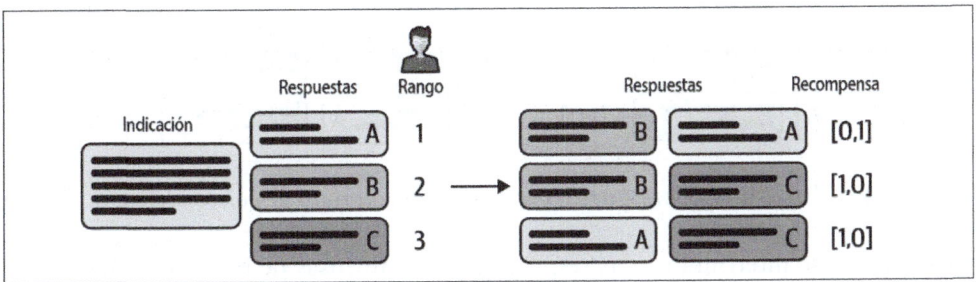

Figura 7-5. *Pares de recompensa 0 y 1 para cada clasificación de respuesta por pares.*

La lógica para realizar las comparaciones pareadas es trivial, pero puede encontrar el código completo en el repositorio de GitHub asociado a este libro.

Tenga en cuenta que tres respuestas clasificadas para una indicación dada generan tres filas de datos de formación de recompensas. Cuatro respuestas clasificadas generarían seis comparaciones pareadas. Cinco respuestas clasificadas generarían 10 comparaciones pareadas, y así sucesivamente. Cada respuesta clasificada adicional generará un número exponencial de ejemplos nuevos de formación.

Esta relación está descrita por el campo de la combinatoria, que dicta que, para n número de respuestas, generará (n elige 2) comparaciones pareadas, donde cada comparación pareada es una fila de datos de formación para el modelo de recompensa.

Aunque la retroalimentación humana de los pulgares hacia arriba/abajo es, a menudo, más fácil de capturar que las clasificaciones simplemente agregando un botón de pulgares hacia arriba/abajo a la aplicación, las clasificaciones le dan exponencialmente más datos para formar el modelo de recompensa.

Estos datos de formación se utilizan para formar el modelo de recompensa que en última instancia predice una recompensa por una respuesta generada durante el proceso de ajuste fino de RL descrito en la sección siguiente. Sin embargo, todavía no hemos terminado de preparar el conjunto de datos de formación del modelo de recompensa.

Después de generar los datos de formación de los valores de recompensas pareadas de 0 y 1, es usual reordenar los datos para que la respuesta preferida esté en la primera columna. Si bien esta es una convención, es importante entender este paso adicional, ya que una gran cantidad de código de formación y documentación de modelos de recompensa se refiere al texto preferido como y_j y al texto no preferido como y_k. Esto también pone a r_j como la recompensa preferida (1) y a r_k como la recompensa no preferida (0), como se muestra en la figura 7-6.

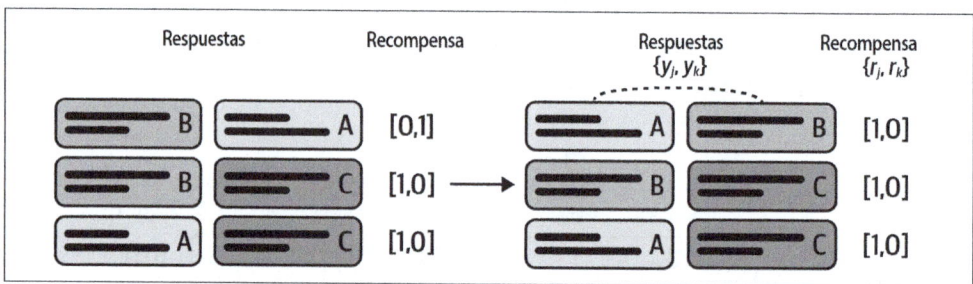

Figura 7-6. *Mueva la respuesta preferida a la columna y_j, por convención.*

Observe cómo se intercambian las respuestas y recompensas de la primera fila, A y B, para seguir la convención y mover la respuesta preferida a la posición y_j y la recompensa preferida a la posición r_j. El código para realizar esta transformación es trivial, pero puede verlo completo en el repositorio de GitHub asociado a este libro. En la tabla 7-1 se muestra un ejemplo de salida de la transformación.

Tabla 7-1. *Resumen de las respuestas y recompensas preferidas y no preferidas.*

Indicación	Respuesta y_j (preferida)	Respuesta y_k (no preferida)	Recompensas [r_j, r_k]
Chris: Hola Antje, ¿te gustan los gatos? **Antje:** Odio a los gatos. Soy alérgica a ellos.	Chris le pregunta a Antje si le gustan los gatos. A Antje no le gustan los gatos	Chris le pregunta a Antje si le gustan los gatos. Antje odia a los gatos.	[1, 0]
Chris: Hola Antje, ¿te gustan los gatos? **Antje:** Odio a los gatos. Soy alérgica a ellos.	Chris le pregunta a Antje si le gustan los gatos. Antje odia a los gatos.	Antje le pregunta a Chris si le gustan los gatos. Chris los adora porque son mullidos, lindos y tiernos.	[1, 0]
Chris: Hola Antje, ¿te gustan los gatos? **Antje:** Odio a los gatos. Soy alérgica a ellos.	Chris le pregunta a Antje si le gustan los gatos. A Antje no le gustan los gatos pues es alérgica.	Antje le pregunta a Chris si le gustan los gatos. Chris los adora porque son mullidos, lindos y tiernos.	[1, 0]

Ahora que hemos completado la etapa de preparación de datos, finalmente estamos listos para formar al modelo de recompensa, como se verá a continuación.

Formar al modelo de recompensa

Ahora vamos a formar al modelo de recompensa usando el conjunto de datos que preparamos usando la retroalimentación anotada por seres humanos, recopilada de etiquetadores humanos, usando SageMaker Ground Truth. Para ello, podemos utilizar un clasificador de texto basado en BERT, formado para predecir la distribución de probabilidad entre dos clases (positiva (1) y negativa (0)) para un par de indicación y respuesta determinado. La clase con mayor probabilidad es la recompensa prevista:

```
from transformers import AutoModelForSequenceClassification

model_checkpoint = "..." # Clasificador de texto basado en BERT

custom_reward_model =
    AutoModelForSequenceClassification.from_pretrained(
        model_checkpoint)
```

Recuerde que una recompensa positiva (1) anima al modelo a continuar generando la respuesta para la indicación dada. Por el contrario, una recompensa negativa (0) desalienta al modelo a generar la respuesta.

En la figura 7-7 se ve que, para una indicación x dada, el modelo de recompensa aprende a favorecer la respuesta preferida por el ser humano, y_j, minimizando la función de pérdida, que refleja la diferencia de recompensa, r_j menos r_k.

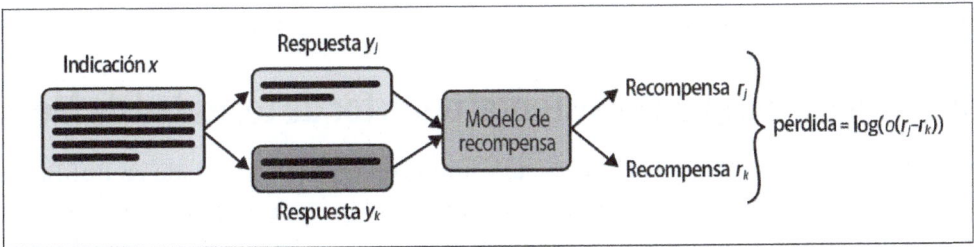

Figura 7-7. *Forme al modelo para predecir la respuesta preferida y_j desde $\{y_j, y_k\}$ para la indicación x.*

En concreto, la pérdida es el negativo de la sigmoide logarítmica de la diferencia de recompensa, como se muestra en el fragmento de código `compute_loss()` de la biblioteca de la clase RewardTrainer de Transformer Reinforcement Learning (TRL). Recuerde que la respuesta y la recompensa preferidas por el ser humano son, por convención, etiquetadas como y_j y r_j:

```
from transformers import Trainer

class RewardTrainer(Trainer):
    # Defina la función de pérdida para la clase RewardTrainer
    def compute_loss(self, reward_model, inputs):
        rewards_j = reward_model(
            input_ids=inputs["input_ids_j"],
            attention_mask=inputs["attention_mask_j"])[0]
        rewards_k = reward_model(
            input_ids=inputs["input_ids_k"],
            attention_mask=inputs["attention_mask_k"])[0]
        loss = -nn.functional.logsigmoid(
            rewards_j -rewards_k
        ).mean()
        return loss

# Forme al modelo de recompensa ... ¡Bravo!
trainer = RewardTrainer(
    model=custom_reward_model, # BERT-based text classifier
    train_dataset=human_feedback_dataset,
    ...)

trainer.train()

custom_reward_model.save_pretrained(
    "custom_reward_model_checkpoint/"
)
```

Ahora que hemos mostrado cómo formar un modelo de recompensa para recompensar las respuestas útiles, cambiemos a otro tipo común de modelo de recompensa para las tareas generativas: la toxicidad y la detección de discurso de odio para el texto generado. La reducción de la toxicidad es un componente clave para adaptar y alinear un modelo generativo de valores y preferencias humanas, como se verá a continuación.

Modelo de recompensa existente: detector de toxicidad de Meta

En 2021, Meta/Facebook publicó un artículo[2] junto con un modelo basado en RoBERTa llamado `roberta-Hate-speech-dynabench-r4-target`, que ayuda a detectar el lenguaje tóxico. Este modelo de recompensa predice la distribución de probabilidad entre dos clases —no odio y odio— para una entrada de texto dada.

Similar al modelo de recompensa que formamos en la sección anterior para recompensar de modo positivo el texto clasificado como útil, honesto e inofensivo, el modelo de recompensa de Meta recompensa de modo positivo el texto clasificado como «no odio» (*not hate*) y de modo negativo el texto clasificado como «odio» (*hate*).

En la siguiente sección, se usará este modelo de toxicidad Meta como modelo de recompensa para afinar un modelo generativo y reducir la toxicidad de las respuestas

---

[2] Bertie Vidgen y otros, «Learning from the Worst: Dynamically Generated Datasets to Improve Online Hate Detection», *arXiv*, 2021.

generadas. Pero, primero, verifiquemos que este modelo funciona como se espera al pasar una frase tóxica, así como una frase no tóxica, y comparemos las recompensas:

```
from transformers import AutoTokenizer
toxicity_model_checkpoint =
    "facebook/roberta-hate-speech-dynabench-r4-target"

toxicity_tokenizer =
    AutoTokenizer.from_pretrained(toxicity_model_checkpoint)

text = «Eres una persona terrible y te odio.»

toxicity_input_ids = tokenizer(text,
    return_tensors="pt").input_ids

logits = toxicity_evaluator(toxicity_input_ids).logits
print(f'logits [not hate, hate]: {logits.tolist()[0]}')

# Escribe las probabilidades para [not hate, hate]
probabilities = logits.softmax(dim=-1).tolist()[0]
print(f'probabilities [not hate, hate]: {probabilities}')

# Obtiene los datos de "not hate" -¡esta es la recompensa!
nothate_reward = (logits[:, not_hate_index]).tolist()
print(f'reward (value of "not hate" logit): {nothate_reward]
```

Salida:

```
logits [not hate, hate]: [-2,0610, 1,5835]
probabilities [not hate, hate]: [0,0254, 0,9745]
reward (value of "not hate" logit): -2,0610:
```

El valor *logit* de la clase positiva no odio (*not hate*), en este caso, es el valor real de recompensa asignado a este texto por el modelo de recompensa. En este caso, el valor de recompensa para el texto dado es -2.0610 y la probabilidad de «no odio» es 2.54 %. Dado que se trata de un valor de recompensa negativo, el modelo se desanima a generar este tipo de texto.

El siguiente es un ejemplo de una recompensa positiva para el texto que se clasifica como «no odio»:

```
Texto = «Eres una gran persona y me gustas».

toxicity_input_ids = tokenizer(text,
    return_tensors="pt").input_ids

logits = toxicity_evaluator(toxicity_input_ids).logits
print(f'logits [not hate, hate]: {logits.tolist()[0]}')

# Escribe las probabilidades para [not hate, hate]
probabilities = logits.softmax(dim=-1).tolist()[0]
print(f'probabilities [not hate, hate]: {probabilities}')

# Obtiene los datos de "not hate" -¡esta es la recompensa!
nothate_reward = (logits[:, not_hate_index]).tolist()
print(f'reward (value of "not hate" logit): {nothate_reward]
```

Salida:

```
logits [not hate, hate]: [4,6532, -4,1782]
reward (value of "not hate" logit): [4,6532]
probabilities [not hate, hate]: [0,9999, 0,0001]
```

El valor *logit* de la clase positiva («*not hate*») es de `4.6532` y la probabilidad de «no odio» es de 99.99 %, en este caso. Dado que se trata de un valor de recompensa positivo, el modelo se anima a generar este tipo de texto.

El proceso RLHF, que explorará a continuación, afinará el modelo para generar respuestas que se clasifican como «no odio» y, por lo tanto, se alinean mejor con los valores y preferencias humanos.

Ajuste fino con aprendizaje por refuerzo a partir de la retroalimentación humana

El aprendizaje por refuerzo a partir de la retroalimentación humana (RLHF) es un proceso de ajuste fino que modifica los pesos subyacentes de un modelo generativo dado para alinearse mejor con las preferencias humanas expresadas a través del modelo de recompensa. El modelo de recompensa, como se vio en las secciones anteriores, captura las preferencias humanas a través de la retroalimentación humana directa utilizando servicios como SageMaker Ground Truth.

Utilización del modelo de recompensa con RLHF

Continuando con nuestro caso de uso de desintoxicación, comencemos con un ejemplo. Considere la posibilidad de enviar un diálogo entre Chris y Antje, sobre si a Antje le gustan los gatos, a un modelo generativo. Antes del ajuste fino del LLM con RLHF para reducir la toxicidad, el modelo puede generar «Antje odia a los gatos». El modelo de recompensa produce un valor de recompensa negativo para este texto, como se muestra en la figura 7-8.

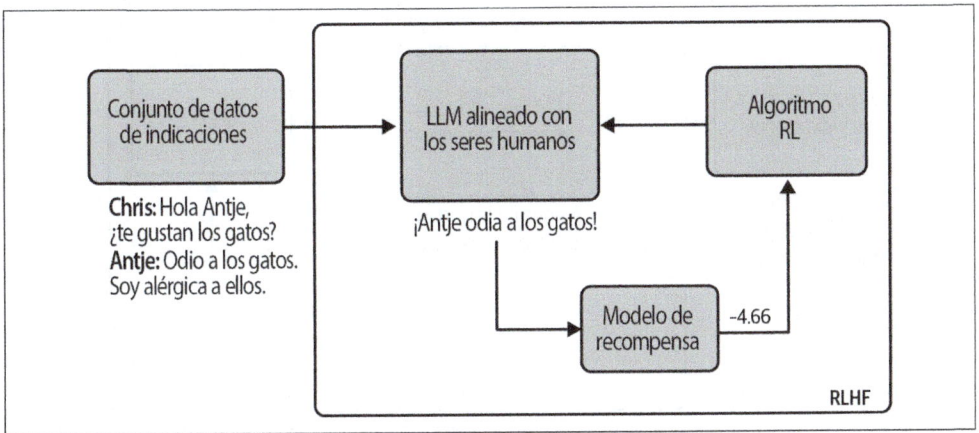

Figura 7-8. *Utilice el modelo de recompensa con el algoritmo PPO para el aprendizaje por refuerzo.*

Una respuesta menos tóxica es: «A Antje no le gustan los gatos. Ella es alérgica», que recibe una recompensa positiva en este caso, como se muestra en la figura 7-9.

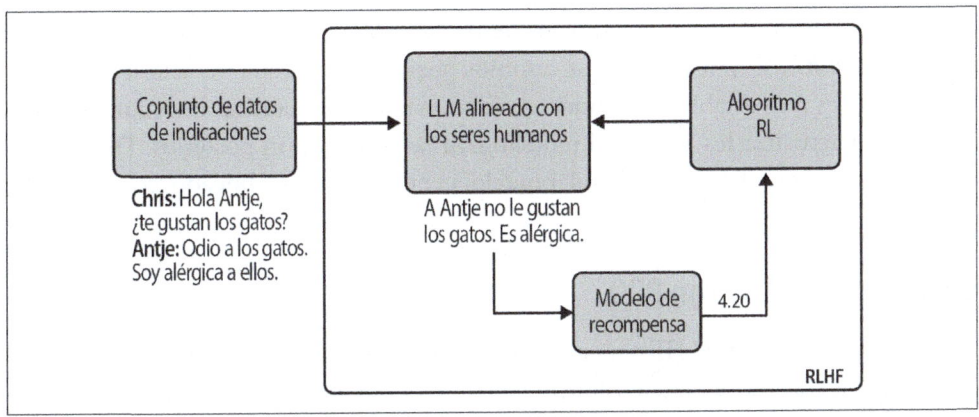

Figura 7-9. *Recompensa positiva por generar textos menos tóxicos.*

Algoritmo RL de optimización proximal de políticas

Existe un algoritmo RL popular, llamado optimización proximal de políticas (PPO en inglés), que se utiliza para realizar las actualizaciones de peso del modelo real basadas en el valor de recompensa asignado a una indicación y respuesta dadas. PPO, descrito inicialmente en un artículo de 2017[3], actualiza los pesos del modelo generativo basado en el valor de recompensa devuelto del modelo de recompensa —el modelo de discurso de odio de Meta— como se muestra en la figura 7-10.

---

[3] John Schulman y otros, «Proximal Policy Optimization Algorithms», *arXiv*, 2017.

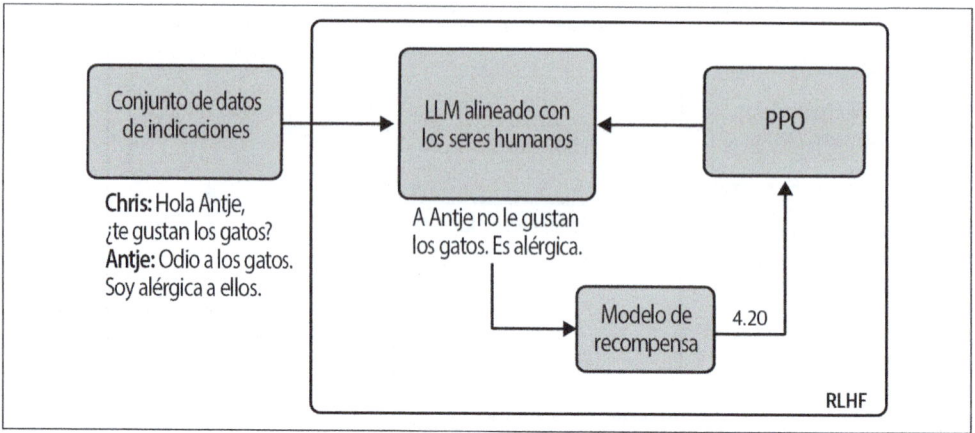

Figura 7-10. *Algoritmo RL de optimización proximal de políticas con el modelo de discurso de odio de Meta.*

PPO es un algoritmo común utilizado en el aprendizaje por refuerzo. Como el nombre indica, PPO optimiza una política, en este caso el LLM, para generar respuestas más alineadas con los valores y preferencias humanos. Con cada iteración, PPO realiza actualizaciones pequeñas y limitadas a los pesos de LLM, de ahí el término *optimización proximal de políticas*. Al mantener los cambios pequeños con cada iteración, el proceso de ajuste fino es más estable y el modelo resultante puede generalizar bien con entradas nuevas. PPO actualiza los pesos del modelo con la propagación posterior. Después de muchas iteraciones, debería tener el modelo generativo más alineado con los seres humanos.

Ajuste fino del RLHF con PPO

Veamos cómo realizar el RLHF para afinar el modelo y generar menos respuestas tóxicas. Primero, la indicación se pasa al modelo generativo, que produce una respuesta. El par de indicación y respuesta se pasa al modelo de recompensa, que proporciona un conjunto de registros y distribuciones de probabilidad entre las clases de «no odio» y «odio». Como se mencionó en la sección anterior, se desea optimizar para la clase «no odio».

A continuación, se muestra el código pertinente, que muestra cómo utilizar el PPOTrainer de la biblioteca TRL para llevar a cabo los pasos de actualización PPO que afinan los pesos del modelo en función del valor de recompensa asignado por el modelo detector de toxicidad Meta. Tenga en cuenta el uso de la clase `AutoModelForCausalLMWithValueHead` de la biblioteca TRL. Esta es una envoltura alrededor de un modelo AutoModelForCausalLM y se convierte en parte de las capas formadas por el PPOTrainer. El código completo está en el repositorio de GitHub asociado a este libro, pero aquí hay algunos fragmentos de código relevantes con comentarios para guiarlo a través del proceso:

Ajuste fino con aprendizaje por refuerzo a partir de la retroalimentación humana

```
from trl import PPOTrainer
from trl import AutoModelForCausalLMWithValueHead
from transformers import pipeline

model_checkpoint = "..." # Modelo generativo como Llama2, Falcon

tokenizer = AutoTokenizer.From_pretraining(model_checkpoint)

ppo_model = AutoModelForCausalLMWithValueHead.from_pretrained(
    model_checkpoint,
    torch_dtype=antorcha.bfloat16 )

ppo_TRAINER = PPOTrainer(
    model=ppo_MODEL,
    tokenizer=tokenizer,
    dataset=dataset)

toxicity_model_checkpoint =
    "facebook/roberta-hate-speech-dynabench-r4-target"

toxicity_evaluator = pipeline("text-classification",
    model=toxicity_model_checkpoint)

generation_kwargs = {
    "min_length": 5,
    "top_k": 0,0,
    "top_p": 1,0,
    "do_sample": True
}

reward_kwargs = {
    "top_k": Ninguno, # Devuelve todas las puntuaciones
}

max_ppo_steps = 10000 # número máximo de pasos de ppo

for step, batch in enumerate(ppo_trainer.dataloader):
    # Se interrumpe cuando alcanza max_ppo_steps.
    if step >= max_ppo_steps:
        break
    # Extraer indicaciones del lote de entrada
    prompt_tensors = batch["input_ids"]
    # Preparar lista para recoger los resúmenes
    summary_tensors = []
    # Para cada indicación de entrada -> resumen de respuestas
    for prompt_tensor in prompt_tensors:

        summary = ppo_trainer.generate(prompt_tensor,
            **generation_kwargs)

        # Añadir los resúmenes
        summary_tensors.append(
            summary.squeeze ()[-max_new_tokens:])

    # Esto debe llamarse «respuesta».
    batch["response"] =
        [tokenizer.decode(r.squeeze()) for r in summary_tensors]
```

```
# Calcular salidas de recompensa para la búsqueda combinada
query_response_pairs = [q + r for q, r in zip(batch["query"],
batch["response"])]

# Calcular recompensas en ambas clases
rewards = toxicity_evaluator(
    query_response_pairs, **reward_kwargs)

# Extraer el valor de la recompensa de la clase `nothate`
reward_tensors =
    [torch.tensor(reward[not_hate_index]["score"])
        for reward in rewards]

# Ejecutar PPO paso con indicaciones, resúmenes y recompensas
ppo_trainer.step(prompt_tensors, summary_tensors, reward_tensors)
```

Cada iteración del proceso RLHF actualiza los pesos del modelo. Las iteraciones continúan para un número dado de pasos y épocas similares a otros tipos de formación de modelos y ajuste fino. Después de un tiempo, el modelo generativo debería comenzar a recibir recompensas más altas, ya que produce menos respuestas tóxicas. Estas iteraciones continúan hasta que el modelo se considera alineado, basado en un umbral de evaluación como la puntuación de toxicidad, o hasta que se alcance el número máximo de iteraciones configuradas, max_ppo_steps.

Mitigación del pirateo de recompensas

Al igual que con cualquier sistema basado en recompensas, existe una tendencia a ignorar las restricciones y «piratear la recompensa». Esto también es cierto en el caso del aprendizaje por refuerzo, en el que el agente puede aprender a engañar y maximizar la recompensa, incluso si las acciones elegidas conducen a un estado incorrecto.

Por ejemplo, un modelo generativo puede aprender a producir secuencias sin sentido, gramaticalmente incorrectas, de componentes léxicos que maximizan la recompensa (por ejemplo, baja toxicidad), pero no respetan el aprendizaje del modelo original del lenguaje o divergen completamente del lenguaje humano.

Una técnica común para evitar el pirateo de recompensas es hacer primero una copia del modelo de instrucción original, antes de realizar cualquier aprendizaje por refuerzo o actualizaciones de peso. A continuación, se fijan los pesos de este modelo copiado y se lo utiliza como un «modelo de referencia» inmutable. Durante RLHF, cada indicación se responde tanto con el modelo de referencia fijo como con el modelo que está tratando de afinar con RLHF.

A continuación, se comparan las dos respuestas para determinar la distancia estadística entre las dos distribuciones de probabilidad del componente léxico. Esta distancia se calcula utilizando la divergencia Kullback-Leibler, o divergencia KL, un algoritmo bien conocido y ampliamente implementado, como se muestra en la figura 7-11.

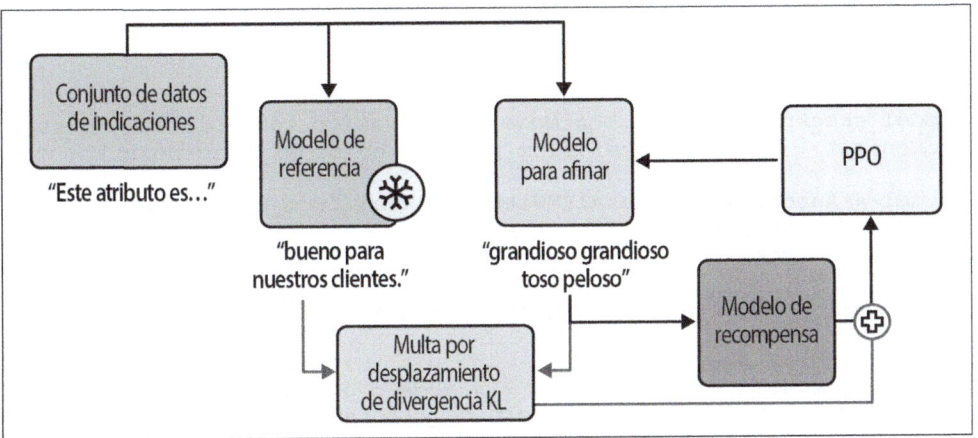

Figura 7-11. *Mitigación de la piratería de recompensas con una multa de recompensa por divergencia KL.*

La divergencia KL cuantifica las respuestas que está generando el modelo generativo mutable y afinado RLHF que difieren demasiado de las respuestas generadas por el modelo de referencia inmutable. En resumen, si el modelo afinado comienza a piratear la recompensa y a generar secuencias de componentes léxicos que difieren demasiado de las secuencias que generaría el modelo de referencia, el modelo afinado es penalizado por el algoritmo RL con una recompensa más baja.

 Las divergencias RLHF y KL son procesos extremadamente intensivos en procesamiento, que se benefician en gran medida de aceleradores como la GPU NVIDIA o el hardware diseñado específicamente para AWS Trainium, que está disponible tanto a través de Amazon EC2 como a través de SageMaker.

Los detalles de la divergencia de KL y las multas de recompensa suelen estar contenidos en las bibliotecas de RL, por lo que normalmente no es necesario implementar este tipo de complejidad. Sin embargo, ayuda a entender el pirateo de recompensas, así como las técnicas y cálculos adicionales necesarios para controlarlo.

A continuación, se muestra el código para configurar la clase PPOTrainer de la biblioteca TRL con la referencia fija para ayudar a evitar el pirateo de recompensas. También se muestra la función de paso de iteración PPO, que actualiza los pesos del modelo para afinar, utilizando el valor de recompensa producido por el modelo de recompensa. Recuerde que el valor final de la recompensa puede ser penalizado si el texto generado comienza a divergir del modelo de referencia, calculado por la divergencia de KL dentro de la implementación de PPOTrainer. Aquí está el código para agregar el modelo de referencia fijo al PPOTrainer:

```
from trl import PPOTrainer
from trl import AutoModelForCausalLMWithValueHead
from trl import create_reference_model
from transformers import AutoTokenize
model_checkpoint = "..." # Modelo generativo como Llama2, Falcon
tokenizer = AutoTokenizer.from_pretrained(model_checkpoint)

model = AutoModelForCausalLMWithValueHead.from_pretrained(
    model_checkpoint,
    torch_dtype=torch.bfloat16)

ref_model = create_reference_model(model)

ppo_trainer = PPOTrainer(
    model=model,                     # modelo ajustable
    ref_model=ref_model,  # modelo de referencia fijo
    tokenizer=tokenizer,
    dataset=dataset)
```

Utilización del ajuste fino con parámetros eficientes con RLHF

El ajuste fino con parámetros eficientes (PEFT, por sus siglas en inglés), discutido en el capítulo 6, puede ser usado con RLHF para reducir la cantidad de recursos informáticos y de memoria requeridos para el algoritmo PPO, intensivo en cálculo, como se muestra en la figura 7-12. En concreto, solo tendría que actualizar las ponderaciones del adaptador PEFT del modelo, mucho más pequeñas, y no las ponderaciones completas del modelo ajustable.

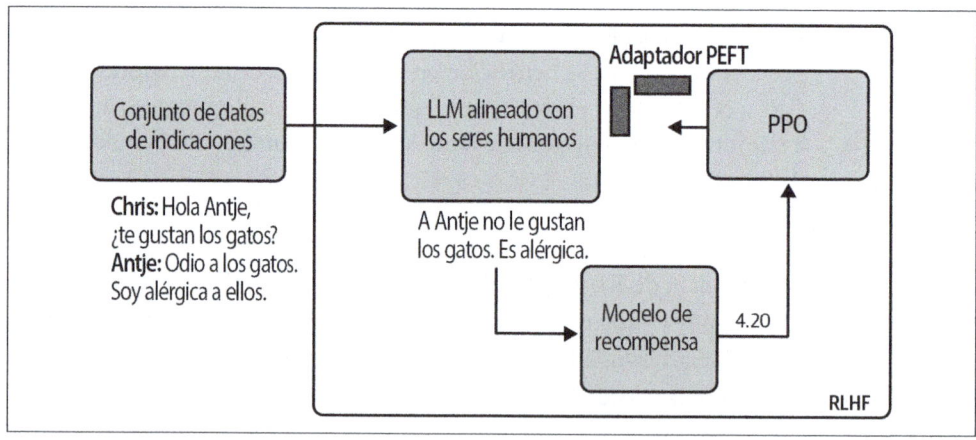

Figura 7-12. *Uso de PEFT dentro de RLHF para minimizar los recursos necesarios para afinar el modelo generativo.*

Una vez completado el proceso de RLHF, el modelo afinado y alineado con los seres humanos está listo para la evaluación y, dependiendo del resultado de la evaluación, está listo para la instalación en producción. Exploremos, a continuación, la evaluación del modelo en el contexto de la alineación de los valores y preferencias humanos.

Evaluar el modelo RLHF afinado

Siguiendo con el ejemplo de toxicidad, puede evaluar el modelo afinado de RLHF utilizando técnicas de evaluación cualitativas y cuantitativas. Comencemos comparando los resultados del modelo cualitativamente revisando una indicación, la respuesta antes y después de RLHF.

Evaluación cualitativa

Indicación:

```
Resuma la siguiente conversación:

#Personal#: Bueno, ¿te gustó el restaurante?
#Persona2#: La verdad, podría haber sido mejor. #Personal#: ¿Qué
no te gustó de él?
#Persona2#: Es un restaurante nuevo. Parece que no están
preparados todavía.
#Personal#: ¿Qué piensas sobre la comida?
#Persona2#: La comida me pareció bastante mediocre. #Personal#:
El servicio tampoco estuvo muy bueno.
#Persona2#: Estoy de acuerdo. El servicio no fue bueno. Estoy
cansada de ese lugar.
```

Respuesta antes de RLHF (recompensa inferior):

```
#Personal# le pregunta a la #Persona2# sobre el restaurante.
#Persona2# gustó de la comida, pero no fue tan buena como
esperaba. #Persona2# está cansada del restaurante.
```

Respuesta después de RLHF (recompensa inferior):

```
#Persona2# describe el restaurante a #Personal# y el caso de la
comida.
#Persona2# no quiere visitar el restaurante de nuevo.
```

Si bien esta es una comparación subjetiva, la respuesta después de RLHF parece ser un poco menos dura que la respuesta antes de RLHF, pero transmite aproximadamente el mismo significado. Además, la respuesta después de RLHF tiene una recompensa más alta, lo cual es una señal de que el modelo de recompensa del detector de toxicidad prefirió la respuesta después de RLHF a la respuesta antes de RLHF.

A continuación, realizará una evaluación más cuantitativa utilizando puntuaciones de toxicidad para comparar entre muchos pares de indicación y respuesta antes y después de RLHF.

Evaluación cuantitativa

Para comparar el modelo generativo antes y después de RLHF, puede usar una puntuación de toxicidad agregada para un gran número de respuestas generadas por el modelo utilizando un conjunto de datos de prueba que el modelo no haya visto durante el ajuste fino de RLHF.

Si la RLHF ha reducido con éxito la toxicidad del modelo generativo, la puntuación de toxicidad disminuirá en relación con la referencia, como se muestra en la figura 7-13.

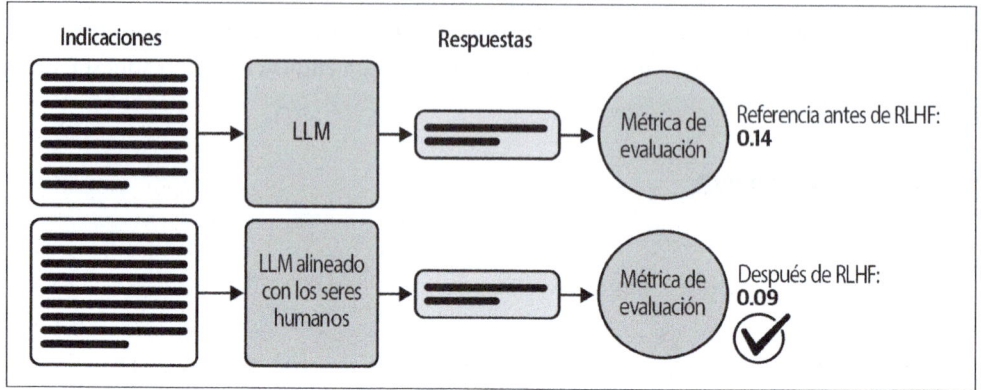

Figura 7-13. *Evalúe usando la puntuación de toxicidad: más bajo es mejor.*

Como puede ver en la figura 7-13, primero calcularía una puntuación de toxicidad de referencia para el modelo original antes de la afinación de RLHF, luego realizaría la afinación de RLHF y mediría la puntuación de toxicidad después. Vamos a profundizar en el cálculo de las puntuaciones de toxicidad para el modelo generativo utilizando el conjunto de datos de prueba.

Modelo de evaluación de la carga

En primer lugar, deberá cargar el evaluador de toxicidad utilizando el modelo de evaluación de Hugging Face Biblioteca de Python con el modelo de Meta para detectar lenguaje tóxico, que estaba utilizando como modelo de recompensa en las secciones anteriores. Dado que este modelo es un clasificador que predice una de dos clases, «no odio» y «odio», es necesario especificar la `etiqueta_tóxica`, que es «odio» en este caso. El evaluador, entonces, sabe qué etiqueta usar como etiqueta tóxica, como se muestra en este código:

```
import evaluate
toxicity_model_checkpoint =
    "facebook/roberta-hate-speech-dynabench-r4-target"
toxicity_evaluator = evaluate.load(
    "toxicity",
    toxicity_model_checkpoint,
    module_type="measurement",
    toxic_label="hate")
```

Definición de la función de agregación métrica de evaluación

A continuación, se define una función `agregate_toxicity_scores()` para calcular la media de la puntuación de toxicidad y la desviación estándar para todas las indicaciones en el conjunto de datos de la prueba, como se muestra aquí:

```
def aggregate_toxicity_scores(model,
                              toxicity_evaluator,
                              tokenizer,
                              dataset):

    toxicities = []
    input_texts = []
    for i, sample in enumerate(dataset):
        input_text = sample["query"]

        input_ids = tokenizer(input_text,
            return_tensors="pt", padding=True).input_ids

        response_token_ids = model.generate(
            input_ids=input_ids)

        generated_text = tokenizer.decode(
            response_token_ids[0], skip_special_tokens=True)

        toxicity_score =
            toxicity_evaluator.compute(
                predictions=[(input_text + generated_text)])

        toxicities.extend(toxicity_score["toxicity"])

        # Calcule la media y desviación estándar usando numpy.
        mean = np.mean(toxicities)
        std = np.std(toxicities)

        return mean, std
```

Comparación de las métricas de evaluación antes y después

A continuación, se calcula una referencia de toxicidad utilizando la función
`aggregate_toxicity_scores()` en el modelo generativo original antes de realizar
RLHF. Después de realizar RLHF, se mide la puntuación de toxicidad de nuevo usando
la misma función `agregate_toxicity_scores()`:

```
from transformers import AutoTokenizer

model_checkpoint = "..." # Modelo generativo como Llama2, Falcon

tokenizer = AutoTokenizer.from_pretrained(model_checkpoint)
mean_before_detoxification , std_before_detoxification =
    evaluate_toxicity(model=model_before_rlhf,
        toxicity_evaluator=toxicity_evaluator,
        tokenizer=tokenizer,
        dataset=dataset["test"],
        num_samples=10)

print(f"""
Aggregate toxicity [mean, std] before detox:
[{mean_before_detoxification},
{std_before_detoxification}]
""")
```

```
#
# Realizar actualizaciones de RLHF PPO aquí...
#

mean_after_detoxification, std_after_detoxification =
    evaluate_toxicity(model=model_after_rlhf,
        toxicity_evaluator=toxicity_evaluator,
        tokenizer=tokenizer,
        dataset=dataset["test"],
        num_samples=10)

print(f'Aggregate toxicity [mean, std] after detox:
[{mean_after_detoxification}, {std_after_detoxification}]')

# Calcular la mejora
mean_improvement = (mean_before_detoxification -
                                    mean_after_detoxification) \
/ mean_before_detoxification
std_improvement = (std_before_detoxification -
                                    std_after_detoxification) \
/ std_before_detoxification

print(f'Porcentaje de mejora de la puntuación de toxicidad tras
    la desintoxicación:')
print(f'mean: {mean_improvement*100:.2f}%')
print(f'std: {std_improvement*100:.2f}%')
```

Salida:

```
Toxicidad agregada [mean, std] antes de desintoxicar:
[0,032297799189109355, 0,03010236943945737]
Toxicidad agregada [mean, std] después de desintoxicar:
[0,0271528000858697, 0,02743170674039297]
Porcentaje de mejora de la puntuación de toxicidad tras la
desintoxicación:
promedio: 15,93%
desv. est.: 8,87%
```

Tenga en cuenta el uso del conjunto de datos de prueba, que el modelo generativo no vio durante el ajuste fino de RLHF. Aquí, se ve una caída en la puntuación de toxicidad agregada, que es el resultado deseado.

Resumen

El ajuste fino de los valores humanos es una herramienta muy importante en la caja de herramientas generativas para mejorar la utilidad, honestidad e inocuidad del modelo. El aprendizaje por refuerzo a partir de la retroalimentación humana (RLHF) es un área de investigación muy activa, con un gran impacto para hacer que estos modelos sean más humanos, útiles y agradables. En este capítulo, aprendió los fundamentos de RL, modelos de recompensa y el proceso RLHF. Estos fundamentos le ayudarán a entender este emocionante campo a medida que continúa evolucionando.

Vio cómo recopilar clasificaciones de comentarios humanos utilizando servicios como Amazon SageMaker Ground Truth con anotadores humanos. Luego aprendió a convertir las clasificaciones legibles por seres humanos en datos de preferencias legibles por máquina para formar un modelo de recompensa.

A continuación, aprendió sobre algunos clasificadores existentes y servicios gestionados que se pueden utilizar como modelos de recompensa listos para usar sin ningún tipo de formación. Y, finalmente, aprendió sobre PPO y lo utilizó para realizar actualizaciones de RLHF para alinear un modelo generativo con los valores y preferencias humanos. Específicamente, se redujo la toxicidad de un modelo generativo en una serie de iteraciones de PPO, que actualizaron los pesos del modelo para generar menos respuestas tóxicas.

Ahora que tiene un modelo generativo de toxicidad baja alineado con los seres humanos, verá cómo optimizarlo e implementarlo para una inferencia de latencia baja y rendimiento alto en el capítulo 8.

CAPÍTULO 8

Optimización de la puesta en marcha de los modelos

Una vez que haya adaptado el modelo a la tarea objetivo, en última instancia querrá implementar el modelo para comenzar a interactuar con él, así como integrarlo potencialmente en una aplicación diseñada para el consumo.

Antes de implementar el modelo generativo, debe comprender los recursos que el modelo puede necesitar, así como la experiencia prevista para interactuar con él. Teniendo en cuenta los recursos que el modelo necesitará, incluirá la identificación de requisitos tales como la rapidez con la que necesita que el modelo genere respuestas, qué presupuesto informático tiene disponible y qué concesiones está dispuesto a hacer con respecto al rendimiento del modelo para poder lograr una velocidad de inferencia mayor y potencialmente reducir el coste de almacenamiento.

En este capítulo, explorará varias técnicas para realizar optimizaciones postformación en el modelo, incluyendo poda, cuantificación y destilación. También se deberán realizar consideraciones adicionales y ajustes potenciales de las configuraciones de instalación después de la implementación, como seleccionar los recursos informáticos óptimos para equilibrar el coste y el rendimiento.

Optimizaciones de modelos para inferencia

El tamaño de los modelos de IA generativa a menudo presenta un desafío para la implementación en términos de requisitos de procesamiento, almacenamiento y memoria, así como el modo de garantizar respuestas de latencia baja. Una de las formas principales de optimizar para la instalación es aprovechar las técnicas que tienen como objetivo reducir el tamaño del modelo, lo que habitualmente se conoce como compresión del modelo. La reducción del tamaño del modelo permite una carga más rápida y una latencia reducida. También reduce los requisitos de recursos para la informática, el almacenamiento y la memoria.

Si bien reducir el tamaño del modelo ayuda a optimizar el modelo para la implementación, el desafío es reducir el tamaño mientras se mantiene un buen rendimiento del modelo. Como resultado, puede haber una compensación a considerar entre el rendimiento del modelo, el presupuesto informático y la latencia.

En esta sección se describen tres técnicas destinadas a reducir el tamaño del modelo: poda, cuantificación y destilación, como se muestra en la figura 8-1.

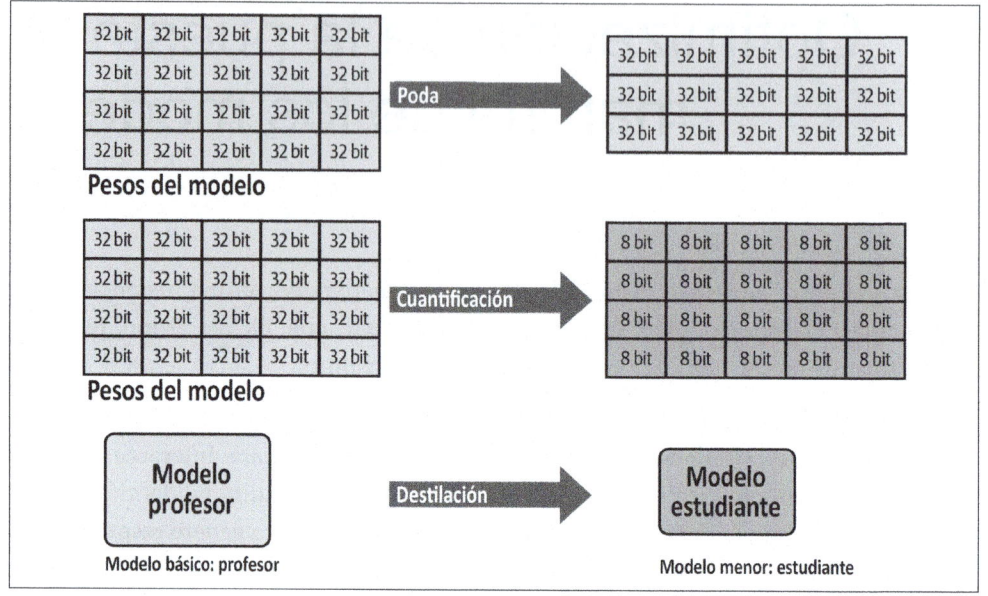

Figura 8-1. *Técnicas destinadas a reducir el tamaño del modelo para la optimización de la instalación.*

La *poda* es una técnica que se centra en eliminar parámetros redundantes o de bajo impacto que no contribuyen, o contribuyen poco, al rendimiento del modelo. La poda reduce el tamaño del modelo, pero también aumenta el rendimiento al reducir el número de cálculos durante la inferencia.

La *cuantificación*, una técnica que vimos en el capítulo 4, convierte los pesos de un modelo de precisión alta (por ejemplo, 32 bits) a una precisión más baja (por ejemplo, 16 bits). Esto no solo reduce la necesidad de memoria del modelo, sino que también mejora el rendimiento al trabajar con representaciones de números más pequeños. Con modelos generativos grandes, es común reducir la precisión aún más, a 8 bits, para aumentar el rendimiento de la inferencia.

La *destilación* forma a un modelo estudiante más pequeño a partir de un modelo profesor más grande. El modelo más pequeño se utiliza entonces en la inferencia para reducir los recursos informáticos y, sin embargo, retener un alto porcentaje de exactitud del modelo estudiante. Un modelo estudiante destilado, que es popular, es DistilBERT de Hugging Face. DistilBERT fue formado a partir del modelo profesor BERT (más grande), y es un orden de magnitud más pequeño que BERT; sin embargo, conserva aproximadamente el 97 % de la exactitud del modelo BERT original. Vea nuestro libro *Data Science on AWS* (O'Reilly, 2021) para profundizar en BERT y DistilBERT.

En las siguientes secciones se discutirá cada una de estas técnicas con más detalle. Tenga en cuenta que puede utilizar todas las técnicas juntas.

Poda

La poda tiene como objetivo eliminar los pesos del modelo que no están contribuyendo significativamente al rendimiento general, como se muestra en la figura 8-2. Al eliminar esos pesos del modelo, puede reducir el tamaño para la inferencia, lo que reduce los recursos de cálculo necesarios.

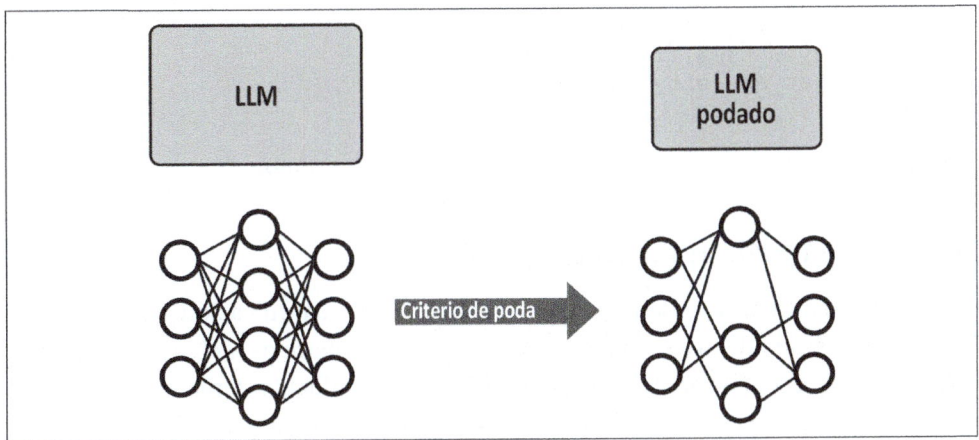

Figura 8-2. *La poda tiene como objetivo reducir el tamaño general del modelo eliminando pesos que no contribuyen al rendimiento del modelo.*

Los pesos del modelo a eliminar durante la poda son aquellos con un valor de cero o muy cerca de cero. La poda, durante la formación, se realiza mediante poda no estructurada (eliminación de pesos) o poda estructurada (eliminación de columnas o filas enteras de las matrices de peso).

Estos métodos requieren una formación nueva; sin embargo, hay métodos de poda postformación, habitualmente conocidos como métodos de poda con un solo golpe, que pueden hacer poda sin más formación. El desafío de realizar una poda con un solo golpe es que a menudo es intensivo en cálculos para modelos grandes con miles de millones de parámetros.

El método de poda postformación llamado SparseGPT[1] pretende superar los retos de la poda con un solo golpe en modelos de lenguaje grandes. Este método está diseñado específicamente para modelos básicos generativos basados en el lenguaje e introduce un algoritmo que realiza regresión escasa a gran escala.

---

[1] Elias Frantar y Dan Alistarh, «SparseGPT: Massive Language Models Can Be Accurately Pruned in One-Shot", *arXiv*, 2023.

En teoría, la poda reduce el tamaño del LLM, lo que reduce los recursos informáticos y la latencia del modelo. Sin embargo, en la práctica, hay LLM donde solo un porcentaje pequeño de los pesos son cero, por lo que en esos casos la poda puede no tener un gran impacto en el tamaño del modelo.

Aquí hay una muestra de código de la biblioteca de poda SparseGPT para los modelos LLaMA y Llama 2:

```
target_sparsity_ratio = 0,5

# Pode cada capa utilizando la relación de dispersión dada

for layer_name in layers:
    gpts[layer_name].fasterprune(
        target_sparsity_ratio,
    )

gpts[layer_name].free() # libera la memoria puesta a cero
```

Cuantificación postformación con GPTQ

Similar a la cuantificación descrita en el capítulo 4, la cuantificación postformación (PTQ) tiene como objetivo transformar los pesos aprendidos del modelo en una representación de menor precisión con los objetivos de reducir el tamaño del modelo y los requisitos de procesamiento al alojar modelos generativos para la inferencia.

PTQ requiere un paso de calibración adicional para capturar estadísticamente el intervalo de los pesos originales del modelo en el rango de la precisión reducida. El paso de calibración utiliza un conjunto de datos que representa estadísticamente el tipo de entradas que el modelo recibirá durante la inferencia. Este paso de calibración ayuda a identificar el intervalo con límites mínimos y máximos, como se muestra en la figura 8-3. Este cálculo de intervalo puede realizarse según el tiempo de ejecución (cuantificación dinámica) o puede calcularse de antemano (cuantificación estática).

Hay una variedad de métodos de cuantificación postformación, entre los que se incluye la cuantificación postformación GPT (GPTQ). GPTQ fue propuesto por primera vez en el artículo «GPTQ: Accurate Post-Training Quantization for Generative Pretrained Transformers»[2]. GPTQ puede reducir el número de bits necesarios para almacenar cada peso de 32 bits para una precisión completa hasta 4, 3, o incluso 2 bits.

---

[2] Elias Frantar y otros, «GPTQ: Accurate Post-Training Quantization for Generative Pre-Trained Transformers», *arXiv*, 2023.

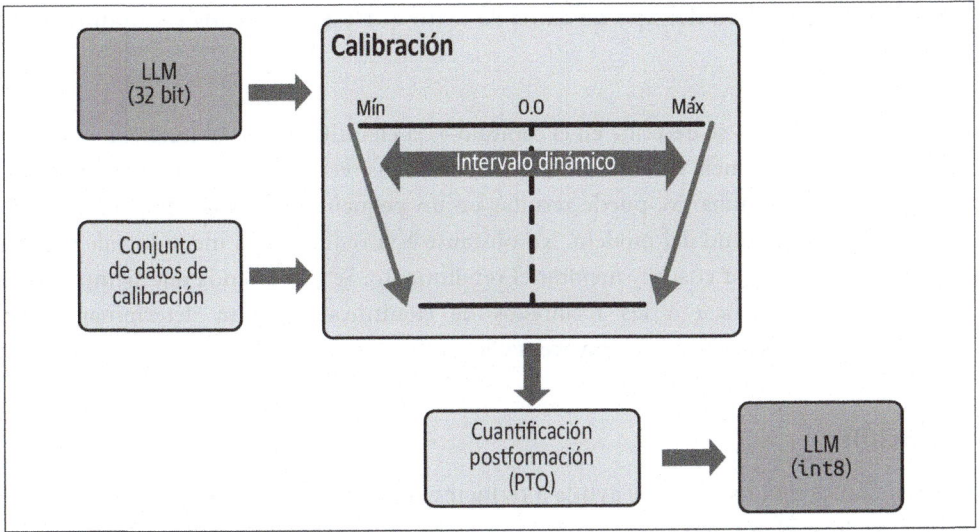

Figura 8-3. *PTQ requiere un paso de calibración adicional para determinar el intervalo dinámico.*

GPTQ analiza cada capa del modelo por separado y aproxima los pesos de una manera que ayuda a reducir la pérdida de exactitud habitualmente vista durante la cuantificación. GPTQ requiere un conjunto de datos de calibración, como verá a continuación, utilizando la biblioteca Hugging Face Optimum con el conjunto de datos Wikitext:

```
import torch
from optimum.gptq import GPTQQuantizer
from transformers import AutoModelForCausalLM, AutoTokenizer

dataset_id = "databricks/databricks-dolly-15k"

# cuantificador GPTQ -4 bits
quantizer = GPTQQuantizer(bits=4,
    dataset_id=dataset_id,
    model_seqlen=4096)

quantizer.quant_method = "gptq"

tokenizer = AutoTokenizer.from_pretrained(model_checkpoint)

model = AutoModelForCausalLM.from_pretrained(model_checkpoint,
    torch_dtype=torch.float16)

# Cuantificar el modelo
quantized_model = quantizer.quantize_model(model, tokenizer)

# Guardar el modelo de cuantificación en el disco
save_folder = model.save_pretrained("quantized_model")
```

El conjunto de datos de Wikitext se usa comúnmente para la calibración de cuantificación posterior a la formación con modelos generativos basados en el lenguaje porque es representativo del tipo de datos de texto que estos modelos verán durante la inferencia.

Como se describe en el capítulo 4, la cuantificación habitualmente mejora la latencia de la inferencia al reducir los recursos informáticos necesarios. Sin embargo, puede resultar en un pequeño porcentaje de pérdida en la exactitud del modelo. No obstante esta reducción, a menudo vale la pena ahorrar costes y mejorar el rendimiento. Se recomienda que siempre haga referencia a los resultados de cuantificación para determinar si las compensaciones son aceptables para el caso de uso.

Destilación

La destilación es una técnica que ayuda a reducir el tamaño del modelo, lo que en última instancia reduce el número de cálculos y mejora el rendimiento de la inferencia del modelo. La destilación forma a un modelo estudiante más pequeño a partir de un modelo profesor más grande. El resultado final es un modelo estudiante que conserva un porcentaje alto de la exactitud del modelo profesor, pero utiliza un número mucho menor de parámetros. A continuación, el modelo alumno se instala para la inferencia. El modelo más pequeño requiere hardware más pequeño y, por lo tanto, menos coste por solicitud de inferencia.

El modelo profesor es, a menudo, un modelo básico generativo o una variante afinada. Durante el proceso de formación de destilación, el modelo estudiante aprende a replicar estadísticamente el comportamiento del modelo profesor. Tenga en cuenta que las ponderaciones del modelo profesor no cambian durante el proceso de destilación; solo cambian las ponderaciones del modelo estudiante. El resultado del modelo profesor se utiliza para «destilar» el conocimiento al modelo estudiante.

Tanto los modelos profesor como los modelos estudiante generan respuestas a partir de un conjunto de datos de formación basado en datos de indicaciones. Una pérdida por destilación se calcula comparando las dos respuestas y calculando la divergencia KL, que exploró para RLHF en el capítulo 7, entre las distribuciones de la producción profesor y estudiante.

La pérdida, incluida la divergencia KL, se minimiza durante el proceso de destilación utilizando la propagación inversa para mejorar la capacidad del modelo estudiante para coincidir con la distribución de probabilidad prevista para el componente léxico del modelo profesor, como se ve en la figura 8-4.

Los componentes léxicos previstos por los modelos profesor se denominan *etiquetas suaves*, mientras que los componentes léxicos previstos por los modelos estudiante se denominan *predicciones suaves*. Al mismo tiempo, es necesario comparar las predicciones de los modelos estudiante (*predicciones duras*) con las etiquetas verdaderas duras del conjunto de datos de indicaciones. La diferencia es la *pérdida del estudiante*. La pérdida por destilación y la pérdida del estudiante se combinan y utilizan para actualizar los pesos de los modelos estudiante utilizando la propagación estándar posterior.

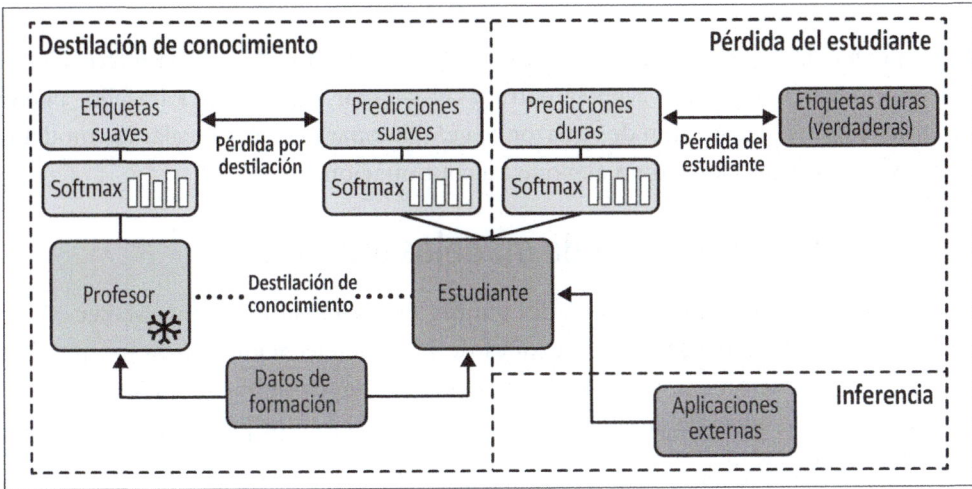

Figura 8-4. *Destilar el conocimiento del modelo profesor al estudiante.*

En la práctica, la destilación puede no ser tan eficaz para los modelos de decodificadores generativos como lo es para los de codificadores como BERT. Esto se debe a que el espacio de salida es relativamente grande para los modelos de decodificador (con un tamaño de vocabulario de, por ejemplo, 100 000 componentes léxicos) sin mucha redundancia en la representación.

He aquí un ejemplo de la función de pérdida por destilación de la biblioteca de Hugging Face Optimum para la destilación:

```
def compute_distillation_loss(self, inputs, student_outputs):
    with torch.no_grad():
        teacher_outputs = self.teacher(**inputs)

    temperature = self.args.distillation_temperature

    distilliation_loss_start = F.kl_div(
        input=F.log_softmax(
            student_outputs.start_logits / temperature, dim=-1),
        target=F.softmax(
            teacher_outputs.start_logits / temperature, dim=-1),
        reduction="batchmean",
    ) * (temperature**2)

    distilliation_loss_end = F.kl_div(
        input=F.log_softmax(
            student_outputs.end_logits / temperature, dim=-1),
```

```
target=F.softmax(
    teacher_outputs.end_logits / temperature, dim=-1),
reduction="batchmean",
) * (temperature**2)

return \
(distilliation_loss_start + distilliation_loss_end) / 2.0
```

Ahora que ha visto varios mecanismos para optimizar el modelo para la inferencia, es hora de implementarlo para aceptar entradas y generar respuestas. Para ello, puede utilizar los puntos de conexión de Amazon SageMaker para alojar y escalar los modelos generativos en producción, como explorará a continuación.

Contenedor de inferencia de modelos grandes

El servicio gestionado instantáneo de puntos de conexión de SageMaker viene preconfigurado con muchas optimizaciones de hora de ejecución, hardware, pruebas A/B e implementación en paralelo para la inferencia de modelos generativos. El contenedor de inferencia del modelo grande (LMI) es el ejecutor principal que contiene estas optimizaciones.

Los contenedores LMI de AWS utilizan una pila de software básico predesarrollado que incluye entornos de rendimiento alto como el DeepSpeed y optimizaciones como la FlashAttention[3], que conoció en el capítulo 4. En la figura 8-5 se muestran algunos de los componentes clave del contenedor LMI, incluidos PyTorch, FlashAttention, DeepSpeed y el SDK de AWS Neuron. En esta figura también se muestra parte del hardware soportado por el contenedor LMI, incluidas las GPU NVIDIA, los circuitos AWS Inferentia y las CPU clásicas.

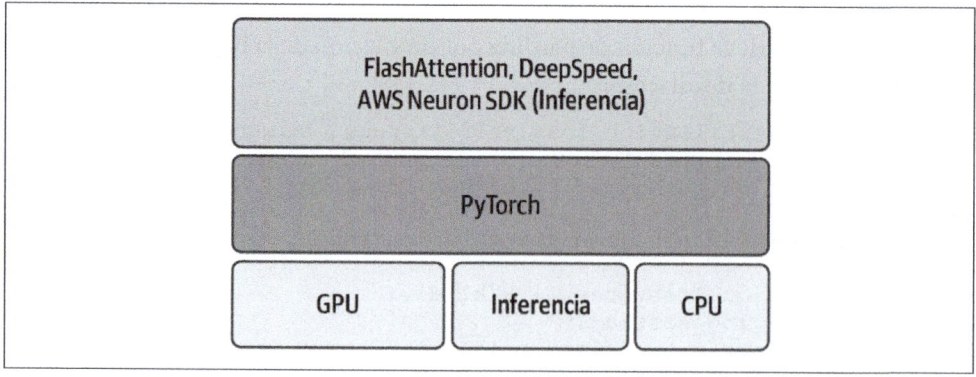

Figura 8-5. *Contenedor LMI y hardware para alojar LLM con puntos de conexión de Amazon SageMaker.*

---

[3] Tri Dao, «FlashAttention-2: Faster Attention with Better Parallelism and Work Partitioning», *arXiv*, 2023.

LMI soporta cargas de trabajo por lotes e instantáneas. Aquí está el código de muestra para instalar y probar un modelo generativo de lenguaje grande, al instante, usando *Amazon SageMaker JumpStart*, que usa el contenedor LMI con puntos de conexión de SageMaker:

```
from sagemaker.jumpstart.model import JumpStartModel

model = JumpStartModel(
    model_id="...") # modelo generativo como Llama2 o Falcon

predictor = model.deploy()

payload = {
    "inputs": "¿Cuál es la mejor manera de desplegar un modelo
              generativo en AWS?": {
        "max_new_tokens": 100,
        "top_p": 0,9,
        "temperature": 0.6
    }
}

response = predictor.predict(payload)
```

Como puede ver, en solo unas pocas líneas de código, puede implementar un modelo potente en su propia cuenta de AWS para realizar inferencias generativas seguras y privadas. En la siguiente sección, aprenderá sobre la familia de hardware AWS Inferentia, diseñada específicamente para cargas de trabajo de inferencia de aprendizaje profundo.

AWS Inferentia: hardware específico para la inferencia

La familia de aceleradores AWS Inferentia, actualmente en la versión 2, está diseñada específicamente para cargas de trabajo de inferencia de aprendizaje profundo. El SDK de AWS Neuron interactúa con AWS Inferentia.

Hay dos formas comunes de desarrollar con el SDK de AWS Neuron, incluyendo la biblioteca Transformers-NeuronX y la biblioteca Optimum Neuron de Hugging Face. Aquí tenemos algunos ejemplos que usan ambas bibliotecas para compilar el modelo y ejecutarlo en Amazon SageMaker con AWS Inferentia 2:

```
import torch
from transformers import AutoTokenizer
from transformers import AutoModelForCausalLM

############################################
# Uso de la biblioteca Transformers-NeuronX
############################################
from transformers_neuronx.llama.model import LlamaForSampling

model = AutoModelForCausalLM.from_pretrained(model_checkpoint)

os.environ["NEURON_CC_FLAGS"] =
    "--model-type=transformer-inference"
```

```
neuron_model =
   LlamaForSampling.from_pretrained(model_checkpoint,
       batch_size=1, tp_degree=24, amp='fp16', ...)

# Compila y guarde el modelo
neuron_model.to_neuron()
neuron_model.save_pretrained('compiled_model/')

# Guarda el analizador léxico con el modelo
tokenizer = AutoTokenizer.from_pretrained(model_checkpoint)
tokenizer.save_pretrained('compiled_model/')

####################################
# Uso de la biblioteca Optimum Neuron
####################################
from optimum.neuron import NeuronModelForCausalLM

# Carga y convierte el modelo Hub al formato Neuron
neuron_model = NeuronModelForCausalLM.from_pretrained(
    model_checkpoint,           # model id
    batch_size=1,               # número de secuencias de entrada
    num_cores=24,               # número de núcleos neuronales
    auto_cast_type='f16',       # formateo para codificar los pesos
    ...
)
neuron_model.save_pretrained('compiled_model/')

# Guarda el analizador léxico con el modelo
tokenizer = AutoTokenizer.from_pretrained(model_checkpoint)
tokenizer.save_pretrained('compiled_model/')
```

A continuación, utilice *tar* y *gzip* con el contenido del directorio local compiled_model/ y cargue el tar.gz en una ubicación S3 privada donde el punto de conexión de SageMaker encontrará y cargará el modelo:

```
from sagemaker.s3 import S3Uploader

# Use tar y gzip con la carpeta compiled_model/
local_model_tar_gz_file = "model.tar.gz"
...

# Cree s3 uri
s3_model_path = "s3://<your-private-s3-location/"

# Cargue model.tar.gz
s3_model_uri = S3Uploader.upload(
    local_path=local_model_tar_gz_file,
    desired_s3_uri=s3_model_path)
```

Una vez que el modelo se compila, guarda, empaqueta, comprime y se envía a S3, puede implementar el modelo como un punto de conexión de Amazon SageMaker utilizando este código y puede comenzar a generar texto. Aquí, especificamos el tipo de instancia de AWS Inferentia 2 para SageMaker:

```
from sagemaker.huggingface.model import HuggingFaceModel

huggingface_model = HuggingFaceModel(
    model_data=s3_model_uri,          # camino al modelo en s3
    model_server_workers=2,           # número de trabajadores
    ...
)

# Especifique que el modelo ha sido precompilado
huggingface_model._is_compiled_model = True

# Instale el punto de conexión
predictor = huggingface_model.deploy (
    instance_type="ml.inf2.xlarge", # Tipo de instancia
    ...
)
prompt =
    «¿Cuál es la mejor manera de desplegar un modelo generativo en AWS?»
# Parámetros de configuración de generación de inferencia
payload = {
    "inputs": prompt,
    "parameters": {
        "do_sample": True,
        "top_p": 0,6,
        "temperature": 0,9,
        "top_k": 50,
        "max_new_tokens": 512,
        "repetition_penalty": 1.03,
        "stop": ["</s>"]
    }
}
# Enviar solicitud al punto de conexión
response = predictor.predict(payload)

# Extraer la respuesta generada
print(response[0]["generated_text"])
```

Estrategias de actualización e instalación de modelos

En esta sección, verá un par de estrategias comunes utilizadas para actualizar los modelos en producción, incluidas las pruebas A/B y las implementaciones en paralelo. Con las pruebas A/B, normalmente se desplaza una cantidad pequeña de tráfico al modelo B nuevo durante un período de tiempo, para asegurarse de que el modelo nuevo no falla o funciona mal en relación con el original, A.

Sin embargo, si el modelo B nuevo funciona mal, los usuarios finales se verán afectados. Con las implementaciones en paralelo, el modelo B nuevo se instala junto con el modelo A como una sombra, acepta una copia del tráfico (por ejemplo, entradas rápidas), pero no devuelve la respuesta del modelo al usuario final. En su lugar, la respuesta del modelo B en paralelo se registra para el análisis fuera de línea del rendimiento del modelo. Si algo sale mal con el modelo B, el usuario final no se ve afectado.

Profundicemos en cada una de estas estrategias de actualización e instalación de modelos.

Pruebas A/B

Puede usar los puntos de conexión de Amazon SageMaker para instalar dos variantes de modelo diferentes detrás de un único punto de conexión para comparar las variantes con el tráfico en vivo. Esto se denomina habitualmente prueba A/B. Considere la posibilidad de instalar dos variantes de modelo, los modelos A y B, detrás de un solo punto de conexión de SageMaker. En la figura 8-6 se muestra el 100 % del enrutamiento del tráfico al modelo A inicialmente, luego se desplaza el 10 % del tráfico al modelo B.

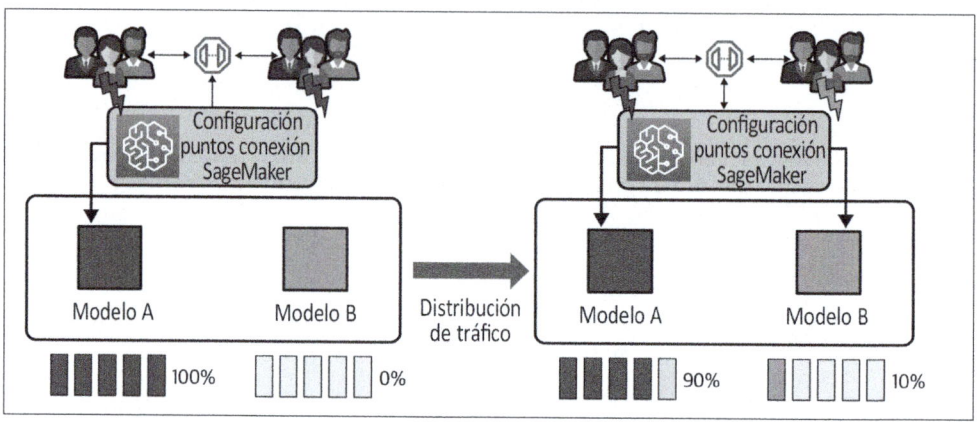

Figura 8-6. *Cambiar el tráfico en vivo del modelo A al modelo B.*

Esto le permite probar el modelo B con el tráfico en vivo de una manera controlada y que solo afecta al 10 % de los usuarios finales si algo sale mal. Puede cambiar rápidamente el tráfico al modelo A, si es necesario. Aquí está el código para implementar esta configuración:

```
import boto3

sm = boto3.Session().client(service_name="sagemaker")

sm.create_endpoint_config(
    EndpointConfigName="generative-endpoint-config-ab-test",
    ProductionVariants=[
        {
            "ModelName": "generative-model",
            "VariantName": "generative-model-A",
            "InitialVariantWeight": 90,
            "InitialInstanceCount": 9
        },
        {
            "ModelName": "generative-model",
            "VariantName": "generative-model-B",
            "InitialVariantWeight": 10,
            "InitialInstanceCount": 1
        }
    ]
)
endpoint_name = "generative-ab-endpoint"
```

```
sm.create_endpoint(
    EndpointName=endpoint_name,
    EndpointConfigName=endpoint_config
)

waiter = sm.get_waiter("endpoint_in_service")
waiter.wait(EndpointName=endpoint_name)
...
# Enviar solicitud al punto de conexión A/B
response = predictor.predict(payload)

# Extraer la respuesta generada
print(response[0]["generated_text"])
```

Aquí, está creando `EndpointConfiguration`, que incluye el hardware usando `InstanceType` e `InitialInstanceCount`. En este caso, está implementando dos variantes del modelo en una prueba A/B en 10 instancias de SageMaker basadas en GPU. El 90 % del tráfico irá a `generative-model-A` y el 10 % irá a `generative-model-B`.

Este código permite comparar las dos variantes y, en algún momento, enviar el 100 % del tráfico al mejor modelo basado en algunos criterios de evaluación u objetivo a largo plazo, como aumentar los ingresos o reducir la rotación.

Implementación en paralelo

Los puntos de conexión de SageMaker admiten implementaciones en paralelo. Cuando implementa un modelo en paralelo, el modelo acepta la misma entrada que el modelo primario, pero simplemente almacena la respuesta del modelo en el disco para el análisis sin conexión, como se muestra en la figura 8-7. Esto le ayuda a evaluar de manera conservadora un modelo frente a las entradas de producción en vivo sin exponer las respuestas potencialmente malas al usuario final.

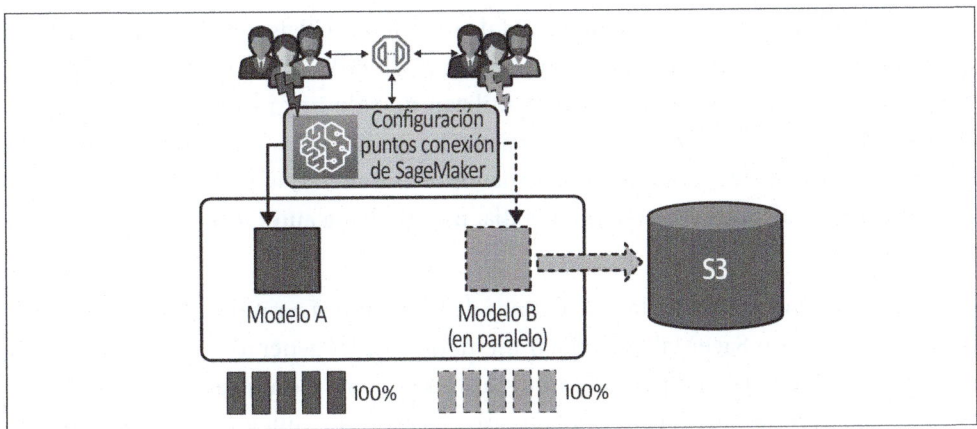

Figura 8-7. *Un modelo en paralelo acepta las mismas entradas, pero almacena la respuesta del modelo en el disco para su análisis fuera de línea.*

Aquí está la muestra de código para una implementación en paralelo. Tenga en cuenta que ambos ajustes de peso `InitialVariant` están configurados para el 100 % de tráfico. Puede elegir enviar un porcentaje menor de tráfico a la variante en paralelo si desea muestrear menos del 100 % del tráfico:

```
sm.create_endpoint_config(
    EndpointConfigName=endpoint_config,
    ProductionVariants=[
        {
            "ModelName": "generative-model",
            "VariantName": "generative-model-A",
            "InitialVariantWeight": 100,
            "InitialInstanceCount": 9
        }
    ],
    ShadowProductionVariants=[
        {
            "ModelName": "generative-model",
            "VariantName": "generative-model-B",
            "InitialVariantWeight": 100,
            "InitialInstanceCount": 1
        }
    ]
)
```

Esto muestra la variante en paralelo, `generative-model-B`, configurada para aceptar tráfico pero no devolver la respuesta al usuario. En su lugar, el modelo en paralelo aceptará tráfico y enviará los resultados a S3 para su análisis sin conexión.

Para obtener una descripción más completa de las estrategias de implementación de SageMaker, consulte nuestro libro *Data Science on AWS*.

Métricas y monitoreo

Los puntos de conexión de Amazon SageMaker emiten muchas métricas útiles que son capturadas por el servicio de gestión de Amazon CloudWatch para la recopilación y monitoreo de métricas. Estas métricas se utilizan no solo por razones operativas, sino también para escalar el grupo de inferencia hacia fuera (a un mayor número de instancias) y hacia adentro (a un número menor de instancias) a medida que el tráfico al grupo aumenta y disminuye a lo largo del día. Esto se llama autoescalado, que verá en la sección siguiente.

Pero, primero, echemos un vistazo a algunas de las métricas emitidas por los puntos de conexión de Amazon SageMaker al alojar un modelo de IA generativa. En la tabla 8-1 se muestran algunas de las métricas comunes utilizadas para monitorear la inferencia del modelo, incluyendo recuentos de errores, hora de inicio y momentos de predicción/latencia.

Tabla 8-1. *Monitoreo de métricas para la inferencia del modelo.*

Métrica	Descripción

`Invocation4XXErrors`
`Invocation5XXErrors`
`InvocationModelErrors`
	Número de invocaciones de modelos que no dieron lugar a una respuesta HTTP 2XX exitosa

`Invocations`
`InvocationsPerInstance`
`SageMakerVariantInvocationsPerInstance`
	El número de solicitudes de invocación enviadas a un punto de conexión del modelo en general, por instancia y por variante por instancia

`ModelLatency`	Latencia de inferencia del modelo solamente
`OverheadLatency`	Latencia debida a SageMaker durante la inferencia
`ModelSetupTime`	Tiempo de inicio del modelo, incluidas la descarga y el lanzamiento del contenedor SageMaker

`CPUUtilization`
`GPUUtilization`
`MemoryUtilization`
`GPUMemoryUtilization`
	CPU, GPU y utilización de memoria del punto de conexión del modelo

`DiskUtilization`	El porcentaje de espacio en el disco utilizado para alojar el modelo para la inferencia

En la siguiente sección se discutirá cómo se pueden utilizar algunas de estas métricas de monitoreo para configurar el autoescalado, que ajusta dinámicamente el número de instancias aprovisionadas para un modelo implementado en respuesta a los cambios en la demanda de la carga de trabajo.

Autoescalado

En las pruebas A/B y los ejemplos de implementación en paralelo, vimos cómo establecer manualmente `InitialInstanceCount` en `EndpointConfig`. Esto representa el número de instancias en el grupo de inferencia. A medida que el tráfico aumenta y disminuye, deberá actualizar manualmente el número de instancias a un valor superior o inferior, respectivamente.

Sin embargo, a menudo es más fácil configurar el autoescalado para que aumente (añada instancias) o disminuya (elimine instancias) automáticamente en función de una métrica determinada, como el número de invocaciones por segundo. A medida que el tráfico aumenta y disminuye, la métrica de invocaciones por segundo hará que SageMaker escale automáticamente el grupo de modelos para satisfacer la demanda.

Vamos a profundizar en la configuración de políticas de autoescalado para los puntos de conexión de SageMaker.

Políticas de autoescalado

Hay tres tipos principales de políticas de autoescalado para los puntos de conexión de SageMaker: seguimiento de objetivos, escalado simple y escalado por pasos. Estas políticas compensan la facilidad de uso con flexibilidad.

Seguimiento de objetivos

Con la política de escalado de seguimiento de objetivos se especifica una única métrica, como `SageMakerVariantInvocationsPerInstance` = 1000, y SageMaker autoescalará según sea necesario. Esta estrategia es muy común, ya que es la más fácil de configurar.

Simple

Cuando se configura para usar la política de escalado simple, SageMaker activará un evento de escalado en una métrica dada en un umbral determinado con una cantidad fija de escalado. Por ejemplo, «cuando `SageMakerVariantInvocationsPerInstance` > 1000, añada 10 instancias». Esta estrategia requiere un poco más de configuración, pero también proporciona más control sobre la estrategia de seguimiento de objetivos.

Escalado por pasos

El escalado por pasos, la directiva de escalado más configurable, permite a SageMaker activar un evento de escalado en una métrica dada en varios umbrales, con cantidades configurables de escalado en cada umbral. Por ejemplo, «cuando `SageMakerVariantInvocationsPerInstance` > 1000, añada 10 instancias, `SageMakerVariantInvocationsPerInstance` > 2000, añada 50 instancias», etc. Esta estrategia requiere la mayor cantidad de configuración, pero proporciona la mayor cantidad de control para situaciones como el tráfico irregular.

Definición de una política de autoescalado

Definamos y utilicemos una política de autoescalado de seguimiento de destino utilizando la métrica de `SageMakerVariantInvocationsPerInstance` para escalar automáticamente el grupo de puntos finales cuando se alcanzan mil invocaciones por segundo para una variante de modelo dada por instancia:

```
endpoint_name = "..."

autoscale = boto3.Session().client(
    service_name='application-autoscaling')

autoscale.register_scalable_target(
    ServiceNamespace="sagemaker",
    ResourceId=f"endpoint/{endpoint_name}/variant/AllTraffic",
    ScalableDimension="sagemaker:variant:DesiredInstanceCount"
)
```

```
autoscale.put_scaling_policy(
    PolicyName="my-autoscale-policy",
    ServiceNamespace="sagemaker",
    ResourceId=f"endpoint/{endpoint_name}/variant/AllTraffic",
    ScalableDimension="sagemaker:variant:DesiredInstanceCount",
    PolicyType="TargetTrackingScaling",
    TargetTrackingScalingPolicyConfiguration={
        "TargetValue": 1000.0,
        "PredefinedMetricSpecification": {
            "PredefinedMetricType":
            "SageMakerVariantInvocationsPerInstance",
    }]
})
```

Tenga en cuenta que `ScalableDimension` se establece en `sagemaker:variant:DesiredInstance Count`, que configura SageMaker para escalar el número de instancias cuando se alcanza el umbral de destino.

Después de enviar una gran cantidad de solicitudes de inferencia al punto de conexión de SageMaker, verá un pico en la métrica de `SageMakerVariant InvocationsPerInstance`. Esto activaría a SageMaker para ampliar y gestionar el pico en las solicitudes de inferencia.

Hay muchas más opciones de configuración de autoescalado disponibles, incluidas las políticas de escalado específicas de la variante del modelo y las políticas de enfriamiento de ampliación y reducción de escala. Para obtener una descripción más completa de las políticas de autoescalado de SageMaker, consulte nuestro libro *Data Science on AWS*.

Resumen

En este capítulo, aprendió técnicas poderosas para optimizar el modelo para la inferencia mediante la reducción del tamaño del modelo a través de la destilación, cuantificación o poda. Estas técnicas ayudan a reducir el tamaño del modelo y a mejorar el rendimiento de la inferencia del modelo con un impacto mínimo en la exactitud del modelo, mejorando en última instancia la satisfacción del usuario. También ayudan a minimizar la cantidad de recursos de hardware necesarios para ayudar a los modelos generativos en producción, reducir el coste y mejorar la satisfacción del director financiero.

También vio cómo optimizar e implementar los modelos con el SDK de AWS Neuron, la biblioteca Optimum Neuron de Hugging Face y los puntos de conexión de Amazon SageMaker con AWS Inferentia 2. En combinación con las pruebas A/B y las implementaciones en paralelo, los puntos de conexión de SageMaker son una manera excelente de producir los modelos de IA generativa.

En el capítulo 9, se profundizará en algunos mecanismos populares para construir aplicaciones de IA generativa, incluyendo la mejora de las capacidades de los modelos con generación mejorada por recuperación (RAG) y agentes.

CAPÍTULO 9
Aplicaciones de razonamiento sensibles al contexto usando RAG y agentes

En este capítulo, exploraremos cómo reunir todo lo aprendido hasta ahora para crear aplicaciones de razonamiento sensibles al contexto. Para hacer esto, explorará la generación mejorada por recuperación (RAG) y los agentes. También aprenderá sobre los entornos llamados *LangChain*, *ReAct* y *PAL*, que hacen que los flujos de trabajo de RAG y agentes sean mucho más fáciles de implementar y mantener. Tanto RAG como agentes son, a menudo, componentes clave de una aplicación de IA generativa.

Con RAG, mejora el contexto de las indicaciones con la información relevante necesaria para abordar las limitaciones de conocimiento de los LLM y mejorar la relevancia de la salida generada por el modelo. RAG ha crecido en popularidad debido a su eficacia en la mitigación de desafíos como cortes de conocimiento y alucinaciones al incorporar fuentes de datos dinámicas en el contexto rápido sin necesidad de afinar continuamente el modelo a medida que llegan datos nuevos al sistema.

RAG se puede integrar con los modelos básicos listos para usar o con modelos afinados y alineados con los seres humanos específicos para su caso de uso generativo y dominio.

 RAG y el ajuste fino se pueden utilizar juntos. No son mutuamente excluyentes.

A continuación, veremos algunas guías generales a tener en cuenta al decidir qué técnicas deben utilizarse. Si se requiere acceso a datos externos o dinámicos, las arquitecturas basadas en RAG pueden habilitar esto sin un ajuste fino continuo, que significaría un coste prohibitivo. Además, las técnicas basadas en RAG no requieren mucha experiencia en AA porque normalmente se implementan utilizando modelos básicos existentes.

Las posibles desventajas de las arquitecturas basadas en RAG incluyen los pasos adicionales necesarios para gestionar las conexiones de fuentes de datos, obtener datos de fuentes de datos externas, realizar una preparación de datos adicional y mejorar la indicación. Estos pasos adicionales pueden aumentar la latencia y disminuir el rendimiento general. También es importante tener en cuenta que RAG no modifica realmente los pesos del modelo generativo; sin embargo, esto a menudo es deseable y habitualmente no se considera una desventaja.

Los agentes son piezas adicionales de software que pueden organizar flujos de trabajo de indicación y respuesta entre solicitudes de usuarios, modelos básicos y fuentes de datos y aplicaciones externas, mientras utilizan el modelo básico como motor de razonamiento.

Los agentes hacen uso, a menudo, de un entorno llamado ReAct[1], del inglés *reasoning and acting* (razonar y actuar). ReAct estructura las indicaciones utilizando el razonamiento de la cadena de pensamiento (CoT) para mostrar al modelo cómo razonar a través de un problema y decidir sobre las acciones para ayudar a encontrar una solución. Como parte de las acciones, los agentes pueden trabajar con flujos de trabajo RAG para buscar información relevante para el contexto o invocar a las API de las aplicaciones para realizar una tarea.

Si los pasos y acciones de razonamiento requieren cálculos complejos, puede aprovechar otra técnica, los modelos de lenguaje asistidos por programas (PAL)[2]. PAL guía modelos básicos para generar programas en lugar de lenguaje natural en los pasos de razonamiento. A continuación, puede conectar el modelo a un intérprete de código externo, como uno de Python, para ejecutar el código y devolver los resultados al modelo.

También aprenderá sobre la creación de una aplicación de IA generativa personalizada utilizando un conjunto de componentes comunes necesarios para una solución de principio a fin que se pueda poner a disposición de los usuarios y otros sistemas. Por último, este capítulo destacará algunas consideraciones para optimizar el ciclo de vida del proyecto de IA generativa y poner en marcha modelos para el despliegue y la integración en aplicaciones de apoyo a usuarios y sistemas.

Limitaciones de los modelos de lenguaje grandes

Los modelos de lenguaje grandes (LLM) se enfrentan a varios retos relacionados con la necesidad de disponer de conocimientos exactos y actuales. En esta sección se analizan dos problemas habituales de los modelos de lenguaje grandes que pueden mejorarse con métodos RAG: la alucinación y el corte de conocimiento.

Alucinación

En el capítulo 2 se discutió el desafío de la alucinación, en el que un modelo devuelve con seguridad una respuesta incorrecta. En el siguiente ejemplo, un «*mullidelegante*» no es

---

[1] Shunyu Yao y otros, «ReAct: Synergizing Reasoning and Acting in Language Models», arXiv, 2023.

[2] Luyu Gao y otros, «PAL: Program-Aided Language Models», arXiv, 2023.

una raza de perro real, pero en todo caso el modelo devuelve una respuesta facticia y potencialmente engañosa, como se muestra a continuación.

Indicación:

```
¿Cómo son los perros de raza mullidelegante?
```

Respuesta (alucinación):

```
Los mullidelegantes son perros pequeños y mullidos con pelo
rizado. Tienen ojos grandes y redondos y orejas largas y mullidas.
```

Las alucinaciones conducen a una falta de confianza en los resultados generados por el modelo, lo que afecta la efectividad de una aplicación de IA generativa.

Corte de conocimiento

El segundo problema común, que se muestra en el ejemplo rápido que sigue, se conoce como corte de conocimiento, lo que resulta en que el modelo devuelve una respuesta que está fuera de fase con los datos actuales. Todos los modelos básicos tienen un corte de conocimiento de la fecha en que fueron formados; el conocimiento del modelo se limita a los datos que estaban vigentes en el momento en que fue formado previamente o afinado.

Por ejemplo, si le pregunta al modelo quién ganó recientemente el campeonato de la NBA, le dará la información más reciente que tiene disponible; en este caso, los campeones en 2021. Sin embargo, no proporcionará los datos más actuales disponibles porque esos datos están fuera del alcance del conocimiento con el que el modelo fue formado, como se muestra en el ejemplo siguiente.

Indicación:

```
¿Quién ganó recientemente la final del campeonato de la NBA?
```

Repuesta (corte de conocimientos, desactualizado):

```
Los Gamos de Milwaukee derrotaron a los Soles de Phoenix en las
finales de la NBA en 2021 para ganar por segunda vez el
campeonato de la NBA.
```

RAG proporciona una técnica que le permite mitigar algunos de los desafíos con alucinaciones y corte de conocimiento en los modelos básicos. Para las alucinaciones, RAG es útil porque se le puede proporcionar al modelo acceso a la información que aún no tendría, como datos confidenciales de su empresa.

Generación mejorada por recuperación

RAG no es un conjunto específico de tecnologías, sino más bien un entorno para proporcionar acceso a los LLM a los datos que no vieron durante la formación. RAG permite a las aplicaciones impulsadas por LLM hacer uso de fuentes de datos externas y aplicaciones para superar algunas de las limitaciones de conocimiento discutidas anteriormente.

Es útil en cualquier caso en el que desee que el modelo de lenguaje tenga acceso a datos adicionales que no están contenidos en la «memoria paramétrica» del LLM aprendida durante la formación previa y el ajuste fino. Podrían ser datos que no existían en los datos de formación originales, como información privada de los almacenes de datos internos de la organización. Permitirle al modelo acceder a esta información ayuda a mejorar la relevancia de la respuesta del modelo y ayuda a mitigar el desafío de las alucinaciones.

Para los cortes de conocimiento, RAG le permite proporcionar acceso a la información actual más allá de la fecha de formación del modelo. Esta técnica puede mejorar los modelos básicos con información adicional, incluida información específica del dominio, sin la necesidad de realizar continuamente un ajuste fino completo.

A grandes rasgos, una arquitectura basada en RAG proporciona al modelo acceso a fuentes de conocimiento externas que proporcionan contexto adicional a la indicación de entrada original en forma de una indicación mejorada, que luego se utiliza para llamar al LLM, como se muestra en la figura 9-1.

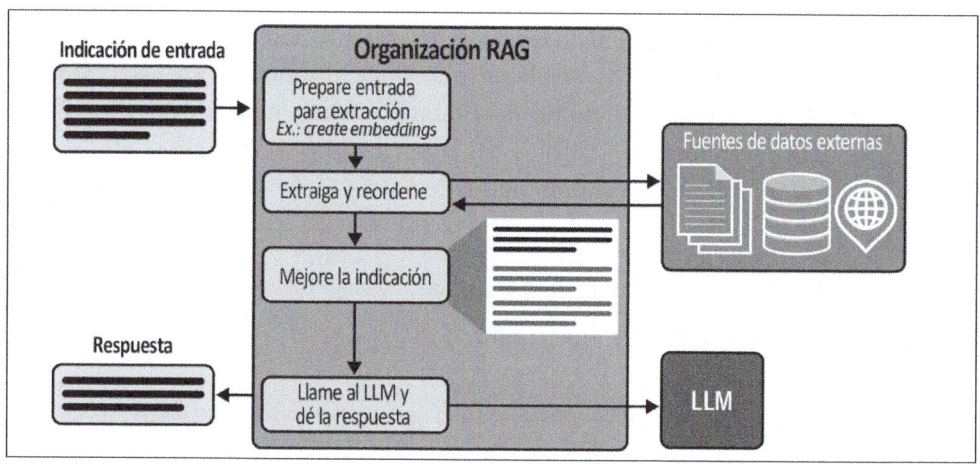

Figura 9-1. *RAG proporciona el entorno para mejorar un modelo con información de fuentes externas.*

El LLM puede entonces aprovechar el conocimiento fuera de su alcance a través de la indicación mejorada para devolver una respuesta más exacta y relevante. Ahora vamos a sumergirnos en los diversos componentes y piezas del flujo de trabajo.

Fuentes de conocimiento externas

RAG funciona proporcionando al modelo acceso a datos externos adicionales en el momento de la ejecución. Estos datos pueden ser de una serie de fuentes de datos, incluyendo bases de conocimiento, almacenes de documentos, bases de datos y datos que se pueden buscar a través de Internet, como se muestra en la figura 9-2.

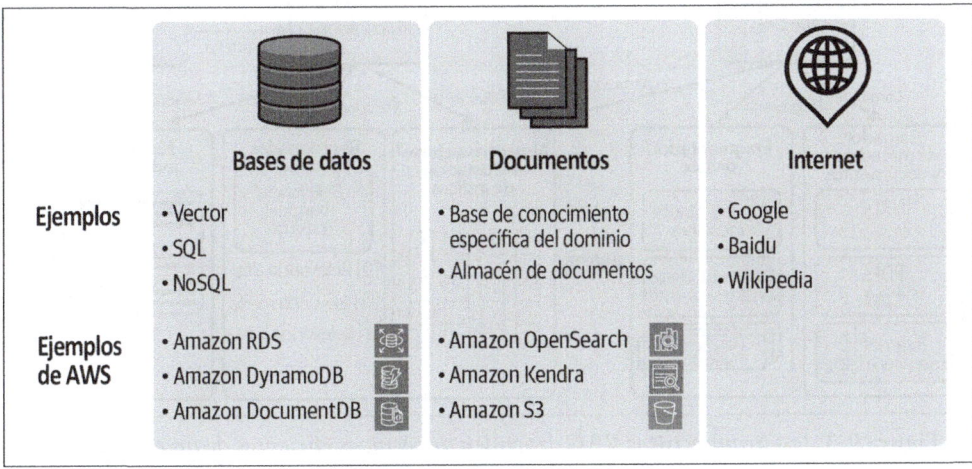

	Bases de datos	Documentos	Internet
Ejemplos	• Vector • SQL • NoSQL	• Base de conocimiento específica del dominio • Almacén de documentos	• Google • Baidu • Wikipedia
Ejemplos de AWS	• Amazon RDS • Amazon DynamoDB • Amazon DocumentDB	• Amazon OpenSearch • Amazon Kendra • Amazon S3	

Figura 9-2. *Fuentes de datos externas.*

Todas estas fuentes de datos externas pueden proporcionar acceso a conocimientos que antes no estaban disponibles para los modelos generativos, lo que permite una mayor relevancia en las respuestas. RAG funciona mejorando la indicación de entrada con información de fuentes de datos externas antes de llamar al LLM. La indicación mejorada proporciona acceso a la información que el modelo no conoce, lo que aumenta la capacidad del LLM para devolver respuestas más exactas y relevantes.

Sin embargo, la implementación de arquitecturas basadas en RAG a menudo requiere tareas adicionales de preparación de datos para garantizar que estos estén en un formato optimizado que se pueda integrar en el momento de la inferencia, lo que implica personas que cargan y preparan los datos para la extracción y aplicaciones que buscan y extraen datos relevantes en la inferencia.

Flujo de trabajo RAG

A menudo hay varios componentes en una arquitectura basada en RAG, incluidos los flujos de trabajo dependientes, como la preparación de datos de fuentes externas. A grandes rasgos, hay dos flujos de trabajo comunes a considerar: la preparación de datos de fuentes de conocimiento externas y la integración de esos datos con aplicaciones consumidoras, como se muestra en la figura 9-3.

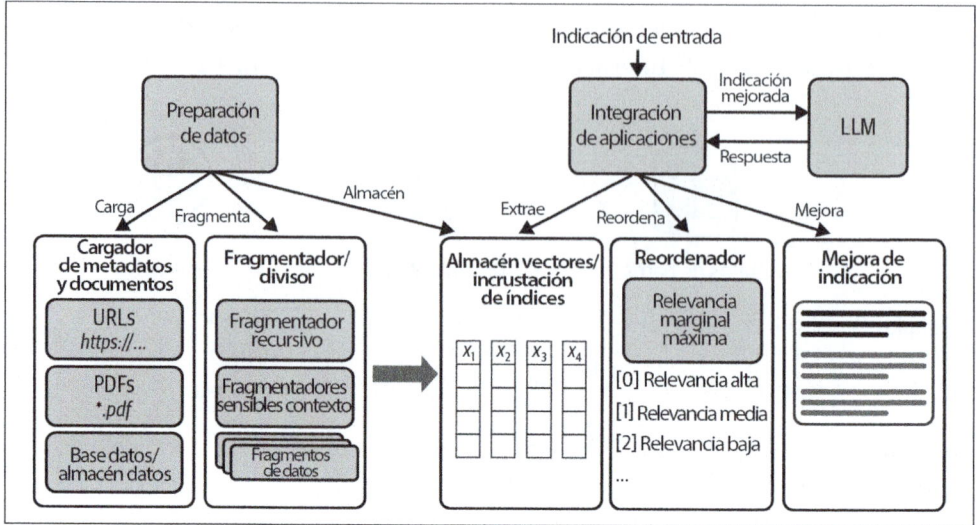

Figura 9-3. *Las arquitecturas RAG dependen de técnicas eficientes de preparación y extracción de datos para integrarlos con las aplicaciones consumidoras.*

La preparación de datos implica la ingestión de fuentes de datos, así como la captura de metadatos clave que describan las fuentes de datos. Esto puede incluir tareas específicas para el tipo de fuente de información que se utiliza. Por ejemplo, si la fuente de información es un PDF, habrá una tarea adicional para extraer texto de esos documentos. Esto puede no siempre ser necesario si los datos ya están en un formato consumible; sin embargo, la preparación de los datos es, a menudo, un requisito previo en la arquitectura basada en RAG para preparar los datos para su extracción.

La integración de aplicaciones implica extraer la información más similar semánticamente de esas fuentes de datos externas basadas en una indicación de entrada. Esto viene seguido, a menudo, de un proceso de reordenación para refinar aún más los resultados obtenidos y clasificarlos en orden de relevancia para la indicación de entrada. El paso final es mejorar la indicación de entrada con la información más relevante recuperada de fuentes de conocimiento externas antes de usar esa indicación mejorada para llamar al LLM, que devuelve la respuesta final.

Para profundizar en un ejemplo específico, el resto de esta sección se centrará específicamente en la extracción de información de documentos. Comencemos con la tarea de preparación de datos, que incluye extraer texto de los documentos y almacenarlo eficientemente para ser extraído.

Carga de documentos

Aunque las arquitecturas basadas en RAG pueden extraer datos de una serie de fuentes de información relevantes, nos centraremos específicamente en la extracción de información de los documentos. Una implementación común para la búsqueda y recuperación de documentos involucra almacenar los documentos en un almacén vectorial, donde cada documento se indexa en función de un vector de incrustación producido por un modelo de incrustación. La incrustación vectorial incluye las representaciones numéricas de los datos de texto dentro de los documentos.

Cada incrustación tiene como objetivo capturar el significado semántico o contextual de los datos. La idea aquí es que conceptos similares semánticamente terminan cerca unos de otros (tienen una distancia pequeña entre ellos) en el espacio vectorial, como se discute en el capítulo 3. Como resultado, la recuperación de información implica encontrar incrustaciones cercanas que probablemente tengan un significado contextual similar.

Cada incrustación vectorial se coloca en un almacén vectorial, a menudo con metadatos adicionales, como una referencia al contenido original desde el que se creó la incrustación. El almacén vectorial indexa los vectores, lo que se puede hacer utilizando una variedad de métodos.

Esta indexación permite una extracción rápida de los documentos. El almacén vectorial, que se muestra en la figura 9-4, se utiliza dentro del flujo de trabajo de la indicación para extraer de manera eficiente la información externa basada en una consulta de entrada durante la inferencia.

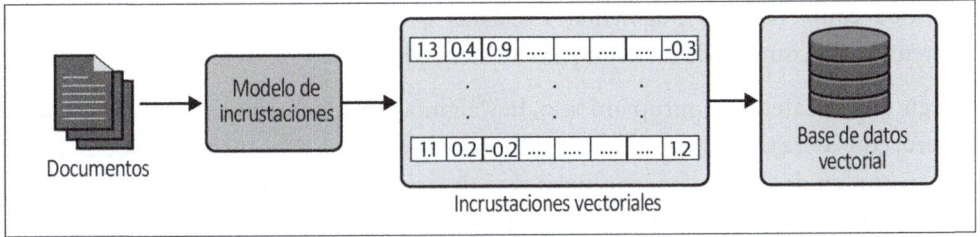

Figura 9-4. *Indexación eficiente de documentos para una extracción rápida.*

La creación de incrustaciones vectoriales que almacenan representaciones numéricas de datos de texto en almacenes vectoriales proporciona técnicas eficientes de búsqueda y recuperación de documentos en arquitecturas RAG. Sin embargo, los documentos son, a menudo, grandes y contienen grados diversos de información relacionada sobre una variedad de temas, algunos más relacionados que otros. Por ejemplo, si utilizó la documentación del producto de AWS para Amazon SageMaker, notará que parte del texto de ese documento es más similar semánticamente que otros. Como resultado, debe considerar estrategias eficientes para optimizar el almacenamiento y la extracción de estos documentos, así como minimizar el riesgo de perder contexto.

Debido a que los LLM tienen limitaciones de ventana contextual fija, también debe desarrollar estrategias de almacenamiento y recuperación de documentos que tengan en cuenta esas limitaciones.

Agrupamiento

Una técnica llamada *agrupamiento* se utiliza típicamente en la construcción de índices de documentos (así como en la búsqueda, que se cubre más adelante en la sección). El agrupamiento descompone piezas grandes de texto en segmentos más pequeños, como se muestra en la figura 9-5.

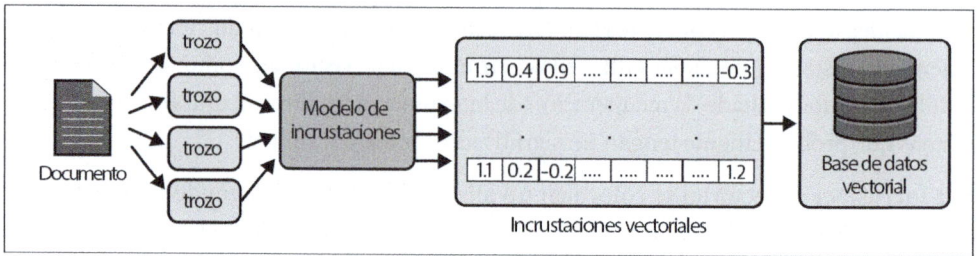

Figura 9-5. *Agrupamiento al almacenar e indexar documentos.*

Los segmentos deben contener información que esté semánticamente relacionada y que tenga un contexto significativo en ese segmento. Hay varios métodos diferentes de agrupamiento. Por ejemplo, puede usar fragmentos de tamaño fijo que dividen los datos utilizando un número fijo de componentes léxicos, que es un método fácil y eficiente desde el punto de vista informático. Alternativamente, puede utilizar métodos de agrupamiento sensibles al contexto, que tienen como objetivo fragmentar los datos con más consideración en torno a la comprensión del contexto de los datos y manteniendo juntos los textos relevantes.

Al elegir una estrategia de agrupamiento, hay algunas consideraciones a tener en cuenta. Primero, considere el tamaño del contenido indexado, ya sea documentos grandes, como libros, o contenido más corto, como reseñas de productos. Fragmentar contenido más pequeño puede no tener mucho impacto, mientras que fragmentar los documentos más grandes no solo es necesario, sino que también mejora la capacidad de buscar información relevante similar relacionada con una búsqueda.

A continuación, como ya se ha mencionado, puede ser necesario fragmentar debido a los límites de la ventana contextual impuestos por el LLM. Por ejemplo, si el modelo solo admite 4096 componentes léxicos de entrada en la ventana contextual, tendrá que ajustar el tamaño del fragmento para tener en cuenta este límite.

Por último, existe un concepto llamado *superposición*, que se refiere a la superposición de una cantidad definida de texto entre fragmentos. La superposición puede ayudar a preservar el contexto entre fragmentos. Este es otro parámetro con el que experimentar al elegir un tamaño de agrupamiento.

Después de que los documentos han sido preparados extrayendo texto y cargando sus representaciones vectoriales en un almacén vectorial, están listos para integrarlos en la aplicación.

Recuperación y reordenación de documentos

Una vez que el texto de un documento ha sido incrustado e indexado, se puede utilizar para recuperar la información relevante de la aplicación. Recuerde que con las arquitecturas basadas en RAG, la información extraída se utilizará más tarde en el flujo de trabajo para mejorar el mensaje de entrada con contexto adicional antes de llamar al LLM.

Veamos el flujo de trabajo de la aplicación con un ejemplo específico donde el mensaje de entrada incluye la pregunta: «¿Qué grupo es responsable del mantenimiento del producto FlashTag?». En este caso, la información de soporte de FlashTag del producto es información privada que el LLM no conoce, por lo que RAG se utilizará para mejorar la indicación con información adicional antes de llamar al LLM.

Para admitir la arquitectura RAG, el texto rápido utilizará primero un modelo de incrustación para crear representaciones de incrustación vectorial de la entrada de la indicación. Las incrustaciones vectoriales se utilizarán entonces para consultar el almacén de vectores en busca de incrustaciones que sean semánticamente similares a las de la indicación de entrada. Con base en esos resultados, se recupera el texto relevante del documento, como se muestra en la figura 9-6.

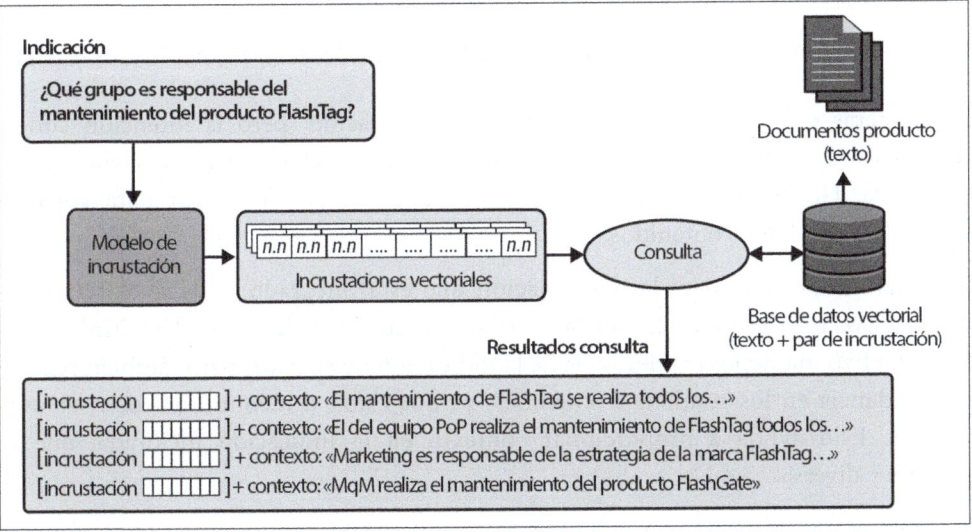

Figura 9-6. *Recuperación de información basada en la entrada de la indicación.*

Es posible que también desee volver a clasificar los resultados de similitud devueltos desde el almacén vectorial para ayudar a diversificar los resultados más allá de las puntuaciones de similitud y mejorar la relevancia de la indicación de entrada, como se muestra en la figura 9-7.

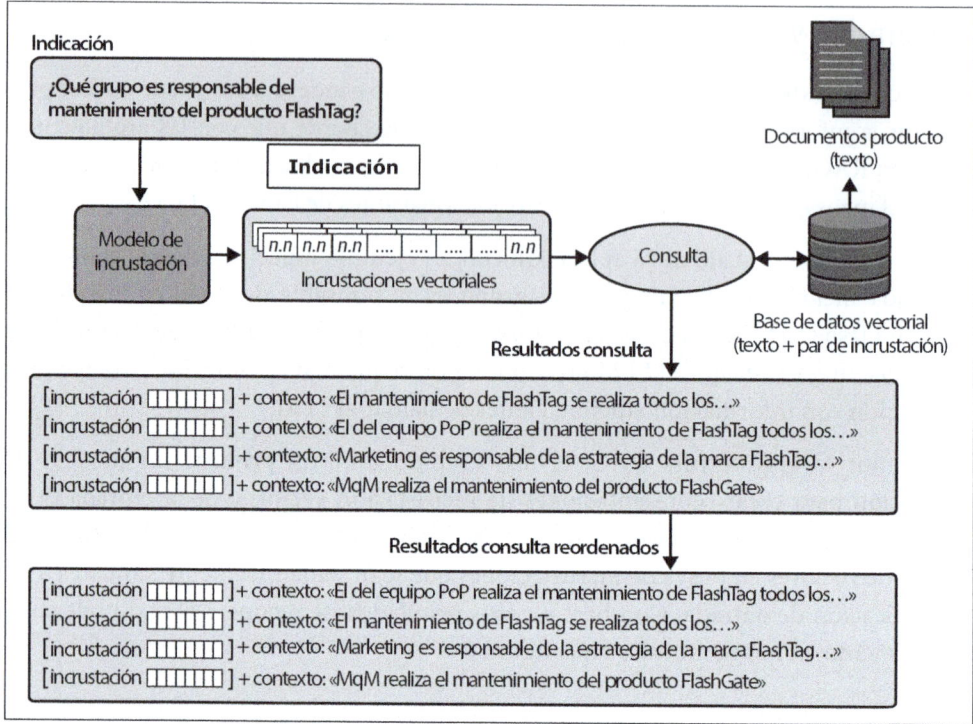

Figura 9-7. *Reordenación de los resultados de la consulta antes de mejorar la indicación.*

Hay maneras diferentes de implementar la reordenación, pero la intención con la clasificación de los resultados obtenidos es refinar aún más los resultados devueltos por la consulta. Hay implementaciones diferentes que se pueden utilizar para volver a clasificar los resultados obtenidos.

Un algoritmo popular para la reordenación que está integrado en la mayoría de los almacenes vectoriales es la relevancia máxima marginal (MMR, en inglés). MMR tiene como objetivo mantener la relevancia de la indicación de entrada, pero también reducir la redundancia en los resultados obtenidos, ya que estos, a menudo, pueden ser muy similares. Esto ayuda a proporcionar contexto en la indicación mejorada, que es relevante y diversa.

Una vez que la información ha sido obtenida, y potencialmente reordenada, el siguiente paso es proporcionar este contexto adicional al LLM mejorando la indicación de entrada con la información contextual adicional.

Mejora de la indicación

Una vez que se han recuperado los datos contextuales relevantes, el siguiente paso en el flujo de trabajo basado en RAG es utilizar el contexto adicional obtenido para mejorar la indicación. La indicación de entrada «¿Qué grupo es responsable del mantenimiento del producto *FlashTag*?» puede mejorarse ahora con contexto adicional obtenido de fuentes de información específicas de dominio, como se muestra a continuación.

Indicación mejorada:

```
¿Qué grupo es responsable del mantenimiento del producto
FlashTag?
El del equipo PoP realiza el mantenimiento de FlashTag todos los
sábados sin tiempo de inactividad. El equipo PoP es responsable
de enviar notificaciones automatizadas.
```

Indicación con respuesta:

```
El equipo PoP es responsable del mantenimiento del producto
FlashTag.
```

Esta indicación mejorada ahora tiene información contextual específica para los documentos indexados, así como la indicación original. Ya que los documentos son específicos del dominio y no dentro del corpus de formación de LLM, este método le permite proporcionar un contexto adicional al modelo que de otra manera sería desconocido. El LLM puede ahora utilizar la información en el contexto de la indicación para generar una respuesta que probablemente contenga una respuesta más relevante y evite las alucinaciones.

Orquestación e implementación de RAG

En la sección anterior, exploró RAG como un entorno para mejorar un modelo con conocimiento externo. Para ilustrar esto, recorrimos un flujo de trabajo RAG para incorporar conocimiento externo específicamente de documentos mediante la preparación de los datos para la recuperación y, a continuación, la integración de la recuperación, la reordenación y la mejora de las indicaciones en la aplicación de consumo. Hay muchas formas de implementar arquitecturas basadas en RAG. En esta sección se destacarán técnicas específicas para organizar flujos de trabajo RAG.

Se requieren muchos componentes para admitir arquitecturas basadas en RAG e implementar RAG, incluidos los flujos de trabajo de preparación de datos. Los flujos de trabajo de preparación de datos incluyen las tareas necesarias para cargar y preparar en un formato optimizado para la extracción.

Además, también se requieren flujos de trabajo para integrar RAG dentro de las aplicaciones. Hay varios pasos necesarios para implementar RAG como parte de la integración de la aplicación, incluidos los pasos necesarios para incrustar la indicación de entrada, extraer datos relevantes, mejorar la indicación y, a continuación, llamar al LLM utilizando la indicación mejorada. Todos estos pasos requieren un componente que pueda orquestar las tareas requeridas, como se muestra en la figura 9-8.

Afortunadamente, hay entornos desarrollados que eliminan parte del trabajo pesado en la implementación de estas soluciones. En esta sección se explora un entorno popular llamado *LangChain*, que le proporciona piezas modulares que contienen los componentes necesarios para trabajar con modelos de lenguaje grandes e implementar técnicas como RAG.

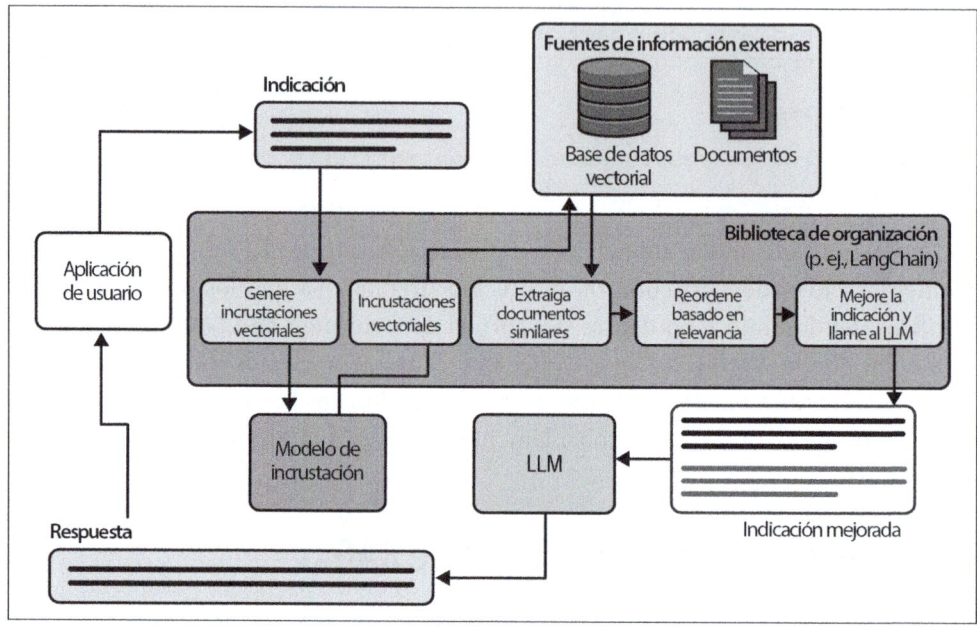

Figura 9-8. *Orquestación de flujos de trabajo RAG.*

El número de entornos para orquestación de RAG va en aumento. Elija el que mejor se ajuste a su caso de uso, necesidades de orquestación e integraciones de fuentes de datos. Las arquitecturas RAG también pueden implementarse mediante código de orquestación «autoservicio» que invoque directamente las distintas API, almacenes de vectores y fuentes de datos. Si bien las llamadas directas a la API pueden mejorar el rendimiento, también requieren bastante más codificación y mantenimiento que el uso de un entorno de orquestación existente.

LangChain se compone de módulos, interfaces e integraciones para apoyar el desarrollo de aplicaciones de razonamiento sensibles al contexto y flujos de trabajo de principio a fin. Estos flujos de trabajo incluyen la carga de documentos, el agrupamiento y la recuperación de varios almacenes vectoriales, sobre los que aprenderá en las siguientes secciones.

Carga y agrupamiento de documentos

LangChain proporciona cargadores de documentos como parte de los módulos del conector de datos. Estos proporcionan bibliotecas para cargar datos a través de una variedad de formatos de entrada en documentos. Por ejemplo, puede usar PyPDFLoader para cargar y dividir documentos con formato PDF.

En la sección anterior se discutió el desafío de la longitud de la ventana contextual y las estrategias en torno al agrupamiento o división de datos, como una forma de superar las limitaciones de la ventana de contexto. LangChain también proporciona transformadores de documentos que incluyen divisores, lo que le permite fragmentar los documentos utilizando configuraciones simples, como se ve en esta muestra de código. Aquí, utilizamos un conjunto de datos anuales de Amazon Shareholder Letters:

```python
import numpy as np
from langchain.text_splitter \
    import RecursiveCharacterTextSplitter
from langchain.document_loaders import PyPDFLoader

data_root_path = "./data"
filenames = glob.glob(data_root + '*.pdf')

documents = []
for file in filenames:
    loader = PyPDFLoader(data_root + file)
    document = loader.load()
    for document_fragment in document:
        # Extrae año del nombre del archivo
        year = filename.split('-').split()[1]
        # Se establecen los metadatos
        document_fragment.metadata = {"year": year,
            "source": filename)

    documents += document

# Fragmente los documentos
text_splitter = RecursiveCharacterTextSplitter(
    chunk_size = 512,
    chunk_overlap = 100,
)

docs = text_splitter.split_documents(documents)
```

Aquí, el código carga los documentos PDF desde la ubicación designada y los fragmenta en trozos de 512 caracteres. Estos fragmentos contienen partes del documento PDF original que se pueden preprocesar para crear incrustaciones vectoriales utilizando un modelo de incrustación, luego se almacenan o cargan en un almacén vectorial utilizando una de las muchas integraciones de terceros proporcionadas por el entorno LangChain.

Tenga en cuenta que este código añade metadatos a cada documento en el momento de la ingesta. Estos metadatos se utilizarán más adelante para filtrar los resultados y acelerar el proceso general de extracción al reducir los resultados de búsqueda a un año determinado, por ejemplo.

Almacenamiento y recuperación de vectores de incrustación

Como ya se mencionó, un almacén vectorial guarda incrustaciones vectoriales y crea índices para permitir búsquedas de recuperación rápidas y búsquedas de similitud. La búsqueda de similitud es un caso de uso común para los almacenes vectoriales, ya que trata de mejorar la indicación con información adicional y relevante para que el LLM use en el contexto al generar una respuesta.

Dado que AWS ofrece una variedad de opciones para almacenar incrustaciones vectoriales, vamos a profundizar brevemente en las opciones y consideraciones disponibles para cada uno. También es importante evaluar cada servicio para la lista más actual de capacidades en términos de puntos de decisión, como algoritmos de búsqueda compatibles o la adecuación a su caso de uso.

Puede usar Amazon OpenSearch Service para almacenar incrustaciones combinadas con el módulo *k-Nearest Neighbor (k-NN)* para OpenSearch al hacer búsquedas rápidas de similitud entre documentos en todas las incrustaciones. Específicamente, Vector Engine for Amazon OpenSearch Serverless proporciona almacenamiento vectorial sin servidor con opciones de búsqueda de similitud con la funcionalidad para agregar, actualizar y eliminar incrustaciones vectoriales casi enseguida. OpenSearch implementa algoritmos de recuperación optimizados y escalables, incluido el almacén de vectores Facebook AI Similarity Search (FAISS) y algoritmos de extracción de Meta/Facebook. Esta opción también proporciona la función de escalar el grupo de almacenamiento vectorial horizontalmente si es necesario en función de la carga de trabajo.

Otras opciones escalables son Amazon Aurora PostgreSQL y Amazon Relational Database Service (RDS) para PostgreSQL. Ambos son compatibles con pgvector, que puede ser una opción ideal para equipos con PostgreSQL ya instalado o paquetes de servicios. *pgvector* es un módulo de almacenamiento vectorial para PostgreSQL mantenido por la comunidad.

Amazon Kendra es una solución gestionada y diseñada específicamente para la búsqueda y extracción, que incluye conectores integrados a fuentes de datos populares como Amazon S3, Microsoft SharePoint, Salesforce, ServiceNow y Zendesk. Además, Kendra admite una variedad de formatos de documentos, incluidos HTML, PDF y CSV sin tener que convertir manualmente los documentos en vectores de incrustación. Amazon Kendra también le permite enriquecer los documentos con metadatos adicionales para mejorar la relevancia de los resultados de búsqueda al permitir el filtrado de metadatos durante una consulta.

Todas las opciones de AWS para el almacenamiento y recuperación de vectores se pueden incluir como parte de una arquitectura basada en RAG. La creación de AWS también permite la flexibilidad de utilizar el almacén vectorial que mejor se adapte a las necesidades del caso de uso y opciones de herramientas.

A continuación, verá un ejemplo usando FAISS como el almacén vectorial y mecanismo de extracción, junto con LangChain como el organizador de los muchos componentes involucrados en el flujo de trabajo. Otros ejemplos, como Amazon OpenSearch, Amazon Aurora/RDS para PostgreSQL y Kendra, se incluyen en el repositorio de GitHub de este libro.

Veamos un ejemplo específico utilizando LangChain para construir y organizar las tareas necesarias para tomar los datos cargados, crear vectores de incrustación y luego llenar un almacén vectorial que más tarde se utilizará para la recuperación.

LangChain se integra con muchas tiendas de vectores, como ElasticSearch, OpenSearch, Pinecone y Facebook AI Similarity Search (FAISS). Para mayor simplicidad, vamos a mostrar un ejemplo de la integración de LangChain directamente con la biblioteca de almacenamiento y recuperación de vectores, FAISS, utilizando un modelo de incrustación implementado como punto de conexión de Amazon SageMaker con SageMaker JumpStart. Tenga en cuenta que también puede usar un modelo local desde el centro de modelos de Hugging Face; por ejemplo:

```
from langchain.vectorstores import FAISS
from langchain.embeddings import SagemakerEndpointEmbeddings
from langchain.embeddings.sagemaker_endpoint import \
    EmbeddingsContentHandler
from sagemaker.jumpstart.model import JumpStartModel

embedding_model_checkpoint = "..." # modelo de incrustación

embedding_model =
    JumpStartModel(model_id=embedding_model_checkpoint)\
    .deploy()

embeddings_content_handler = EmbeddingsContentHandler()

embeddings = SagemakerEndpointEmbeddings(
    endpoint_name=embedding_model.endpoint_name,
    content_handler=embeddings_content_handler
)

# Carga del almacén vectorial FAISS con los documentos
vector_store = FAISS.from_documents(docs, embeddings)
query = "¿Cómo ha evolucionado AWS?"

results_with_scores = vector_store.similarity_search_with_score(
    query)

for doc, score in results_with_scores:
    print(f"Content: {doc.page_content}")
    print(f"Metadata: {doc.metadata}")
    print(f"Score: {score}\n\n")
    print('----')
```

Salida:

```
Contenido: AWS aún se encuentra en las primeras etapas evolutivas
y tiene posibilidades de crecer de forma inusitada en la próxima
década.
Metadata: {'year': 2022, 'source': 'AMZN-2022-Shareholder-
Letter.pdf'} Score: 0,5685306191444397
----
Contenido: AWS continúa ofreciendo funcionalidades nuevas
rápidamente (más de 3300 atributos nuevos y servicios lanzados en
2022) e invierte en invenciones a largo plazo que cambian lo que
es posible.
Metadata: {'year': 2022, 'source': 'AMZN-2022-Shareholder-
Letter.pdf'} Score: 0,7789842486381531
----
Contenido: Tomamos la decisión a largo plazo de seguir
invirtiendo en AWS. Ahora, quince años más tarde, AWS es un
negocio con una tasa de ingresos anual de 85 mil millones de
dólares con una rentabilidad fuerte.
Metadata: {'year': 2022, 'source': 'AMZN-2022-Shareholder-
Letter.pdf'} Score: 0,7893760204315186
----
Contenido: Este cambio de tantas empresas (junto con la
recuperación de la economía) ayudó a acelerar el crecimiento de
los ingresos de AWS al 37 % interanual en 2021.
Metadata: {'year': 2021, 'source': 'AMZN-2021-Shareholder-
Letter.pdf'} Score: 0,7898486852645874
----
```

También puede agregar un filtro de metadatos para recuperar solo documentos del año 2022, por ejemplo. Simplemente agregue un diccionario con los valores de filtro y vuelva a ejecutar la extracción, como se muestra a continuación. Aquí, verá que la extracción solo devuelve documentos del año 2022:

```
filter={"year": 2022}
results_with_scores = vector_store.similarity_search_with_score(
    query, filter=filter)
for doc, score in results_with_scores:
    print(f"Content: {doc.page_content}")
    print(f"Metadata: {doc.metadata}")
    print(f"Score: {score}\n\n")
    print('----')
```

Salida:

```
Contenido: se hace innovando aquí, y esta inversión a largo plazo
debería ser fructífera tanto para los clientes como para AWS. AWS
aún se encuentra en las primeras etapas evolutivas y tiene
posibilidades de crecer de forma inusitada en la próxima década.
Metadata: {'year': 2022, 'source': 'AMZN-2022-Shareholder-
Letter.pdf'} Score: 0,5685306191444397
----
Contenido: AWS continúa ofreciendo funcionalidades nuevas
rápidamente (más de 3300 atributos nuevos y servicios lanzados en
2022) e invierte en invenciones que cambian lo que es posible.
```

```
Metadata: {'year': 2022, 'source': 'AMZN-2022-Shareholder-
Letter.pdf'} Score: 0,7789842486381531
----
Contenido: Ahora, AWS es un negocio, con una tasa de ingresos
anual de 85 mil millones de dólares con una rentabilidad fuerte,
que ha cambiado la forma en que los clientes, desde empresas
emergentes hasta multinacionales, pasando por organizaciones del
sector público, gestionan su infraestructura tecnológica.
Metadata: {'year': 2022, 'source': 'AMZN-2022-Shareholder-
Letter.pdf'} Score: 0,7893760204315186
----
Contenido: Los clientes han apreciado este método centrado en el
cliente y a largo plazo, y creemos que es un buen presagio tanto
para los clientes como para AWS.
Metadatos: {'year': 2022, 'source': 'AMZN-2022-Shareholder-
Letter.pdf'} Score: 0,8272767066955566
----
```

Ahora que el almacén vectorial ha sido creado y cargado con documentos y metadatos, cambiemos a la aplicación integrada que extraerá datos relevantes y los usará para mejorar la indicación de entrada con contexto adicional antes de llamar al LLM para completar la indicación.

Cadenas de extracción

Las cadenas le permiten crear una secuencia de llamadas a componentes diferentes para extraer los datos utilizados para mejorar la indicación. Crear y ejecutar la secuencia de pasos requiere organizar el flujo de trabajo de principio a fin. El entorno LangChain, que fue diseñado para habilitar aplicaciones de razonamiento sensibles al contexto, le proporciona muchas integraciones que simplifican enormemente este flujo de trabajo.

En la muestra de código siguiente se expone cómo usar una cadena incorporada llamada RetrievalQA desde el entorno *LangChain*, junto con PromptTemplate para formatear la indicación y SagemakerEndpoint para usarla como LLM. Esta cadena extrae documentos relevantes del almacén vectorial y especifica el tipo de búsqueda a realizar, búsqueda de similitud para los tres documentos más relevantes, en este caso:

```
from langchain.chains import RetrievalQA
from langchain.prompts import PromptTemplate
from langchain import SagemakerEndpoint
prompt_template = """
Usuario: Utilice las siguientes piezas de contexto para
proporcionar una respuesta concisa a la pregunta al final Si no
sabe la respuesta, solo diga que no sabe, no intente inventar una
respuesta.

{contexto}

Pregunta: {pregunta}
Asistente:
"""
```

```
prompt = PromptTemplate(
    template=prompt_template,
    input_variables=["context", "question"]
)
llm_model_checkpoint = "..." # Modelo generativo como Llama2

llm_model =
    JumpStartModel(model_id=llm_model_checkpoint)\
    .deploy()

llm = SagemakerEndpoint(
    endpoint_name=llm_model.endpoint_name)

qa_chain = RetrievalQA.from_chain_type(
    llm = llm,
    chain_type="stuff", # lo que pide la indicación
    retriever=vector_store.as_retriever(
        search_type="similarity",
        search_kwargs={"k": 3}
    ),
    return_source_documents=True,
    chain_type_kwargs={"prompt": prompt}
)

query = "¿Cómo ha evolucionado AWS?"
result = qa_chain({"query": query})
print(result["result"])

print('----')
print(f'Documentos contextuales: ')
for source_doc in result["source_documents"]:
    print(f'{source_doc}\n')
    print('----')
```

Después de extraer los tres documentos principales, *LangChain* los incluye («lo que pide», como se ve en el parámetro chain_type="stuff") con la indicación para proporcionar un contexto adicional, lo que ayuda al LLM a responder mejor a la pregunta dada.

Salida:

```
Basándose en el contexto proporcionado, AWS ha evolucionado de
las siguientes maneras:

1. Innovación rápida: AWS continúa ofreciendo funcionalidades
nuevas rápidamente, habiendo lanzado más de 3300 atributos y
servicios nuevos en tan solo 2022.

2. Inversión a largo plazo: AWS ha tomado la decisión a largo
plazo de seguir invirtiendo en infraestructura, incluso en
tiempos difíciles como la recesión de 2008 a 2009.

3. Ampliación de los servicios: AWS ha expandido las ofertas más
allá de la informática y el almacenamiento y ahora ofrece una
gama amplia de servicios que incluyen análisis, aprendizaje
automático y seguridad.

4. Aumento de la rentabilidad: A pesar de la inversión continua
en innovación, AWS ha logrado una rentabilidad fuerte, con un
```

negocio de ingresos anuales de 85 mil millones de dólares.

5. Cambio a la adopción de la nube: La pandemia ha acelerado el cambio a la adopción de la nube y muchas empresas han decidido trasladar la infraestructura tecnológica a la nube. Esto ha ayudado a reacelerar el crecimiento de los ingresos de AWS al 37 % interanual en 2021.

En general, AWS ha pasado de ser un jugador especializado en el mercado de la informática en la nube a ser una fuerza dominante, con un historial sólido de innovación e inversión en su infraestructura.

Documentos contextuales:

page_content='done se hace innovando aquí, y esta inversión a largo plazo debería ser fructífera tanto para los clientes como para AWS. AWS aún se encuentra en las primeras etapas evolutivas y tiene posibilidades de crecer de forma inusitada en la próxima década.

metadata={'year': 2022, 'source': 'AMZN-2022-Shareholder-Letter.pdf'}

----

page_content='AWS continúa ofreciendo funcionalidad nueva rápidamente (más de 3300 atributos y servicios nuevos lanzados en 2022) e invierte en inventos a largo plazo que cambian lo que es posible.'

metadata={'year': 2022, 'source': 'AMZN-2022-Shareholder-Letter.pdf'}

----

page_content='AWS es ahora un negocio con una tasa de ingresos anual de 85 millones de dólares, con una rentabilidad fuerte, que ha cambiado la forma en que los clientes, desde empresas emergentes hasta

multinacionales, pasando por organizaciones del sector público, cuestionan su infraestructura tecnológica.'

metadata={'year': 2022, 'source': 'AMZN-2022-Shareholder-Letter.pdf'}

Observe cómo el LLM construye una respuesta con buen formato a la pregunta utilizando el contexto adicional proporcionado desde la cadena. A continuación, verá cómo reordenar los documentos obtenidos para refinar potencialmente la indicación mejorada y, por lo tanto, la respuesta generada.

Reordenación con la relevancia marginal máxima

Es posible que desee experimentar con técnicas como MMR para diversificar los resultados extraídos del almacén de vectores. La MMR fomenta la diversidad en el conjunto de resultados, lo que permite al extractor considerar algo más que las puntuaciones de similitud, pero también incluye un factor de diversidad entre 0 y 1, donde 0 es diversidad máxima y 1 es diversidad mínima. Aquí está el código que utiliza FAISS y MMR (search_type="mmr") con un factor de diversidad de lambda_mult=0,1 para un grado relativamente alto de diversidad en los resultados:

```
qa_chain = RetrievalQA.from_chain_type(
   llm=llm,
   chain_type="stuff",
   retriever=vector_store.as_retriever(
       search_type="mmr", # Maximum Marginal Relevance (MMR)
       search_kwargs={"k": 3, "lambda_mult": 0,1}
   ),
   return_source_documents=True,
   chain_type_kwargs={"prompt": prompt}
)


query = "¿Cómo ha evolucionado AWS?"
result = qa_chain({"query": query})
print(result["result"])

print('----')
print(f'Documentos contextuales: ')
for source_doc in result["source_documents"]:
   print(f'{source_doc}\n')
   print('----')
```

Salida:

Basándose en el contexto proporcionado, AWS ha evolucionado de las maneras siguientes:

1. Innovación: AWS ha seguido innovando e invirtiendo en tecnologías y servicios nuevos, como se desprende de la declaración «AWS todavía se encuentra en las primeras etapas de su evolución y tiene una posibilidad de crecimiento inusual en la próxima década».

2. Eficiencia: AWS es intrínsecamente más eficiente que el centro de datos interno tradicional.' Esto se debe a dos factores:
a. Instituciones: Muchas instituciones, incluidas escuelas y gobiernos, están pasando de las aulas presenciales a las virtuales y funcionan con AWS para garantizar la continuidad del aprendizaje.
b. Plataforma segura: Los gobiernos están aprovechando AWS como una plataforma segura para desarrollar servicios nuevos en los esfuerzos por poner fin a la pandemia.
Por lo tanto, AWS ha evolucionado para convertirse en una plataforma más eficiente y segura para varias instituciones y gobiernos.

Documentos contextuales:
page_content='AWS aún se encuentra en las primeras etapas evolutivas y tiene posibilidades de crecer de forma inusitada en la próxima década.'
metadata={'year': 2022, 'source': 'AMZN-2022-Shareholder-Letter.pdf'}
----
page_content='AWS también es intrínsecamente más eficiente que el centro de datos interno tradicional.'
metadata={'year': 2019, 'source': 'AMZN-2019-Shareholder-Letter.pdf'}
----
page_content='Instituciones de todo el mundo están haciendo la

```
transición de aulas presenciales a virtuales y se desempeñan en
AWS para ayudar a garantizar la continuidad del aprendizaje'.
metadata={'year': 2019, 'source':
'AMZN-2019-Shareholder-Letter.pdf'}
----
```

Aquí se puede ver que el recuperador, configurado con un factor de diversidad MMR relativamente alto, reordenó los resultados del almacén vectorial e incluyó cartas de accionistas de 2019 para ayudar a responder la pregunta: «¿Cómo ha evolucionado AWS?».

En la siguiente sección, aprenderá a ampliar aún más la capacidad de los modelos, permitiéndoles interactuar con el entorno utilizando agentes y entornos como ReAct y PAL.

Agentes

Considere una aplicación de viaje generativa basada en IA que no solo pueda responder a la pregunta: «¿Qué playas debo visitar en Hawái?» con una lista de sugerencias, sino que también pueda reservar el vuelo y el hotel.

Para que esto funcione, se necesita un software adicional, generalmente conocido como *agente*, que organiza los flujos de trabajo de indicación y respuesta entre la solicitud del usuario, el modelo básico y las fuentes de datos y aplicaciones externas, como se muestra en la figura 9-9.

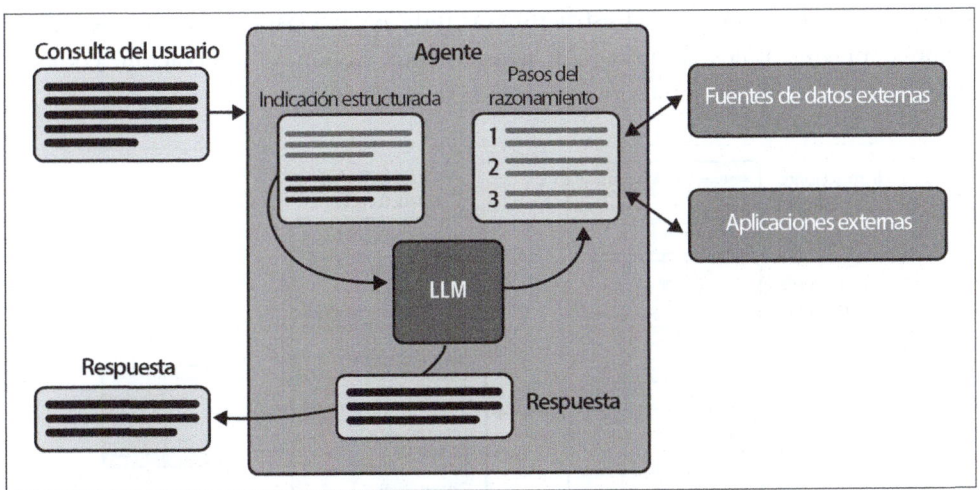

Figura 9-9. *Los agentes orquestan flujos de trabajo de indicación y respuesta entre las solicitudes de los usuarios, el modelo básico y las fuentes de datos y aplicaciones externas.*

Los agentes utilizan el modelo básico como su motor de razonamiento. Basándose en la cadena de pensamiento (CoT) que se exploró en el capítulo 2, algunos modelos pueden generar planes de acción paso a paso mediante herramientas como una búsqueda en Internet, una consulta SQL o un código de calculadora basado en Python, por ejemplo.

Los agentes crean automáticamente indicaciones estructuradas similares a las indicaciones COT para ayudar al modelo a razonar a través de las solicitudes de los usuarios y crear esos planes de acción paso a paso. A continuación, el agente orquesta un flujo de trabajo RAG a través de una secuencia de búsquedas de datos y/o realiza llamadas API para completar las acciones para el usuario. Las acciones que un agente puede tomar se definen en instrucciones separadas que se añaden a la indicación.

El agente mejora automáticamente el mensaje con la información recibida de los sistemas externos para ayudar al modelo a generar respuestas más relevantes y sensibles al contexto y luego devuelve la respuesta final al usuario.

Las implementaciones de agentes están disponibles en muchas bibliotecas populares de código abierto, como LangChain Agents o Hugging Face Transformers Agents. En AWS, también puede elegir entre servicios totalmente gestionados, como agentes para Amazon Bedrock, que se trata con más detalle en el capítulo 12.

Exploremos las indicaciones estructuradas con más detalle. Los agentes suelen utilizar un entorno ReAct para mostrar al modelo cómo razonar un problema y decidir qué acciones emprender que ayuden a encontrar una solución.

Entorno ReAct

ReAct es una estrategia para indicaciones que combina el razonamiento COT con *la planificación de la acción*. ReAct estructura las indicaciones para incluir una secuencia de uno o más ejemplos de pregunta, pensamiento, acción y observación, como se describe en el artículo ReAct y como se ve en la figura 9-10.

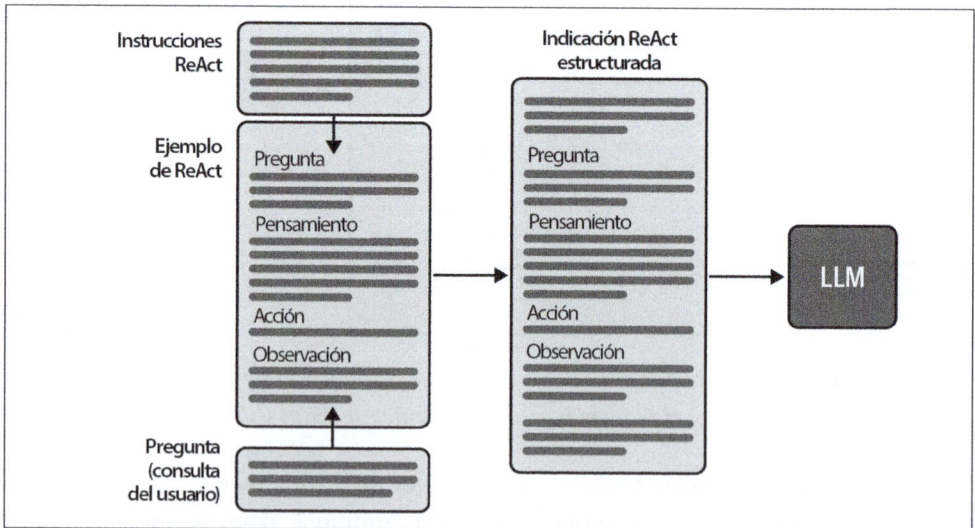

Figura 9-10. *ReAct estructura las indicaciones para que incluyan instrucciones, ejemplos de ReAct y la solicitud del usuario.*

La pregunta es la tarea o problema que el usuario pidió resolver. El pensamiento es un paso de razonamiento que ayuda a mostrar al modelo básico cómo abordar el problema e identificar una acción a tomar. La acción es una API que el modelo puede invocar desde un conjunto autorizado de API. La observación es el resultado de llevar a cabo la acción. Las acciones que el modelo puede elegir están definidas por un conjunto de instrucciones que se añaden al texto muestra de la indicación.

Volvamos al ejemplo de la aplicación de viajes generativa basada en IA y supongamos que un usuario pregunta qué hotel está más cerca de la playa más popular de Hawái. Esta pregunta tomará un par de pasos intermedios y acciones para encontrar la solución. En las instrucciones que se adjuntan con la indicación, describa la estructura de indicaciones ReAct y enumere las acciones permitidas. Vamos a dar al agente API acceso a una búsqueda en Wikipedia y a una base de datos de hoteles propiedad de la empresa:

```
Resuelva una tarea de respuesta a preguntas intercalando
Pensamiento, Acción y Pasos de observación.

Pensamiento puede razonar sobre la situación actual, y Acción
puede ser de tres tipos:
(1) wikipedia_search[topic], que busca el tema en Wikipedia y
retorna
el primer párrafo si existe. Si no, devolverá un tema de búsqueda
similar.
(2) hotel_database_lookup[request], que realiza una llamada API a
la base de datos del hotel para recopilar la información del
hotel definida en la solicitud.
(3) Finish[answer], que devuelve la respuesta y finaliza la tarea.
```

En este ejemplo, primero definió la tarea diciéndole al modelo que respondiera a una pregunta utilizando la estructura de indicaciones ReAct discutida. Luego, le proporcionó instrucciones que explican lo que significa «pensamiento» y enumeró las acciones permitidas.

La primera en la lista es la acción `wikipedia_search`, que busca entradas de Wikipedia relacionadas con el tema especificado. La primera es una acción `hotel_database_lookup`, que puede consultar la base de datos de las compañías de viajes con una solicitud específica. La última acción es finalizar, que devuelve la respuesta y pone fin a la tarea.

También puede agregar ejemplos de razonamiento a las instrucciones. Dependiendo del modelo básico con el que esté trabajando, es posible que deba incluir más de un ejemplo y llevar a cabo una inferencia con pocos golpes.

Ahora, veamos cómo el modelo utiliza las instrucciones con la solicitud del usuario para encontrar el hotel más cercano a la playa más popular de Hawái:

```
Pregunta: ¿Qué hotel está más cerca de la playa más popular de
Hawái?
Pensamiento 1: Necesito buscar la playa más popular de Hawái y
encontrar el hotel más cercano para esa ubicación.
```

```
Acción 1: wikipedia_search[«La playa más popular de Hawái»]
Observación 1: Waikiki es famosa sobre todo por la playa de
Waikiki.
Pensamiento 2: Necesito encontrar el hotel más cercano a la playa
de Waikiki.
Acción 2: hotel_database_lookup[«hotel más cercano a la playa de
Waikiki»] Observación 2: <Mi_Hotel_Ideal> está más cerca de la
playa de Waikiki.
Pensamiento 3: <Mi_Hotel_Ideal> está más cerca de la playa de
Waikiki, la playa más popular en Hawái.
Entonces, la respuesta es <Mi_Hotel_Ideal>.
Acción 3: Finalizar["Mi_Hotel_Ideal"]
```

Puede ver cómo los pensamientos razonan a través de la tarea y planifican dos pasos intermedios que ayudan a encontrar la respuesta. A continuación, el modelo decide sobre las acciones apropiadas a tomar de la lista de acciones permitidas. Las observaciones traen la información nueva, recuperada de las acciones, al contexto de indicaciones del modelo. El modelo recorrerá tantas iteraciones como sea necesario para encontrar la respuesta. La acción final, entonces, es terminar el ciclo y pasar la respuesta al usuario.

Su aplicación de razonamiento sensible al contexto puede conectarse ahora a fuentes de datos externas para recuperar información adicional y razonar, planificar y realizar tareas. Pero, ¿qué sucede si una de las tareas es calcular el impuesto sobre las ventas de reservas de viajes? Incluso con CoT, la capacidad del modelo para realizar operaciones aritméticas u otras operaciones matemáticas es limitada. Después de todo, los modelos básicos generativos no están realmente haciendo matemáticas, solo predicen el próximo componente léxico más probable para responder a la indicación.

Para superar esta limitación, puede conectar el modelo a una aplicación que sea buena para realizar cálculos, como un intérprete de código. El entorno Program-Aided Language Models hace exactamente esto.

Entorno de lenguaje asistido por programas

PAL utiliza el razonamiento COT para generar programas en los pasos intermedios de razonamiento que ayudan a resolver el problema dado. Estos programas se pasan a un intérprete (por ejemplo, un intérprete de Python), que ejecuta el código y devuelve el resultado al modelo básico (FM), como se muestra en la figura 9-11.

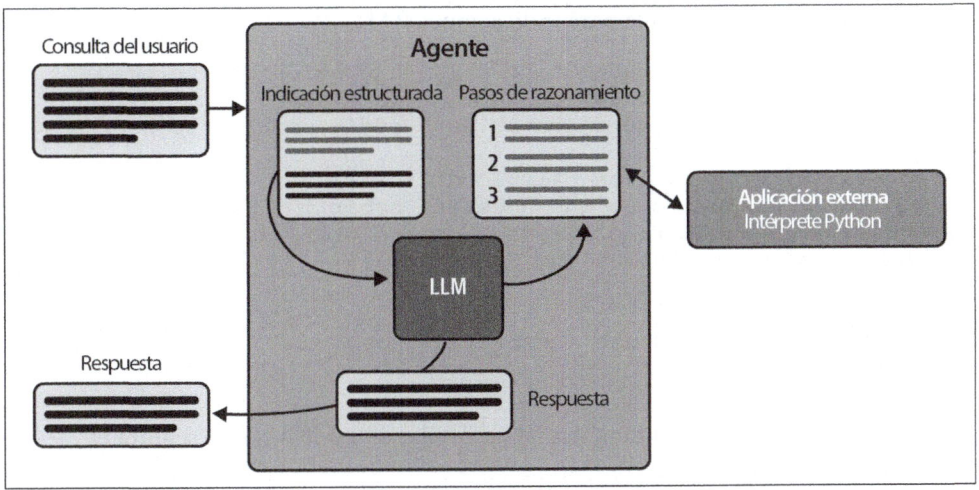

Figura 9-11. *PAL conecta un modelo básico a un intérprete de código externo para realizar cálculos.*

De manera similar a ReAct, es necesario agregar uno o más ejemplos a la indicación que muestra al modelo cómo formatear la salida. Comience cada ejemplo con una pregunta seguida de un par de pasos de razonamiento y líneas de código Python que resuelvan el problema. Luego, agregue la pregunta nueva para resolver la indicación. La indicación con formato PAL ahora contiene el(los) ejemplo(s) y el problema nuevo a resolver, como se muestra en la figura 9-12.

Una vez que pase esta indicación a la FM, el modelo sigue el ejemplo y genera una respuesta en formato de secuencia de código Python. A continuación, envíe ese código a un intérprete de Python que lo ejecutará y devolverá el resultado. Ahora puede agregar el resultado a la indicación, y el LLM generará una respuesta que contiene el resultado correcto.

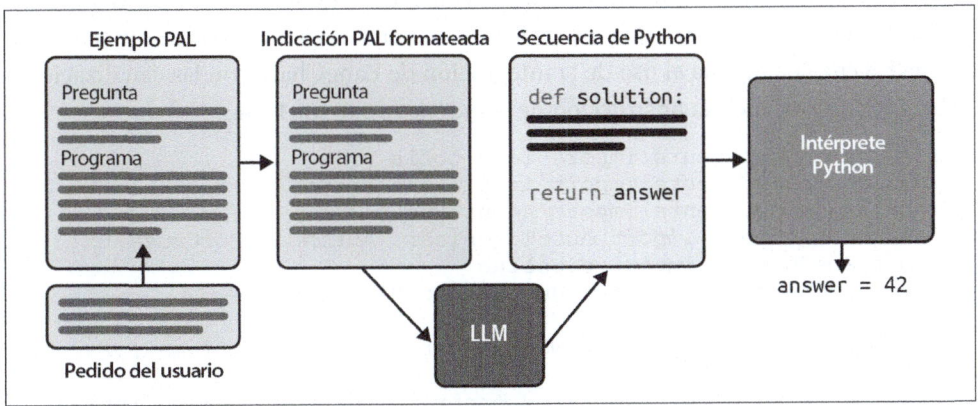

Figura 9-12. *Flujo de trabajo PAL que conecta el LLM a un intérprete de Python.*

Aquí hay un ejemplo de plantilla para indicaciones PAL:

```
Traduzca un problema matemático a una expresión que se pueda
ejecutar usando la biblioteca numexpr de Python.
Utiliza el resultado de ejecutar este código para responder a la
pregunta.
Pregunta: ${{Pregunta con cálculo difícil}}
${{Código que imprime lo que necesita saber}}
Pregunta: Tengo cuatro plátanos y compro tres más, ¿cuántos
plátanos tengo? def solution():
    initial_bananas = 4
    extra_bananas = 2
    return initial_bananas + extra_bananas
Pregunta: {pregunta}
```

Ahora puede hacer una pregunta matemática similar al modelo, y este seguirá el ejemplo proporcionado.

Indicación:

```
Antje tiene cinco veces el número de libros que Chris. Chris
tiene 3 libros. ¿Cuántos libros tiene Antje?
```

Respuesta:

```
def solution():
    books_chris = 3
    books_antje = 5 * books_chris
    return books_antje
```

Para operaciones matemáticas simples, es probable que pueda obtener la respuesta correcta simplemente utilizando el razonamiento COT. Pero para las matemáticas más complejas, como la aritmética con números grandes, la trigonometría o el cálculo, PAL es una técnica poderosa que garantiza que cualquier cálculo realizado por el modelo básico sea exacto y confiable.

En la muestra de código siguiente se ilustra cómo usar ReAct y PAL con LangChain Agents, incluyendo serpapi (que realiza búsquedas en Google, además de muchas otras acciones). Tenga en cuenta el uso de la integración de LangChain con las canalizaciones de Hugging Face usando la **abstracción de** HuggingFacePipeline:

```
from langchain.agents import load_tools
from langchain.agents import initialize_agent
from langchain.agents import AgentType
from transformers import AutoTokenizer, AutoModelForCausalLM
from transformers import pipeline
from langchain.llms import HuggingFacePipeline

model_checkpoint = "..." # Modelo generativo como Llama2, Falcon

tokenizer = AutoTokenizer.from_pretrained(model_checkpoint)

model = AutoModelForCausalLM.from_pretrained(model_checkpoint)
```

```
pipeline = pipeline(
    "text-generation",
    model=model,
    tokenizer=tokenizer
)

llm = HuggingFacePipeline(pipeline=pipeline)

tools = load_tools(["serpapi", "llm-math"], llm=llm)

agent = initialize_agent(tools,
    llm, agent=AgentType.ZERO_SHOT_REACT_DESCRIPTION, verbose=True)

agent.run("""
¿Qué hotel está más cerca de la playa más popular de Hawái y
cuánto cuesta cada noche con un 50 % de descuento?
""")
```

El resultado debe ser similar a este:

```
> Entrando en la nueva cadena AgentExecutor...
Necesito encontrar la playa más popular de Hawái, el hotel más
cercano a esa playa y averiguar cuánto cuesta una noche de hotel
y luego calcular el 50 % de ese precio.
Acción: Búsqueda
Entrada de la acción: «La playa más popular de Hawái»
Observación: Playa Waikiki

Pensamiento: Necesito encontrar el hotel más próximo a la playa
de Waikiki
Acción: Búsqueda
Entrada de la acción: «El hotel más próximo a la playa de
Waikiki» Observación: <Mi_Hotel_Ideal>

Pensamiento: Necesito averiguar cuánto cuesta una noche de hotel
Acción: Búsqueda
Entrada de la acción: «Cuánto cuesta una noche de hotel en
<Mi_Hotel_Ideal>» Observación: 250 €

Pensamiento: Necesito calcular el 50 % de ese precio
Acción: Calculadora Entrada de la acción: 250 x 0,5 Observación:
Respuesta: 125

Pensamiento: Ahora conozco la respuesta final
Respuesta final: La playa de Waikiki es la más popular de Hawái y
el hotel más cercano es <Mi_Hotel_Ideal> y una noche de hotel con
50 % de descuento cuesta 125 €.
> Cadena terminada.

«Waikiki Beach es la playa más popular de Hawái y el hotel más
próximo es <Mi_Hotel_Ideal> y una noche de hotel con 50 % de
descuento cuesta 125 €.»
```

Ahora, con el software de orquestación, como los agentes que se encargan de la ingeniería de indicaciones y la comunicación entre sistemas, y estrategias de instrucciones avanzadas (como CoT, ReAct y PAL, que guían a los modelos para crear planes de acción paso a paso), puede crear aplicaciones de razonamiento potentes y sensibles al contexto.

Para construir soluciones generativas de IA de principio a fin, se necesitan algunos otros componentes, además de RAG y los agentes que hemos discutido hasta ahora.

Por ejemplo, se necesita una infraestructura para formar, afinar y ayudar al modelo, así como alojar los componentes de la aplicación. También es posible que necesite componentes de orquestación adicionales, entornos de trabajo, centros de modelos e interfaces de aplicaciones que permitan a los consumidores, incluidos los usuarios y los sistemas, interactuar con su solución. Vamos a sumergirnos en estos componentes adicionales en la siguiente sección.

Aplicaciones de IA generativa

El desarrollo de aplicaciones de IA generativa robustas implica componentes múltiples más allá del modelo generativo. Por ejemplo, una vez que el modelo ha sido ajustado o mejorado para una tarea específica, ¿cómo interactuarán los usuarios con el modelo? ¿Qué tipo de validación puede ser necesario hacer y qué componentes adicionales se necesitan para soportar eso?

Una aplicación de IA generativa incluye componentes múltiples como parte de la solución de principio a fin. En algunos casos, puede utilizar una aplicación de IA generativa gestionada, como Amazon CodeWhisperer, donde todos estos componentes están empaquetados y puestos a disposición de los consumidores. Por otro lado, cuando está construyendo una aplicación generativa de IA nueva,

es importante entender los componentes comunes a considerar. Esta sección no pretende hacer una inmersión profunda en cada componente, sino proporcionar una introducción en varios componentes mayores, como se muestra en la figura 9-13 (vista anteriormente como figura 1-5).

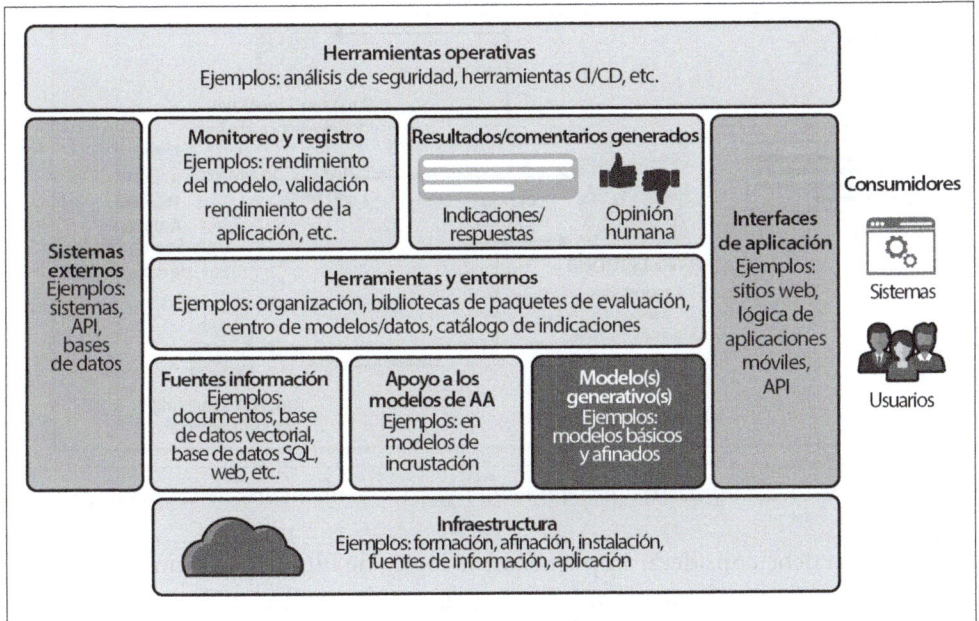

Figura 9-13. *Las aplicaciones de IA generativa incluyen más que modelos generativos.*

Infraestructura

En la capa base, la infraestructura es un componente básico necesario no solo para el ajuste fino de un modelo y su despliegue, sino también para todos los demás componentes que dan soporte a la aplicación de principio a fin. Por ejemplo, en la sección anterior se discutió LangChain como un entorno para organizar e implementar RAG. Como parte de una aplicación de IA generativa, LangChain tiene que ejecutarse en la infraestructura subyacente. Una implementación común aquí incluye instalar LangChain en servicios informáticos de AWS, como AWS Lambda, una plataforma informática basada en eventos, sin servidor, como se ve en la figura 9-14.

Alternativamente, si la cadena incluye una secuencia de procesos de duración larga, querrá considerar una infraestructura que soporte mejor los procesos de duración larga, como AWS Fargate, un motor de procesamiento sin servidor para contenedores.

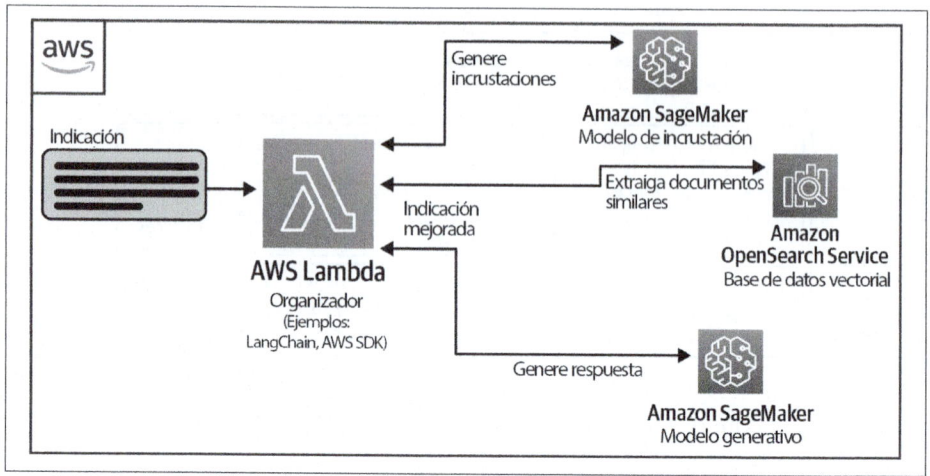

Figura 9-14. *La infraestructura alimenta todos los componentes de la aplicación.*

También debe considerar implementar la lógica de filtrado, comúnmente llamada *barandillas*, para filtrar las indicaciones de los usuarios y modelar las respuestas para contenido sensible o inapropiado. Debe considerar opciones sin servidor y gestionadas para reducir los gastos operativos generales.

AWS ofrece una variedad de opciones de infraestructura para admitir los componentes diversos de la pila de aplicaciones, lo que le permite elegir la opción de infraestructura óptima para cada componente de aplicación en términos de eficiencia operativa, rendimiento y coste.

Modelos generativos y modelos de aprendizaje automático (AA) de apoyo

Este tipo de modelos está en el corazón de las aplicaciones de IA generativa. Los modelos generativos incluyen modelos básicos, así como modelos que han sido afinados. Estos modelos están alojados en infraestructuras como Amazon SageMaker.

Para implementar soluciones mejoradas, como arquitecturas basadas en RAG, a menudo es necesario implementar otros modelos de AA que admitan la solución. Un ejemplo que se discute detalladamente en esta sección es el uso de un modelo de incrustación para incrustar el texto de la indicación y usarlo para extraer información relevante del documento de un almacén vectorial.

Fuentes de información

Las fuentes de información también son una parte clave de una aplicación de IA generativa. Pueden admitir arquitecturas basadas en RAG, como bases de datos vectoriales o SQL, o ser utilizadas como parte de una aplicación más amplia.

Como ejemplo, un patrón común en las aplicaciones de IA generativa incluye la implementación de una caché LLM para almacenar y proporcionar respuestas en caché de modelos generativos. Esta caché puede ayudar a mejorar el rendimiento, así como a reducir las llamadas innecesarias a la API.

Sistemas externos

Estos incluyen otros sistemas con los que interactúa la aplicación de IA generativa, como bases de datos o API. La creación de aplicaciones basadas en agentes que permiten que el modelo generativo tome acción puede requerir dependencias de sistemas externos para ejecutar esa acción.

Por ejemplo, construir un asistente virtual que permita hacer una reserva basada en una recomendación de viaje ya generada requerirá la capacidad del agente para interactuar con un sistema de reservas y hacer la reserva.

Herramientas y entornos

Por lo general, las aplicaciones de IA generativa se basan en una serie de herramientas y entornos para construir e integrar componentes, así como para operar la solución de principio a fin. En los capítulos anteriores se han destacado muchos ejemplos de esta categoría, como la utilización de centros de modelos para almacenar, descubrir y compartir modelos básicos generativos, así como modelos afinados.

Como se mencionó en el capítulo 3, algunos centros de modelos populares son Hugging Face Model Hub y Amazon SageMaker JumpStart. Las bibliotecas empaquetadas son otro ejemplo dentro de esta categoría. Las bibliotecas empaquetadas, como el PEFT de Hugging Face, ayudan a simplificar la implementación de técnicas de ajuste fino como LoRA. LangChain es otro ejemplo de herramienta que ayuda en la implementación de técnicas como RAG o agentes que utilizan bibliotecas empaquetadas convenientes.

Monitoreo y registro

Operar una aplicación de IA generativa requiere monitoreo y registro de todos los componentes que soportan el sistema de principio a fin, incluyendo infraestructura, red y seguridad. Esto también debe incluir el monitoreo continuo de los modelos y componentes clave de los flujos de trabajo basados en RAG. Para empezar, debe identificar un conjunto mínimo de contadores de errores y registros que le ayudarán a solucionar problemas operativos. A continuación, puede agregar métricas para ayudar a mejorar el rendimiento del sistema de IA generativa. Recuerde que, si no mide el rendimiento, no puede mejorarlo.

Resultados generados y retroalimentación

Una dependencia clave para la supervisión efectiva de la retroalimentación de los modelos generativos generalmente incluye la implementación de un componente de la solución que puede capturar y almacenar las indicaciones de entrada junto con las salidas generadas y la retroalimentación. Las indicaciones de entrada y las salidas generadas a menudo se almacenan en caché para reducir el número de llamadas a la API necesarias al invocar el modelo para la misma entrada. El mecanismo de retroalimentación debe incluir barandas de protección para mitigar el riesgo. A grandes rasgos, se implementan barandas para proporcionar una capa de seguridad entre los consumidores y el modelo generativo.

Por ejemplo, para controlar las señales de fuga de la cárcel, donde un usuario malintencionado está tratando de manipular las indicaciones y recibir respuestas inapropiadas, es necesario capturar la indicación y la respuesta con el fin de detectar un escenario de fuga de la cárcel.

Una aplicación de IA generativa también puede tener una *interfaz de aplicación* que permite a los usuarios o sistemas interactuar con ella. La interfaz puede tomar muchas formas, como una interfaz de usuario basada en web, una aplicación móvil o una API. Esta capa también incluye la gobernanza en torno al uso de la aplicación generativa.

En la figura 9-15 se muestra una modificación de la imagen anterior que muestra una representación simplificada de una interfaz de aplicación, en forma de una API REST, que proporciona la interfaz entre las indicaciones de entrada y la lógica de respaldo.

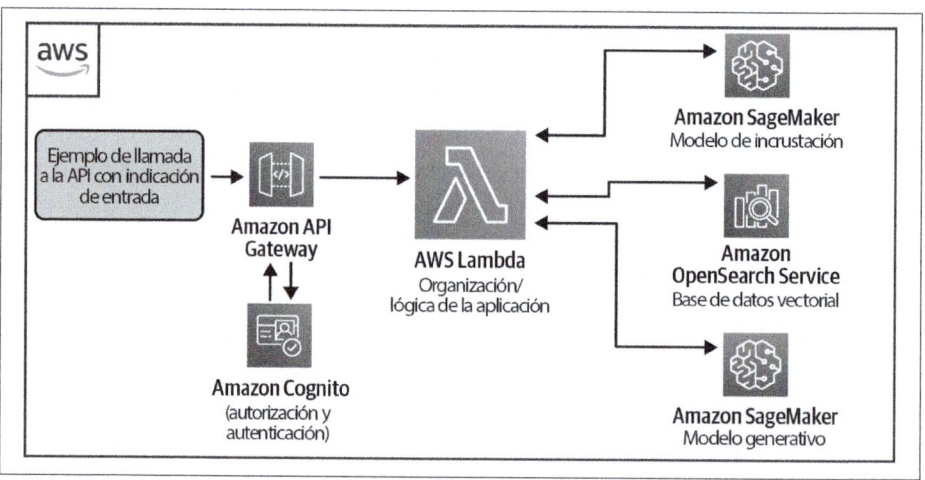

Figura 9-15. *Creación de una interfaz de aplicación en forma de una API REST.*

En este caso, se agrega Amazon API Gateway para proporcionar una API REST para la lógica de respaldo. Esta interfaz frontal también puede proporcionar respuestas de latencia baja en las respuestas generadas, gestionar las solicitudes entrantes, monitorear las conexiones, escalar o acelerar el tráfico y conectarse a los autorizadores, como Amazon Cognito para determinar qué usuarios (o sistemas) deben tener acceso a la API, así como el nivel de acceso que deben tener.

Herramientas operativas

Ejecutar cualquier aplicación a escala normalmente requiere herramientas operativas adicionales utilizadas para gestionar la compilación, validar y entregar los componentes de la aplicación. Lo mismo ocurre en las aplicaciones de IA generativa. Por ejemplo, varios componentes del diagrama requieren el aprovisionamiento y la configuración de recursos, que normalmente se manejan a través de una combinación de herramientas como las herramientas tradicionales de integración continua (IC) y de entrega/despliegue continuo (DC).

La creación de aplicaciones de IA generativa con AWS normalmente implica servicios múltiples aplicados a los diversos componentes de la aplicación, como se muestra en la figura 9-16 (mostrada anteriormente como figura 1-6).

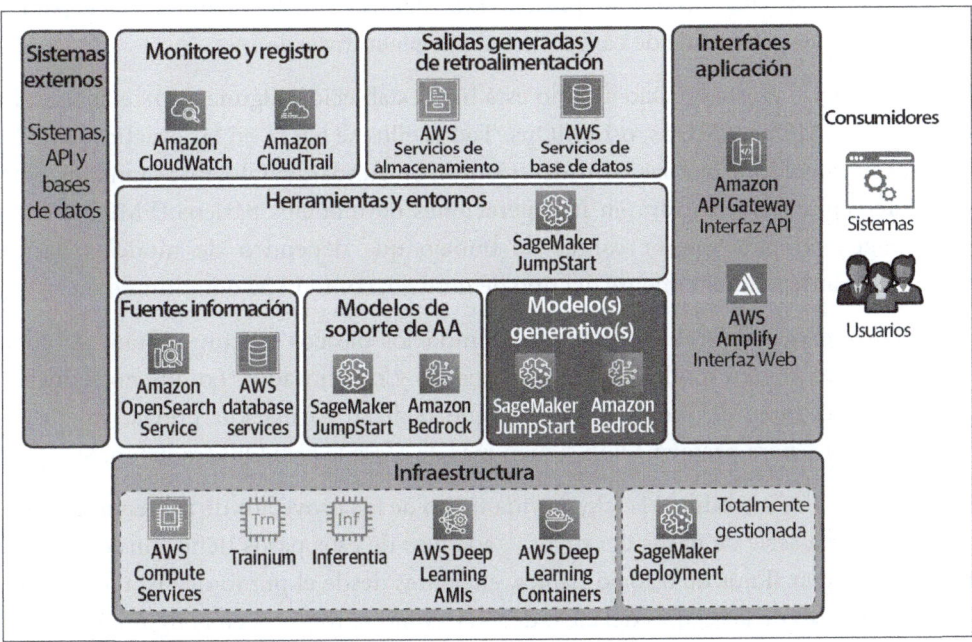

Figura 9-16. *Ejemplos de servicios de AWS que se pueden utilizar para crear aplicaciones de IA generativa.*

Como se mencionó anteriormente, existen aplicaciones generativas de IA preconstruidas, como Amazon CodeWhisperer, donde todos los componentes de la aplicación se abstraen del consumidor y se gestionan completamente como parte de una aplicación empaquetada.

En esta sección se cubrieron los componentes centrales de una aplicación de IA generativa típica. Por lo general, se requieren muchas integraciones y dependencias para construir, implementar y operar estas aplicaciones. También hay consideraciones a tener en cuenta al poner en marcha el ciclo de vida completo del proyecto de IA generativa para permitir procesos confiables y repetibles (como se discute en el capítulo 1).

En la siguiente sección se discutirán algunas de las consideraciones en torno a la puesta en marcha y la creación de eficiencias en el ciclo de vida del proyecto de IA generativa.

FMOps: puesta en marcha del ciclo de vida del proyecto de IA generativa

Un número creciente de modelos generativos están impulsando aplicaciones críticas. Como resultado, la necesidad de construir mecanismos más confiables, eficientes y repetibles para construir, instalar y operar estos modelos en producción también está aumentando. En esta sección se presentarán algunas consideraciones clave para la entrega eficiente y confiable de cargas de trabajo generativas de IA.

La terminología en este espacio aún no está bien establecida; algunas personas usan los términos GenAIOps, FMOps, o LLMOps. Todos ellos se basan en las prácticas MLOps existentes y, debido a que las consideraciones son fundamentalmente similares entre ellas, este capítulo se centrará en las operaciones de modelos básicos (FMOps) como término general para operar cargas de trabajo que dependen de modelos básicos generativos, independientemente del tipo de modelo, como LLM o multimodal.

Esto incluye cargas de trabajo que utilizan modelos básicos tal como están, así como aquellas que requieren modelos para ser afinados y/o mejorados. Lo que no se incluye son los proveedores de modelos básicos que realizan formación previa, ya que las consideraciones para preformación siguen más de cerca los MLOps tradicionales.

En el capítulo 1 se introdujo el ciclo de vida típico de los proyectos de IA generativa, que consiste en una serie de pasos iterativos. Cada uno de esos pasos tiene consideraciones únicas para crear flujos de trabajo fiables, eficientes desde el punto de vista operativo y repetibles dentro de las etapas del ciclo de vida, como se muestra en la figura 9-17.

En la siguiente sección se cubrirán algunas consideraciones esenciales a través de etapas y pasos seleccionados del ciclo de vida del proyecto para escalar de manera confiable y eficiente las cargas de trabajo de IA generativa, empezando por el paso de *experimentar* y *seleccionar*.

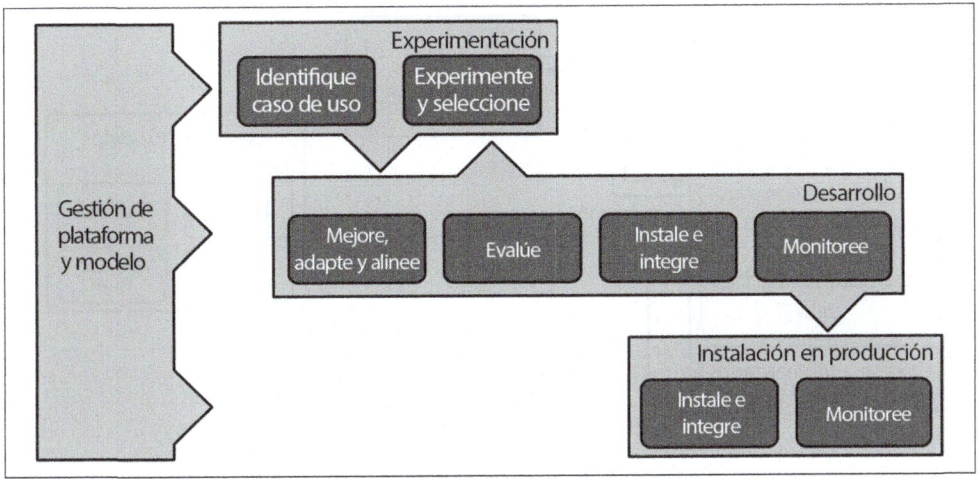

Figura 9-17. *Cree confiabilidad y repetibilidad en todas las etapas del ciclo de vida del proyecto de IA generativa.*

Consideraciones sobre la experimentación

Después de haber identificado un caso de uso viable, el primer paso es típicamente experimentar con los modelos básicos existentes e identificar al candidato o candidatos principales para avanzar. También es importante tener en cuenta que este paso también puede ocurrir de forma continua a medida que se lanzan modelos nuevos de última generación, para determinar si el rendimiento para el caso de uso puede mejorarse potencialmente con un modelo diferente.

Como resultado, la creación de entornos automatizados que evalúen el rendimiento del modelo basado en conjuntos de datos de dominio específicos es una forma común de aumentar la repetibilidad en el proceso de selección del modelo. La construcción de un mecanismo repetible para evaluar los modelos durante la selección incluye generalmente algunos componentes, como el entorno de experimentación, un catálogo rápido y un almacén de datos de evaluación, como se muestra en la figura 9-18.

La experimentación en un caso de uso nuevo se puede realizar en una serie de entornos, como se discute en el capítulo 1, tales como entornos de pruebas gestionados, entornos de cuadernos, o incluso desde máquinas locales. Una forma de permitir una fiabilidad y repetibilidad mayores en los experimentos es implementar un catálogo de indicaciones.

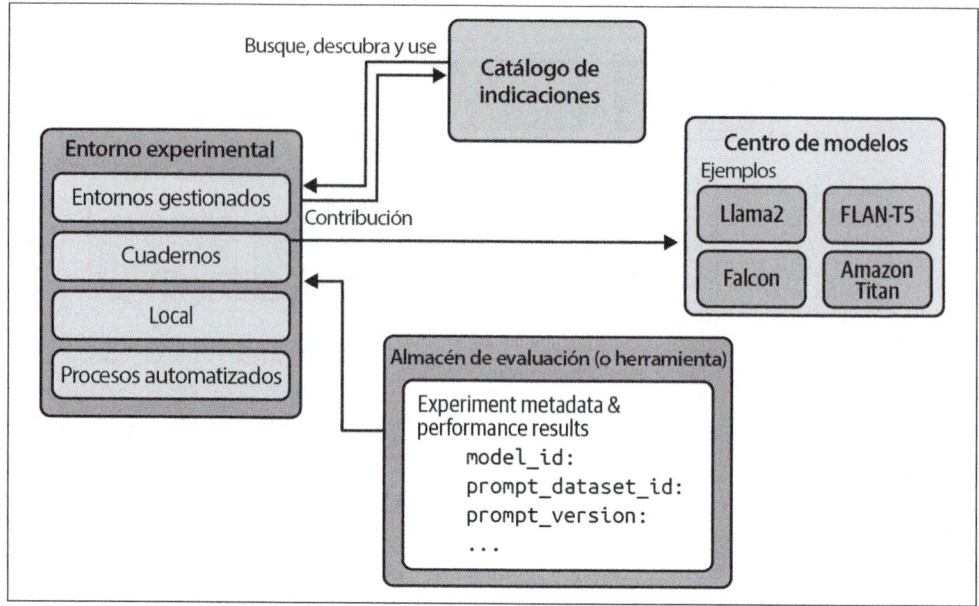

Figura 9-18. *Construir un mecanismo repetible para evaluar modelos durante la selección.*

El concepto de catálogo de indicaciones se presentó por primera vez en un artículo de investigación[3], pero desde entonces ha ganado más fuerza en una serie de implementaciones y herramientas. A grandes rasgos, un catálogo de indicaciones sirve para dos propósitos. En primer lugar, el catálogo de indicaciones documenta patrones exitosos para estructurar indicaciones a través de tareas múltiples que se pueden utilizar para adaptarse a dominios específicos. Esto generalmente toma la forma de plantillas para indicaciones existentes o adaptadas, como se discute en el capítulo 5. En segundo lugar, contiene un catálogo de patrones que se han utilizado con éxito y está a disposición para evaluar modelos nuevos o afinar más adelante en el ciclo de vida.

También se necesita un almacén de datos de evaluación, o capacidad de gestión de experimentos, para realizar un seguimiento fiable de los metadatos clave, como el modelo básico y los datos rápidos utilizados, así como las métricas clave de rendimiento. La implementación de estos dos componentes durante la experimentación puede aumentar la productividad a través de patrones de plantillas para indicaciones reutilizables e indicaciones compartidas, así como aumentar la capacidad de realizar un seguimiento confiable de los resultados de rendimiento. Este mismo patrón también se puede combinar con procesos automatizados para proporcionar un entorno repetible para evaluar modelos básicos nuevos en relación con sus casos de uso.

---

[3] Jules White y otros, «A Prompt Pattern Catalog to Enhance Prompt Engineering with ChatGPT», arXiv, 2023.

Además, si estos entornos utilizan datos sensibles, deben adherirse a las mejores prácticas de seguridad y gestión existentes, las cuales no son exclusivas de FMOps e incluyen la automatización del aprovisionamiento y configuración de estos entornos y componentes de soporte a través de infraestructura, como código (IAC), y políticas, como el código (PAC), combinadas con el monitoreo continuo. Cuando se trabaja con datos sensibles, se deben tener en cuenta los pilares clave de las mejores prácticas de seguridad y gestión, como el aislamiento de la red, el acceso gobernado, la aplicación de privilegios mínimos, los controles de detección y la protección de los datos.

Consideraciones sobre el desarrollo

Durante este paso en el ciclo de vida del proyecto de IA generativa, el enfoque está en crear o mejorar un modelo que tenga un rendimiento adecuado para la tarea objetivo. Existen muchas prácticas MLOps, como las tuberías de formación automatizadas, que se utilizan directamente en el ajuste fino de modelos de IA generativa. Sin embargo, por lo general, el paso final en un proceso de formación es registrar el modelo candidato en un registro de modelos con metadatos clave que rastrean el linaje del modelo y luego instalar el modelo en producción. Con los modelos tradicionales de AA, las entradas y salidas de formación son, por regla general, bien conocidas, lo que permite un seguimiento confiable del linaje del modelo.

El linaje del modelo define la información sobre cómo se construyó el modelo. En el aprendizaje automático tradicional, esto se traduce en tener un registro que se pueda auditar de las entradas del modelo, las métricas de evaluación y los artefactos generados específicos de esa versión del modelo, como se ilustra en la figura 9-19. El linaje del modelo es importante en MLOps para la reproducibilidad, así como para la posibilidad de auditar.

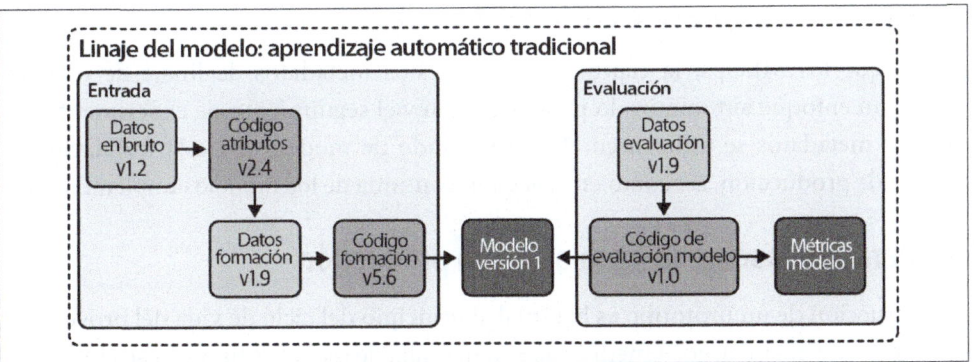

Figura 9-19. *Linaje de modelos para la reproducibilidad con modelos tradicionales de aprendizaje automático.*

En el caso de los modelos generativos, hay un par de diferencias clave a tener en cuenta en lo que se refiere a los FMOps. En primer lugar, el linaje completo del modelo puede no ser posible. Específicamente, algunos proveedores de modelos no proporcionan detalles (formación previa y ajustes finos de datos, etc.) sobre cómo se formaron los modelos. Además, cuando se proporcionan detalles, es posible que no sean lo suficientemente específicos como para incluir las fuentes de datos versionadas completas. Como resultado, el linaje del modelo puede no ser tan profundo como con los modelos tradicionales de aprendizaje automático, como se muestra en la figura 9-20.

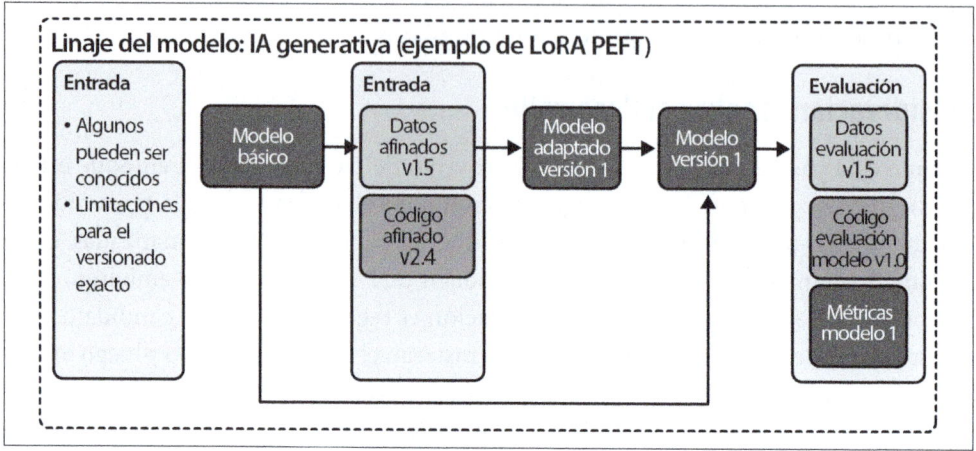

Figura 9-20. *Linaje de modelos para modelos generativos usando PEFT LoRA como ejemplo.*

El nivel de transparencia que ofrecen los modelos de base es un factor a tener en cuenta a la hora de comparar con los requisitos organizativos o normativos y seleccionar el modelo de base adecuado. Independientemente del nivel de transparencia en el modelo básico elegido, al pensar en el linaje, aún debe considerar mantener su propio linaje para los componentes en el ámbito de la trazabilidad, así como la capacidad de volver a instalar o depurar de manera confiable si es necesario.

Al igual que los MLOps, la captura fiable de estos metadatos de linaje de modelos requiere un enfoque automatizado para la gestión y el seguimiento de experimentos, ya que estos metadatos se utilizan en el empaquetado de modelos para la instalación en entornos de producción, así como en la gestión continua de los modelos implementados.

Consideraciones sobre la instalación en producción

La construcción de un prototipo es habitual al principio del ciclo de vida del proyecto de IA generativa. Sin embargo, a medida que va más allá de ese prototipo y busca instalar la aplicación de IA generativa en producción, hay algunas consideraciones clave.

Para muchos de los componentes de una aplicación, como la interfaz frontal, se aplican directamente las mejores prácticas de software tradicional y las mejores prácticas de AWS Well-Architected. Lo mismo sucede con las optimizaciones dentro del proceso de instalación, donde las mejores prácticas tradicionales de DevOps o MLOps aún se utilizan y no son realmente exclusivas de FMOps.

Por ejemplo, para implementar un modelo básico, una de las mejores prácticas es utilizar herramientas repetibles que permitan aprovisionar y configurar puntos de conexión de SageMaker con infraestructura/configuración como código (IaC/CaC). Esto permite la repetibilidad, la capacidad de reversión y los patrones de implementación avanzados, como las pruebas A/B, como se discute en el capítulo 8.

Debido a que muchas de las prácticas existentes a menudo se utilizan directamente en la construcción de aplicaciones de IA generativa, esta sección solo se centrará en algunas consideraciones mayores directamente relacionadas con los FMOps.

En primer lugar, los modelos de empaquetado para la implementación y la gestión de versiones de modelos implementados pueden requerir dependencias adicionales que deben capturarse en un registro de modelos. Por ejemplo, con un modelo afinado adaptado usando LoRA, se requieren modelos múltiples dependientes para instalar, incluyendo el modelo básico, el modelo adaptado y, dependiendo de la implementación, un modelo combinado. Los metadatos relacionados para cada uno de estos modelos deben capturarse en el registro del modelo para permitirle el rastreo del linaje o el reempaque para la instalación si es necesario, como se muestra en la figura 9-21.

El resultado final debería ser que, para cada modelo instalado, pueda capturar de manera confiable metadatos clave sobre la versión del modelo para gestionar modelos a escala, así como redistribuirlos de manera confiable si es necesario.

En esta sección se cubrieron solo algunas consideraciones generales para analizar las eficiencias operativas en todo el ciclo de vida del proyecto de IA generativa. Una vez más, muchas de las prácticas existentes con MLOps se utilizan directamente, incluso si hay matices en la implementación. Por ejemplo, el monitoreo continuo sigue utilizándose, pero la implementación será diferente para los LLM porque los criterios de evaluación y las métricas son diferentes. A pesar de que la industria todavía debate la terminología en este espacio, las prácticas básicas de MLOps aún se utilizan en gran medida y nos basamos en eso solo a través de los aspectos únicos de los modelos generativos con FMOps.

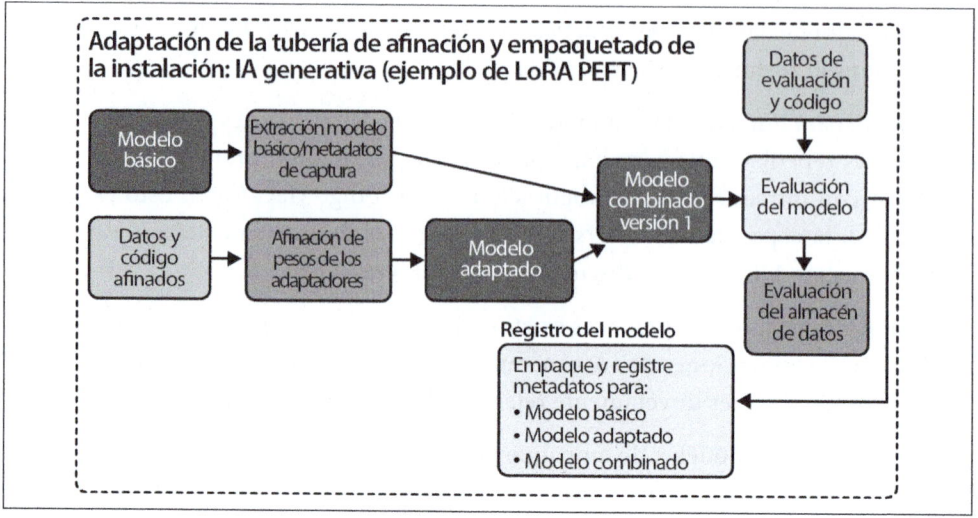

Figura 9-21. *Modelo de embalaje y gestión para modelos adaptadores.*

Resumen

En este capítulo se abordó RAG como un entorno común para aumentar los LLM y utilizar RAG para mitigar las limitaciones de conocimiento común de las alucinaciones y los cortes de conocimiento en los LLM al proporcionar acceso a fuentes externas de información. Exploramos un caso de uso específico para la extracción de documentos y la importancia de los almacenes vectoriales en la implementación de arquitecturas RAG. En este capítulo también se describieron los flujos de trabajo y los pasos dentro de los flujos de trabajo que admiten arquitecturas basadas en RAG y agentes. Aprendimos que los entornos como LangChain pueden ayudar a reducir el tiempo para implementar estos flujos de trabajo complejos y permiten construir con rapidez, instalar y probar aplicaciones de LLM que utilizan técnicas potentes de extracción y mejora como RAG y agentes.

Aprendimos que los modelos básicos pueden servir como motores de razonamiento notables en las aplicaciones, aprovechando su «inteligencia» para alimentar casos de uso emocionantes y prácticos, y que los agentes facilitan este proceso al hacerse cargo de la ingeniería de indicaciones y la comunicación entre los sistemas. Permiten que las aplicaciones con tecnología FM realicen acciones en el mundo real, haciendo que las aplicaciones sean más versátiles e interactivas.

En este capítulo también se destacaron los componentes esenciales a considerar como parte de la construcción de una aplicación generativa de IA de principio a fin. Hemos visto algunos ejemplos de servicios de AWS más amplios que se pueden utilizar para crear esas aplicaciones.

Por último, en este capítulo se destacaron brevemente algunas consideraciones para construir repetibilidad, confiabilidad y eficiencias operativas en todo el ciclo de vida del proyecto de IA generativa.

En el capítulo 10, explorará modelos básicos multimodales que extienden la IA generativa más allá del texto. Explorará casos de uso multimodal, como la generación de imágenes a partir de descripciones y respuesta a preguntas visuales, y aprenderá más sobre las arquitecturas que impulsan los modelos básicos multimodales.

## CAPÍTULO 10

Modelos básicos multimodales

La IA generativa puede ser unimodal o multimodal. Los modelos unimodales funcionan exclusivamente con datos en una modalidad, como el texto. Los modelos de lenguaje grandes (LLM) son un ejemplo popular de IA generativa unimodal; tanto la modalidad de entrada como la de salida en la indicación y la respuesta son texto. Una vez que añada otra modalidad a la mezcla, como imagen, vídeo o audio, está aprovechando la IA generativa multimodal.

Con la IA generativa multimodal, puede ampliar el alcance de los casos de uso y las tareas y acercarse potencialmente a la inteligencia artificial general (IAG), mejorando así la comprensión contextual del modelo y el aprendizaje multimodal. La IA generativa multimodal es un paso hacia la simulación de la complejidad del mundo real que no solo permite a los modelos procesar formatos diversos de datos, sino también aprender a través de la transferencia y mejorar la resolución creativa de los problemas.

Con la IA multimodal, se agrega una modalidad de contenido diferente a la entrada para admitir tareas como la conversión, por ejemplo, de imagen a texto o de texto a imagen. En la figura 10-1 se ilustra la diferencia entre la IA generativa unimodal y multimodal.

Este capítulo comienza con una introducción a los casos y tareas de uso de IA generativa multimodal, incluidas la generación de imágenes y la respuesta a preguntas visuales (VQA) utilizando Stable Diffusion e IDEFICS, respectivamente. El poder de estos modelos multimodales es la capacidad de interactuar con ellos utilizando indicaciones de lenguaje natural.

Comencemos explorando casos y tareas comunes de uso de IA generativa multimodal.

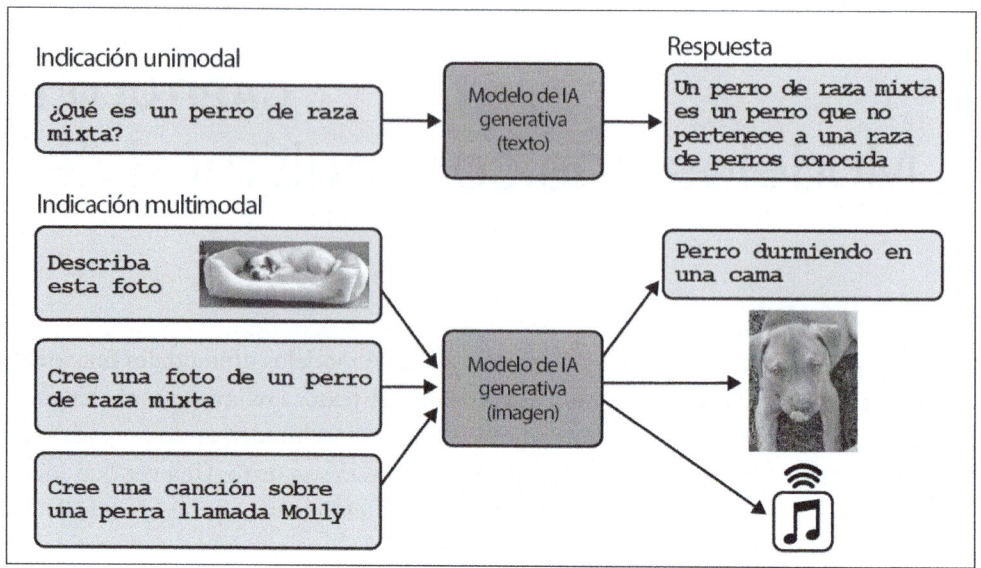

Figura 10-1. *IA generativa unimodal frente a multimodal.*

Casos de uso

La IA generativa multimodal puede crear contenido rico y diverso combinando texto, imágenes, vídeos, audio y más. La IA generativa multimodal se utiliza para generar materiales de *marketing* convincentes, presentaciones y otros tipos de contenido creativo que incorporan muchas modalidades.

Además de la generación de contenido, otros casos de uso populares incluyen subtitulado de imagen para aumentar la accesibilidad de los usuarios con discapacidad visual, respuesta a preguntas visuales, donde los usuarios pueden hacer preguntas sobre lo que ven en una imagen, moderación de contenido para identificar contenido dañino en todas las modalidades y la creación de entornos virtuales en videojuegos, simulaciones y realidad virtual.

También verá la IA generativa multimodal utilizada en el diseño de moda y productos para ayudar a generar diseños de ropa o de interiores nuevos y en el servicio al cliente, potenciando a asistentes virtuales, robots y avatares que interactúan con los usuarios a través de texto, voz y señales visuales.

Dado que la mayoría de los casos de uso en la generación de imágenes involucran una indicación, primero vamos a explorar algunas prácticas recomendadas de ingeniería de indicaciones y parámetros de configuración de inferencia generativa relacionados con la generación de imágenes.

Mejores prácticas de ingeniería de indicaciones multimodal

Es importante familiarizarse con los matices del modelo básico con el que se está trabajando para crear las indicaciones más útiles. En esta sección se muestran varias formas de influir en los modelos multimodales texto a imagen al generar las imágenes. Comencemos con algunos consejos importantes de ingeniería de indicaciones que funcionan para una variedad amplia de modelos de generación de imágenes, incluido Stable Diffusion:

Defina el tipo de imagen.

Puede especificar frases como «película», «pintura al óleo», «boceto» o «representación 3D» para expresar el estilo deseado de la imagen generada. Dentro de cada estilo, puede instruir al modelo para generar una imagen con y luces diferentes. Por ejemplo, «generar un boceto de primer plano con iluminación natural».

Describa el tema.

¿Qué está tratando de generar? Tendrá que encontrar un equilibrio entre no suficiente y demasiado detalle. Para generar sujetos múltiples, debe usar la versión plural del sujeto, como «perros» en lugar de solo «perro».

Especifique el estilo y los artistas.

Puede pedir al modelo que genere una imagen similar a un artista específico, como Vermeer o Rembrandt. Además, puede pedirle que genere imágenes que combinen muchos artistas, por ejemplo: «Generar una imagen de Van Gogh y Picasso».

Sea específico acerca de la calidad.

Los modelos generativos funcionan mejor cuando la indicación contiene detalles muy específicos sobre lo que está tratando de generar. Use palabras como «realista», «resolución alta» y «8k» para mejorar la calidad de la imagen producida. Es probable que itere muchas veces para encontrar la cantidad correcta de detalles.

Sea expresivo.

A pesar de los muchos ejemplos breves disponibles en línea, está bien expresarse al escribir estas indicaciones. Evite la necesidad de parafrasear o acortar el mensaje a una sola frase o expresión. Separe los pensamientos, agregue gradualmente detalles nuevos y observe cómo responde el modelo. Itere hasta que obtenga el resultado deseado.

Elija el orden de las palabras.

Si bien es bueno ser específico y expresivo, vale la pena señalar que las palabras al principio de la indicación a menudo se ponderan más que las palabras al final

Evite expresiones negativas.

En consonancia con los modelos de lenguaje grandes unimodales, las frases negativas son a veces difíciles de interpretar para el modelo. Use frases positivas siempre que sea posible.

Acepte las indicaciones negativas.

Aparte de la indicación, hay un parámetro utilizado específicamente para especificar qué objetos, estilos y atributos no debe generar el modelo. Por ejemplo, si no desea que el modelo genere un fondo borroso, puede especificar «fondo borroso» en el parámetro de indicación negativo. Debe formular estas frases de una manera positiva para evitar el escenario negativo doble de especificar una frase negativa en el parámetro negativo de la indicación.

Generación y mejora de imágenes

Muchos de los casos de uso de IA generativa multimodal descritos que incorporan datos de imagen y texto implican la generación de imágenes, la edición y mejora de imágenes y tareas de imagen a texto. Exploremos esas tareas con más detalle usando Stable Diffusion.

Generación de imágenes

La generación de imágenes es una tarea común para los modelos multimodales que admiten la función de *texto a imagen*. En la figura 10-2 se muestra un ejemplo de una indicación de texto, crear una imagen de un perro que está sobre la hierba, instruyendo al modelo para generar una imagen como salida que coincida con la descripción del texto en la indicación.

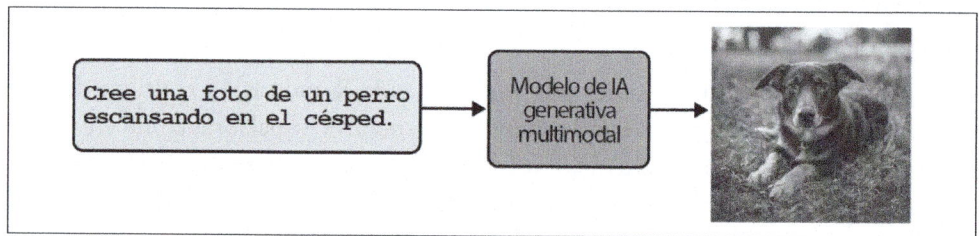

Figura 10-2. *Generación de imágenes usando texto a imagen.*

Aquí está el código para generar esta imagen con el modelo Stable Diffusion XL de Stability AI y Amazon SageMaker JumpStart:

```
import sagemaker
from stability_sdk_sagemaker.predictor
import StabilityPredictor
from stability_sdk.api
import GenerationRequest, GenerationResponse, TextPrompt
from sagemaker.utils
import name_from_base
from PIL import Image
import io
import base64
```

```
endpoint_name=name_from_base("sdxl-1-0-jumpstart")
sagemaker_session = sagemaker.Session()

deployed_model = StabilityPredictor(endpoint_name=endpoint_name,
    sagemaker_session=sagemaker_session)

prompt = " Cree una imagen de un perro tumbado sobre la hierba."

output = deployed_model.predict(
    GenerationRequest(
        text_prompts=[TextPrompt(text=prompt)],
        style_preset="anime",
        width=1024,
        height=1024,
        seed=5,
    )
)

def decode_and_show(model_response: GenerationResponse, image_name):
    image = model_response.artifacts[0].base64
    image_data = base64.b64decode(image.encode())
    image = Image.open(io.BytesIO(image_data))
    image.save(image_name)
    display(image)

decode_and_show(output, image_name)
```

La generación de imágenes impulsa una variedad de casos de uso de generación de contenido, incluida la generación de contenido creativo, como ilustraciones de libros o diseños de portadas de álbumes de música. También hay aplicaciones más amplias, como el uso de imágenes generadas para experimentar e influir en el diseño del producto.

Edición y mejora de imágenes

La edición y mejora de imágenes utiliza *las capacidades de imagen a imagen* de los modelos de IA generativa para generar una imagen nueva o modificada a partir de una imagen e instrucciones que proporciona como entrada junto con una indicación basada en texto. Las tareas de edición y mejora de imágenes admiten una serie de casos de uso, incluida la transferencia de estilo artístico, la adaptación del dominio y la ampliación.

La transferencia de estilo convierte las imágenes en otro estilo artístico específico, por ejemplo, una imagen de estilo anime en una imagen fotorrealista. El estilo se expresa generalmente en la indicación de texto de entrada y/o se define con un parámetro de modelo, como `style_preset` en Stable Diffusion. Los valores para la transferencia de estilo incluyen la fotografía, el arte digital y el cine. El parámetro `style_preset` es útil para las aplicaciones de creación de arte, diseño o edición de fotos.

En la figura 10-3 se muestra un ejemplo de transferencia de estilo utilizado con una imagen creada con la indicación `Crear una imagen de un perro vestido como un ninja comiendo helado en estilo anime` (imagen de la izquierda en la figura

10-3). A continuación, puede utilizar esta imagen como una imagen de entrada y pedir al modelo que cambie el estilo a fotorrealista (imagen derecha en la figura 10-3) utilizando el parámetro `style_preset`.

Figura 10-3. *Ejemplo de transferencia de estilo de imagen de estilo anime a imagen de estilo fotorrealista.*

Aquí está el código para generar la primera imagen en la figura 10-3 con el modelo Stable Diffusion XL de Stability AI y Amazon SageMaker JumpStart:

```
Indicación ="Crear una imagen de un perro vestido como un ninja
comiendo helado"

output = deployed_model.predict(
   GenerationRequest(
      text_prompts=[TextPrompt(text=prompt)],
      style_preset="anime",
      width=1024,
      height=1024
   )
)
```

Aquí está el código para generar la segunda imagen en la figura 10-3 con el modelo Stable Diffusion XL de Stability AI y Amazon SageMaker JumpStart:

```
def encode_image(image_path: str,
   resize: bool = False,
   size: Tuple[int, int] = (1024, 1024)) -> Union[str, None]:

      image = Image.open(image_path)

      if resize:
         image = image.open(image_path)
         image = image.resize(size)
         updated_image_path = "resize-{}".format(image_path)
```

```
        image.save(updated_image_path)
        image_path = updated_image_path

    with open(image_path, "rb") as image_file:
        img_byte_array = image_file.read()
        # Codifique la matriz de bytes como una cadena Base64
        base64_str = base64.b64encode(
            img_byte_array).decode("utf-8")
        return base64_str

size = (1024,1024)
image_data = encode_image("anime_ninja_dog.png", size=size)

indicación nueva="Crear la fotografía de un perro vestido como un
ninja comiendo helado"

output = deployed_model.predict(
    GenerationRequest(
        text_prompts=[
            TextPrompt(text=new_prompt)
        ],
        init_image=image_data,
        style_preset="photographic",
        ...
    )
)
```

La adaptación del dominio convierte las imágenes de un dominio a otro, como convertir imágenes de satélite en mapas o cambiar escenas diurnas en escenas nocturnas.

En la figura 10-4 se muestra un ejemplo de cambio de una imagen de una escena nocturna creada con el mensaje Crear una imagen fotorrealista de un soldado de asalto sosteniendo una tabla para surfear en la noche durante la luna llena (imagen izquierda en la figura 10-4), a una escena de día, creada con la indicación Crear una imagen fotorrealista de un soldado de asalto sosteniendo una tabla para surfear durante el día (imagen derecha en la figura 10-4).

Figura 10-4. *Ejemplo de una imagen que cambia de escena nocturna a escena diurna.*

Aquí está el código para generar la primera imagen en la figura 10-4 con el modelo Stable Diffusion XL de Stability AI y Amazon SageMaker JumpStart:

```
indicación="Crear una imagen fotorrealista de un soldado de asalto
sosteniendo una tabla para surfear en la noche durante la luna llena"

output = deployed_model.predict(
    GenerationRequest(
        text_prompts=[
            TextPrompt(text=prompt)
        ],
        width=1024,
        height=1024
    )
)

decode_and_show(output)
```

Aquí está el código para generar la segunda imagen en la figura 10-4 con el modelo Stable Diffusion XL de Stability AI y Amazon SageMaker JumpStart:

```
indicación nueva="Crear una imagen fotorrealista de un soldado de
asalto sosteniendo una tabla para surfear en un día soleado y
brillante"

output = deployed_model.predict(
    GenerationRequest(
        text_prompts=[
            TextPrompt(text=new_prompt)
        ],
        init_image=image_data,
        style_preset="photographic",
        ...
    )
)

decode_and_show(output)
```

La adaptación de dominio es útil para simular varios escenarios en videojuegos, simulaciones o presentaciones de productos.

El escalado superior convierte imágenes de resolución baja a resoluciones más altas. A diferencia de las técnicas de aprendizaje no profundo, como *nearest neighbor*, la IA generativa tiene en cuenta todo el contexto de la imagen, utilizando una indicación de texto para guiar el proceso de escalado.

En la figura 10-5 se muestra un ejemplo de aumento de una imagen de resolución baja de una iguana verde a una resolución más alta. A la izquierda está la imagen de iguana de resolución baja utilizada como la imagen de entrada al modelo con la indicación simple de `una iguana verde`. A la derecha está la imagen de resolución alta generada por el modelo.

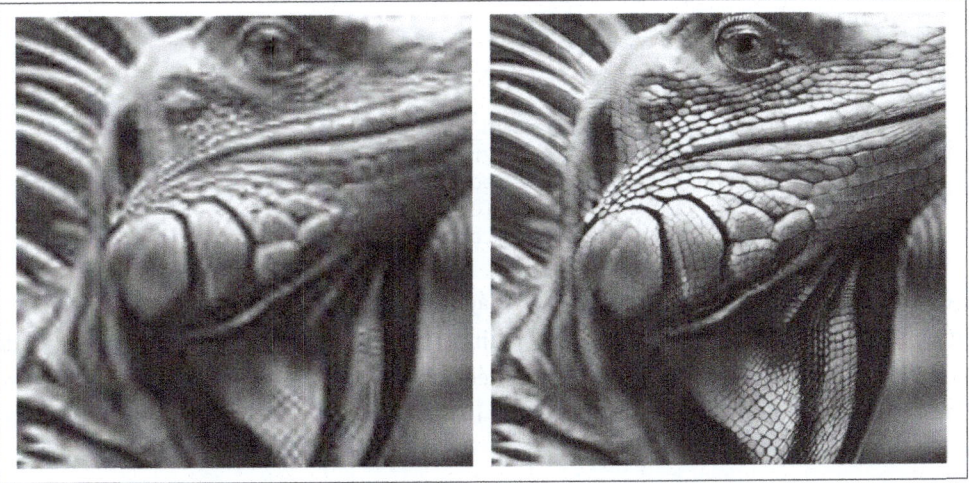

Figura 10-5. *Aumento de una imagen de resolución baja de una iguana verde a una resolución más alta.*

Aquí está el código para generar la imagen ampliada en la figura 10-5 con el modelo Stable Diffusion x4 FP16 de Stability AI y Amazon SageMaker JumpStart:

```
low_res_img_file_name = "green_iguana_lowres.jpg"

endpoint_name =
    'jumpstart-dft-stable-diffusion-x4-upscaler-fp16'

def query_endpoint(payload):
    client = boto3.client('runtime.sagemaker')

    response = client.invoke_endpoint(
        EndpointName=endpoint_name,
        ContentType='application/json;jpeg',
        Accept='application/json;jpeg',
        Body=payload)
```

```
        return response
def parse_response(query_response):
    response_dict = json.loads(query_response['Body'].read())
    return response_dict['generated_images'],
            response_dict['prompt']

with open(low_res_img_file_name,'rb') as f:
    low_res_image_bytes = f.read()

encoded_image = base64.b64encode(
    bytearray(low_res_image_bytes)).decode()

payload = {
    "prompt":"una iguana verde",
    "image": encoded_image
}

query_response = query_endpoint(
    json.dumps(payload).encode('utf-8'))

generated_images, prompt = parse_response(query_response)

for generated_image in generated_images:
    generated_image_decoded = BytesIO(
        base64.b64decode(generated_image.encode()))
    generated_image_rgb = Image.open(
        generated_image_decoded).convert("RGB")
```

El escalado puede ser útil con tareas de imágenes médicas para mejorar las imágenes, segmentar regiones de interés o reconstruir los datos que falten. También se puede mejorar la calidad de las exploraciones médicas, ayudar en el diagnóstico e incluso generar imágenes realistas a partir de datos incompletos y apoyar la investigación y las aplicaciones clínicas.

Rellenado, pintura exterior, profundidad a la imagen

Las tareas de edición y mejora de imágenes descritas hasta ahora suelen cambiar la imagen en su conjunto. También hay técnicas más avanzadas que le ayudan a modificar solo partes de una imagen, incluyendo el rellenado, la pintura exterior y la profundidad a la imagen.

Rellenado

El rellenado reemplaza una parte de una imagen con otra imagen basada en una instrucción de indicaciones y una máscara de imagen. Los modelos generativos que admiten el rellenado suelen derivarse de un modelo de imagen base, al que se añade una estrategia de generación de máscaras. La máscara representa los

segmentos de la imagen original que desea cambiar y los segmentos a dejar sin cambios. Aceptan un parámetro adicional, mask_input, una imagen en la que la parte oscurecida permanece sin cambios durante la generación de la imagen y la parte blanca es reemplazada.

Para hacer rellenado, proporcione la imagen original, una imagen de máscara que describa la parte que se va a reemplazar y una indicación de texto con la instrucción. En el ejemplo que se muestra en la figura 10-6 se utiliza el rellenado para quitar el árbol de la imagen que se muestra a la izquierda. En el medio, se puede ver la máscara de imagen proporcionada. A la derecha, se puede ver la imagen rellenada sin el árbol.

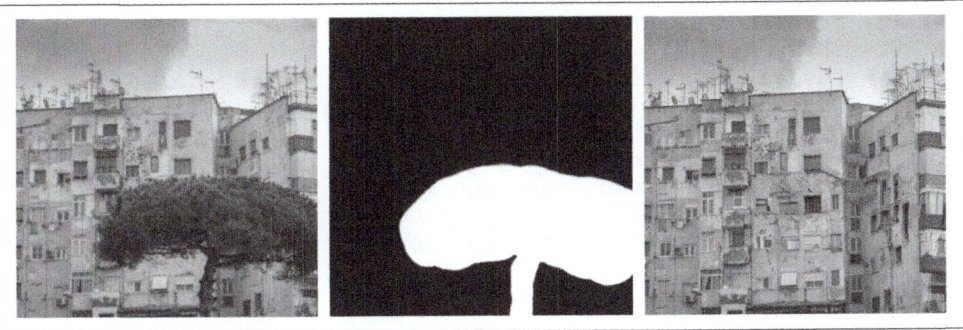

Figura 10-6. *El rellenado reemplaza una parte de una imagen.*

Aquí está el código para generar la imagen rellenada en la figura 10-6 con el modelo de rellenado de Stable Diffusion 2 de Stability AI y Amazon SageMaker JumpStart:

```
endpoint_name = 'jumpstart-dft-stable-diffusion-2-inpainting'

input_img_file_name = "inpainting/original-image.png"
input_img_mask = "inpainting/mask-image.png"

def encode_img(img_name):
    with open(img_name,'rb') as f:
        img_bytes = f.read()

    encoded_img = base64.b64encode(
        bytearray(img_bytes)).decode()

    return encoded_img

encoded_input_image = encode_img(input_img_file_name)
encoded_mask_image = encode_img(input_img_mask)
payload = {
    "prompt": "building, facade, paint, windows",
    "image": encoded_input_image,
    "mask_image":encoded_mask_image
}

def query_endpoint(payload):
    client = boto3.client('runtime.sagemaker')
```

```
response = client.invoke_endpoint(
    EndpointName=endpoint_name,
    ContentType='application/json;jpeg',
    Accept = 'application/json;jpeg',
    Body=encoded_payload)

return response

def parse_and_display_response(query_response):
    response_dict = json.loads(query_response['Body'].read())
    generated_images = response_dict['generated_images']

    for generated_image in generated_images:
        with BytesIO(
          base64.b64decode(
            generated_image.encode())) as generated_image_decoded:
              with Image.open(generated_image_decoded) as
                generated_image_np:
                  generated_image_rgb =
                    generated_image_np.convert("RGB")
                  generated_image_rgb.save("generated-image.png")

query_response = query_endpoint(payload)

parse_and_display_response(query_response)
```

Los casos de uso más comunes para el rellenado son los casos de uso de restauración de imágenes, como la reparación de áreas incompletas o dañadas de planos de edificios en diseños arquitectónicos o la eliminación de artefactos de recorte en imágenes médicas.

Pintura exterior

La pintura exterior expande las imágenes más allá de las fronteras originales para crear imágenes de mayor tamaño. En la figura 10-7, usamos la imagen de la iguana verde como entrada, escalamos la imagen 0.5, proporcionamos una máscara de imagen que señala el marco exterior a cambiar e instruimos al modelo para que la pintara. En la imagen derecha en la figura 10-7 se muestra la imagen generada después de la pintura exterior.

Los casos de uso más comunes para pintura exterior son la generación de contenido artístico, la mejora y edición de fotografía y el diseño de videojuegos.

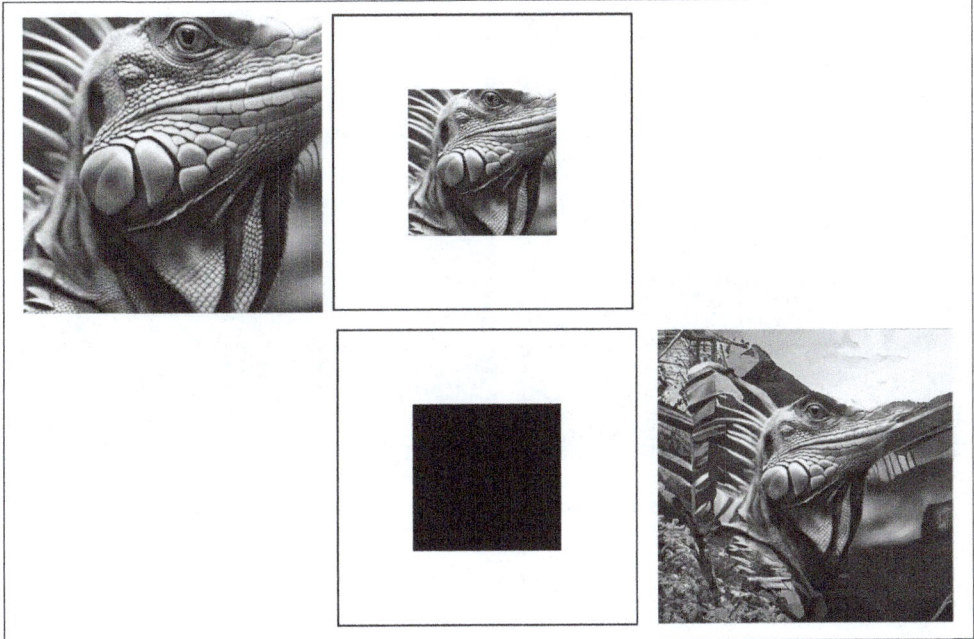

Figura 10-7. *La pintura exterior expande las imágenes más allá de las fronteras originales.*

Profundidad a la imagen

La profundidad a la imagen es una técnica que genera imágenes nuevas a partir de las existentes, preservando la forma y profundidad de los objetos en la imagen original.

La profundidad a la imagen se utiliza a menudo para explorar estilos diferentes de diseño de interiores, manteniendo el espacio interior y los límites coherentes con la imagen de entrada, como se muestra en la figura 10-8.

Aquí, generamos una imagen con la indicación `Crear una imagen de un ático ultramoderno con vista al lago Tahoe` (que se muestra a la izquierda). Luego pasamos esta imagen a un modelo con funcionalidad de profundidad a la imagen y con las indicaciones de `vista a la ciudad, piso de mármol, estilo de vida minimalista`. En la imagen generada (que se muestra a la derecha), se puede ver cómo se conserva la composición general de la imagen y la profundidad de los objetos, pero la vista cambió de lago a ciudad y los pisos cambiaron de madera dura a mármol.

Figura 10-8. *Cambiar los diseños de interiores usando profundidad a la imagen.*

Aquí está el código para generar la imagen en la figura 10-8 con el modelo Depth FP16 de Stable Diffusion 2 y Amazon SageMaker JumpStart:

```
input_img_file_name = "room.png"

endpoint_name = 'jumpstart-dft-sd-2-depth-fp16'

encoded_input_image = encode_img(input_img_file_name)

payload = {
    "prompt": "vista a la ciudad, suelo de mármol, estilo de vida
minimalista",
    "image": encoded_input_image
}

query_response = query_endpoint(payload)

parse_and_display_response(query_response)
```

En *marketing* y creación de marcas, puede tomar fotografías de los productos y utilizar profundidad a la imagen para generar variaciones creativas de anuncios digitales o folletos, como se muestra en la figura 10-9.

Aquí, generamos una imagen con la indicación `Crear una imagen de un cóctel elegante con la playa de fondo` (a la izquierda). Luego pasamos esta imagen a un modelo con funcionalidad de profundidad a la imagen y con las indicaciones de `con bar en la azotea, en Nueva York` (a la derecha).

Figura 10-9. *Cambiar las imágenes del marketing de productos*
utilizando la profundidad a la imagen.

Aquí está el código para generar la imagen en la figura 10-9 con el modelo Depth FP16
de Stable Diffusion 2 y Amazon SageMaker JumpStart:

```
input_img_file_name = "cocktail.png"

endpoint_name = 'jumpstart-dft-sd-2-depth-fp16'

encoded_input_image = encode_img(input_img_file_name)

payload = {
    "prompt": "bar en una azotea de Nueva York",
    "image": encoded_input_image
}

query_response = query_endpoint(payload)

parse_and_display_response(query_response)
```

En el desarrollo de juegos, se puede usar la profundidad a la imagen para generar paisajes
diferentes del juego a partir de una imagen base que contenga algunos elementos que se
quiera incluir.

Subtitulado de imagen y respuesta a preguntas visuales

Al alinear un LLM con un modelo basado en la visión, se obtiene un modelo de lenguaje
grande multimodal (MLLM), a veces denominado modelo de lenguaje visual (VLM).
Estos modelos multimodales aceptan entradas de modalidades diferentes de contenido.

Los modelos saben cómo seguir las instrucciones y realizar el aprendizaje en contexto para
tareas basadas en texto y multimodales. Estos modelos se utilizan a menudo para tareas de
imagen a texto que aceptan imágenes como entrada y generan texto como salida.

Algunos modelos populares de imagen a texto son Flamingo de DeepMind[1] e Image-Aware Decoder Enhanced à la Flamingo with Interleaved Cross-attentionS (IDEFICS) de Hugging Face. Estos modelos están formados con conjuntos de datos que intercalan de forma más natural imágenes y texto, en comparación con un conjunto de datos de pares de leyendas imagen texto. Al intercalar imágenes y texto, los modelos tienden a tener un mejor rendimiento en los puntos de referencia de razonamiento multimodal.

Aunque Flamingo es un modelo patentado formado con un conjunto de datos cerrado, IDEFICS se basa en la arquitectura Flamingo, tiene distribución libre y está formado con un conjunto de datos público llamado OBELICS. OBELICS es un conjunto de datos de imagen y texto que consta de 140 millones de páginas web extraídas del conjunto de datos Common Crawl e intercaladas con 350 millones de imágenes asociadas a estas páginas web. Además, se añaden al conjunto de datos otros 100 mil millones de componentes léxicos de texto altamente seleccionados que se agregan al conjunto de datos para mejorar la comprensión lingüística del modelo.

 OBELICS e IDEFICS son acrónimos que imitan los nombres de un cómic popular francés, Astérix, protagonizado por un personaje ficticio, Obélix, y su perro, Idéfix.

IDEFICS está disponible en modelos de 9 mil millones y 80 mil millones de parámetros con una comprensión espacial y lingüística muy potente que alinea el lenguaje natural con la percepción de la imagen. También hay variantes de instrucción ajustadas de los modelos de 9 mil millones y 80 mil millones de parámetros que están optimizados para aplicaciones conversacionales.

Durante la formación, IDEFICS utiliza el modelo de lenguaje grande LLaMA preformado en combinación con un conjunto de codificadores de visión y niveles de servicio combinado que se han formado con los datos de texto e imagen intercalados del conjunto de datos OBELICS. El servicio combinado utiliza claves (k) y valores (v) de los atributos de visión (color, forma, etc.) junto con consultas (q) de los atributos del lenguaje (componentes léxicos, ID de entrada, etc.).

La conversión de imagen a texto potencia muchos casos de uso de la IA generativa multimodal, como el subtitulado de imágenes, la moderación de contenidos y la VQA. Echemos un vistazo a algunos de estos casos de uso.

---

[1] Jean-Baptiste Alayrac y otros, «Flamingo: A Visual Language Model for Few-Shot Learning», arXiv, 2022.

Subtitulado de imagen

El subtitulado de imágenes genera automáticamente subtítulos descriptivos para las imágenes, combinando la visión por ordenador y el procesamiento del lenguaje natural. El subtitulado de imágenes se utiliza a menudo para mejorar la accesibilidad de las personas con discapacidad visual, para ayudar en la indexación y recuperación de contenido y para manejar la optimización de motores de búsqueda (SEO) y el intercambio en redes sociales. También tiene usos en educación, generación automatizada de contenido, tecnología de asistencia e investigación en IA, lo que hace que el contenido visual sea más significativo y utilizable.

Moderación de contenido

La moderación de contenido aprovecha la capacidad de imagen a texto de los modelos para analizar el contenido a través de elementos visuales y de texto. Estos modelos pueden ayudar a detectar contenido profundo mediante el análisis de elementos visuales y textuales y a descubrir inconsistencias. Pueden mejorar el análisis de contenido contextual considerando tanto el texto como las imágenes, lo que lleva a decisiones de moderación más matizadas. También pueden ayudar a identificar contenido dañino aprovechando ambas modalidades y marcando material ofensivo o inapropiado con mayor exactitud.

Respuesta a preguntas visuales

Las tareas VQA (del inglés Visual Question Answering) hacen uso de la capacidad de imagen a texto de un modelo para responder preguntas sobre imágenes o contenido visual. Estas tareas requieren que el modelo comprenda tanto la información visual en la imagen como el contenido textual de la pregunta para proporcionar respuestas exactas y relevantes. En la figura 10-10 se muestra cómo VQA hace posible responder correctamente a la pregunta ¿De qué marca es este coche? a partir de la imagen en la indicación multimodal.

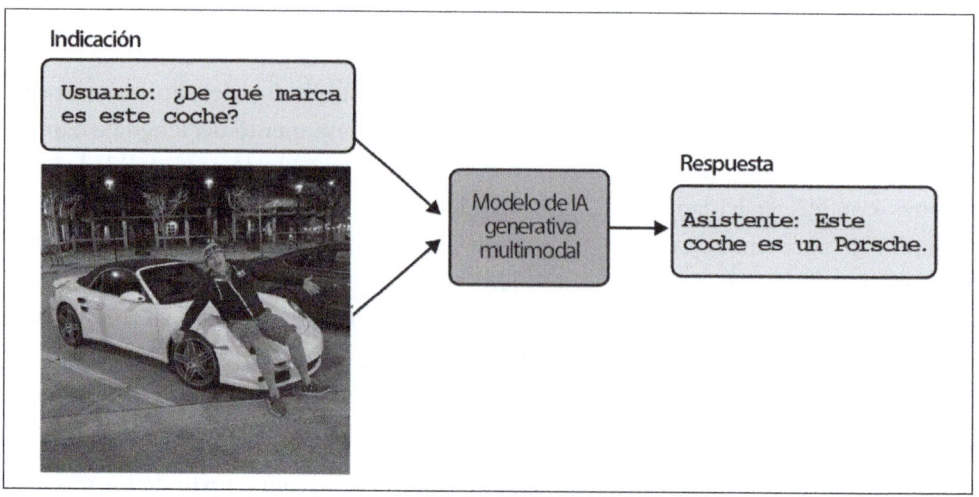

Figura 10-10. *El modelo responde con la respuesta correcta a una pregunta visual.*

Similar a un mensaje basado en LLM, la parte de texto del mensaje VQA suele seguir el formato de usuario: {Pregunta}\nAsistente:. En el código siguiente se implementa el ejemplo de la figura 10-10 utilizando el modelo IDEFICS de Hugging Face para la tarea VQA imagen a texto. Aquí, estamos utilizando la variante de instrucción IDEFICS de 9 mil millones de parámetros para hacer preguntas sobre la imagen:

```python
import torch
from transformers import IdeficsForVisionText2Text
from transformers import AutoProcessor

device = "cuda" if torch.cuda.is_available() else "cpu"

model_checkpoint = "HuggingFaceM4/idefics-9b-instruct"
model = IdeficsForVisionText2Text.from_pretrained(
    model_checkpoint)
processor = AutoProcessor.from_pretrained(model_checkpoint)
prompts = [
    "User: ",                                # indicador de entrada
    "https://.../happy-car-chris.png"        # imagen
    "¿De qué marca es este coche?",          # pregunta
    "Assistant: ",                           # indicador de salida
]

inputs = processor(prompts, return_tensors="pt").to(device)

generated_ids = model.generate(**inputs, max_length=100)

generated_text = processor.batch_decode(
    generated_ids, skip_special_tokens=True)[0]

print(generated_text)
```

Salida:

Asistente: Este coche es un Porsche.

VQA también se puede combinar con una cadena de pensamiento multimodal que incita a simular procesos de pensamiento parecidos a los de los seres humanos para preguntas más complejas. Para generar la respuesta a preguntas visuales, el modelo debe razonar iterativamente tanto la imagen como la pregunta.

En las figuras 10-11 y 10-12 se muestra la diferencia entre el puntaje estándar multimodal y el puntaje de cadena de pensamiento, respectivamente. Añadir `pensar paso a paso` a la indicación, como se muestra en la figura 10-12, lleva el modelo a utilizar el razonamiento de cadena de pensamiento y el modelo devuelve la respuesta correcta.

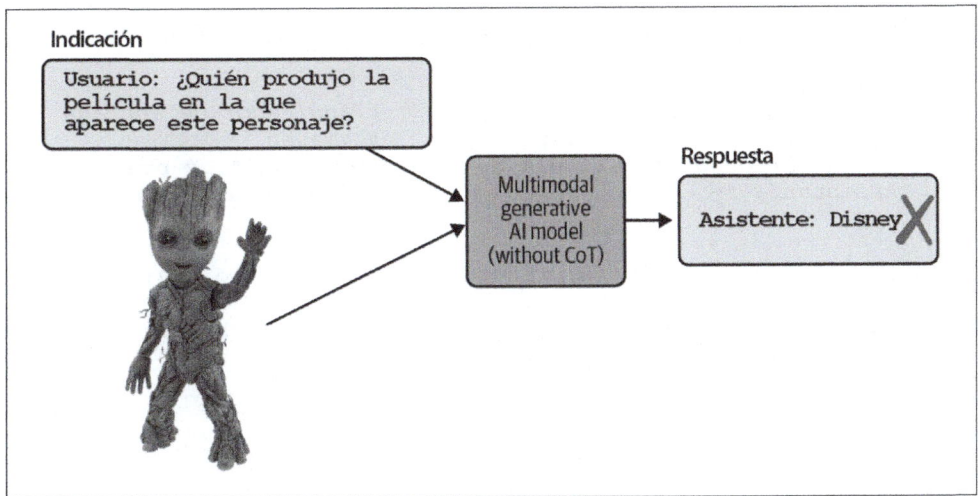

Figura 10-11. *El modelo responde con una respuesta incorrecta sin una cadena de pensamiento multimodal.*

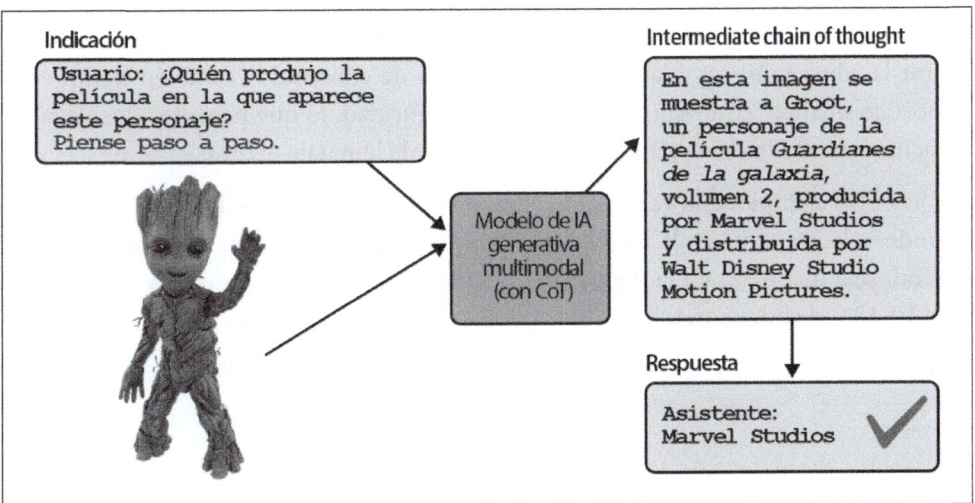

Figura 10-12. *VQA con la indicación multimodal de la cadena de pensamiento devuelve la respuesta correcta.*

Aquí está el código para implementar la versión de cadena de pensamiento de esta indicación:

```
import torch
from transformers import IdeficsForVisionText2Text
from transformers import AutoProcessor

device = "cuda" if torch.cuda.is_available() else "cpu"

model_checkpoint = "HuggingFaceM4/idefics-9b-instruct"
model = IdeficsForVisionText2Text.from_pretrained(
    model_checkpoint)

processor = AutoProcessor.from_pretrained(model_checkpoint)

prompts = [
    "User: ",                       # indicador de entrada
    "https://.../baby-groot.jpg",   # imagen
    "¿Quién produjo la película de este personaje?", # pregunta
    "Assistant: "                   # indicador de salida
]

inputs = processor(prompts, return_tensors="pt").to(device)

generated_ids = model.generate(**inputs, max_length=100)
generated_text = processor.batch_decode(generated_ids,
    skip_special_tokens=True)[0]

print(generated_text)
```

Salida:

```
Asistente: Marvel Studios produjo la película protagonizada por
este personaje.
```

VQA potencia diversas aplicaciones, como ayudar a personas con discapacidad visual, mejorar la educación y ayudar en la recuperación de contenido. También es útil en el diagnóstico médico, el turismo, los juegos y la seguridad, lo que permite a los usuarios interactuar con las imágenes a través de preguntas de lenguaje natural.

Aquí hay otro ejemplo, esta vez usando el razonamiento en cadena de pensamiento para responder a la pregunta en la indicación ¿Cómo hago esto? Piense paso a paso, refiriéndose a una pizza en la figura 10-13. Note el **pensamiento** paso a paso en la figura 10-13 y el código que sigue.

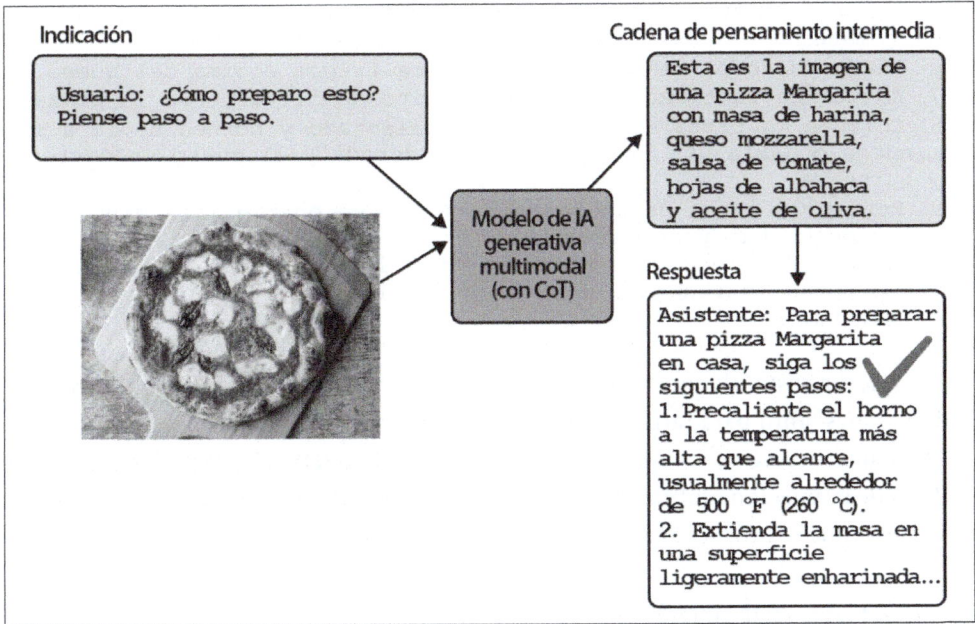

Figura 10-13. *Respuesta a preguntas visuales con razonamiento en cadena.*

```
model_checkpoint = "HuggingFaceM4/idefics-9b-instruct"
model = IdeficsForVisionText2Text.from_pretrained(
    model_checkpoint)

prompts = [
    "User: ",                          # indicador de entrada
    "https://.../margherita-pizza.jpg", # imagen
    "¿Cómo hago esto? Piense paso a paso"., # pregunta
    "Assistant: "                      # indicador de salida
]

inputs = processor(prompts, return_tensors="pt").to(device)

generated_ids = model.generate(**inputs, max_length=500)

generated_text = processor.batch_decode(generated_ids,
    skip_special_tokens=True)[0]

print(generated_text)
```

Salida:

Asistente: Para hacer una pizza Margarita en casa, siga estos pasos:
1. Comience precalentando el horno a la temperatura más alta que
pueda alcanzar, generalmente alrededor de 500°F (260°C).
2. En una superficie ligeramente enharinada, despliegue la masa
para la pizza en un círculo.
3. Transfiérala a una piedra de pizza o una bandeja para hornear.
4. Espolvoree una capa de salsa de tomate sobre la masa, dejando
un ribete pequeño alrededor de los bordes.

5. Añada una capa de queso *mozzarella* fresco encima de la salsa de tomate.
6. Añada una capa de hojas de albahaca fresca encima del queso.
7. Rocíe una cantidad pequeña de aceite de oliva sobre la pizza.
8. Coloque la pizza en el horno precalentado y hornee de 10 a 12 minutos o hasta que la corteza esté dorada y el queso se derrita y burbujee.
9. Retire la pizza del horno y deje que se enfríe unos minutos antes de cortar y servir.
Opcional: También puede agregar otros ingredientes como champiñones en rodajas, aceitunas o salchichón a la pizza Margarita.

Ahora que ha visto algunos ejemplos, vamos a explorar formas de evaluar modelos multimodales tanto para tareas de texto a imagen como para tareas de imagen a texto. En la siguiente sección, aprenderá sobre los puntos de referencia, métricas y conjuntos de datos de evaluación multimodal, incluida una prueba de cociente de razonamiento no verbal (IQ) que se utiliza para evaluar la inteligencia humana.

Evaluación del modelo

Los puntos de referencia de evaluación ayudan a cuantificar cuán bien el modelo multimodal alinea la percepción visual y el lenguaje natural. También miden la capacidad del modelo para realizar el razonamiento no verbal. La evaluación de modelos multimodales a menudo requiere una combinación de evaluación humana cualitativa y comparación estadística cuantitativa.

Al igual que con cualquier proceso de evaluación, querrá elegir un conjunto de datos y un punto de referencia para establecer un punto de partida. En esta sección se muestran algunos conjuntos de datos, métricas y puntos de referencia comunes que puede utilizar para evaluar los modelos de IA generativa multimodal en varias tareas, incluidas la generación, modificación y clasificación de imágenes, VQA y el razonamiento no verbal. La mayoría de las evaluaciones se realizan con inferencia con cero golpes, aunque pocos golpes también son una opción en algunos casos.

Tareas generativas de texto a imagen

Un gran punto de partida para las tareas generativas de texto a imagen es el conjunto de datos PartiPrompts del proyecto Parti. Este conjunto de datos consta de 1600 indicaciones en inglés a través de una serie de categorías, incluyendo conocimiento del mundo, animales y escenas de interior, como se muestra en la figura 10-14.

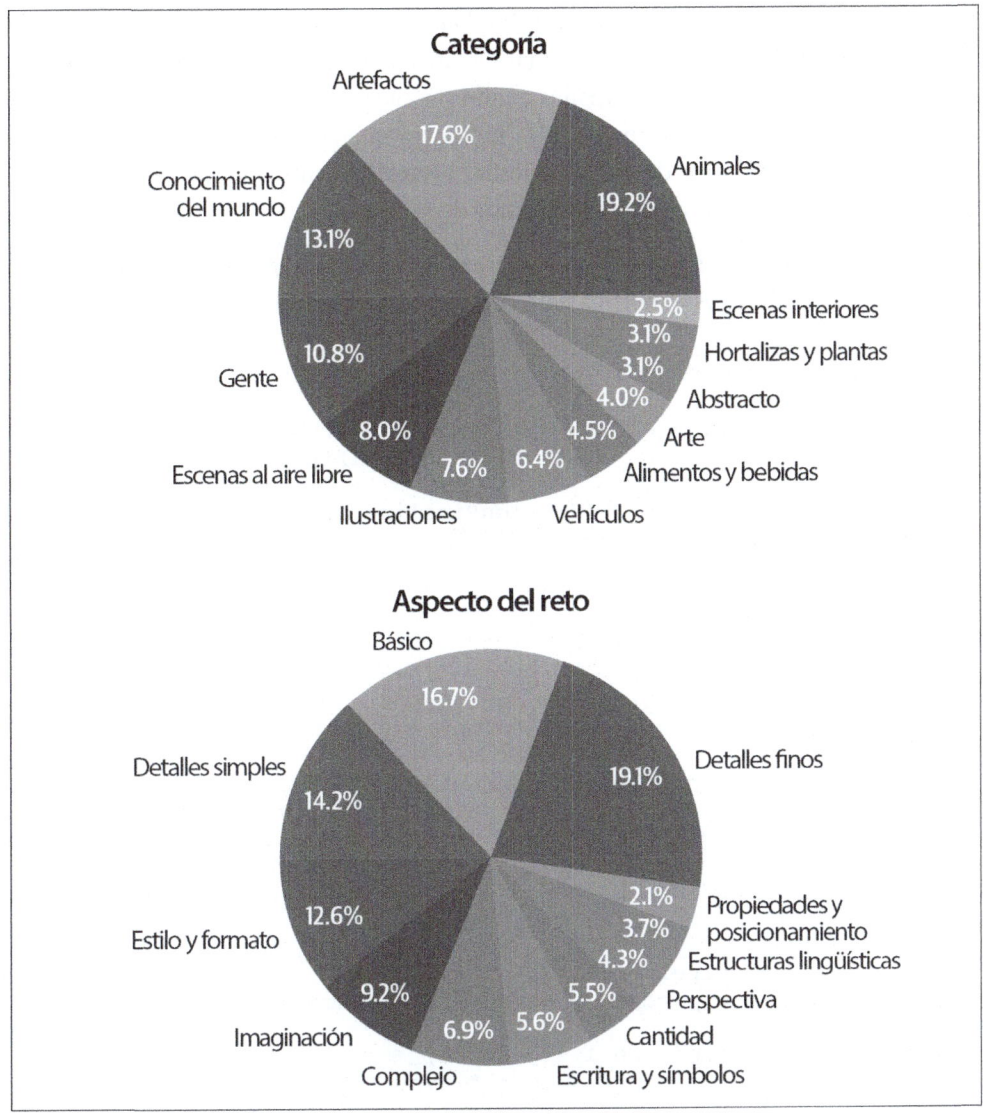

Figura 10-14. *Conjunto de datos de PartiPrompts.*

El conjunto de datos de PartiPrompts evalúa una serie de desafíos de texto a imagen, como la imaginación, la complejidad y los detalles finos. Puede seleccionar un subconjunto del conjunto de datos de PartiPrompts y evaluar manualmente la imagen generada por el modelo para cada una de estas indicaciones, o aplicar un método más cuantitativo, que verá a continuación.

Hay algunas maneras comunes de evaluar cuantitativamente el modelo, incluyendo la similitud de puntuación CLIP, la similitud direccional CLIP y la distancia de inicio Fréchet (FID). La similitud de la puntuación CLIP mide la similitud semántica, o compatibilidad, entre cada imagen y su leyenda.

La similitud de la puntuación CLIP alta implica una mayor compatibilidad y, por lo tanto, es deseable. La similitud direccional de CLIP compara cómo cambia de manera similar cada imagen al hacer el mismo cambio a cada leyenda. Cuanto mayor sea la puntuación de similitud direccional CLIP, mejor, ya que las imágenes parecen ser más similares porque responden de manera similar al mismo cambio en la indicación. FID mide la similitud entre dos conjuntos de datos de imágenes.

A continuación, verá un ejemplo de una de estas métricas de evaluación: Similitud de la puntuación CLIP. Usará esta métrica para comparar Stable Diffusion 1.4 y 1.5:

```
from diffusers import StableDiffusionPipeline
import torch

model_checkpoint_1_4 = "runwayml/stable-diffusion-v1-4"
model_checkpoint_1_5 = "runwayml/stable-diffusion-v1-5"

sd_pipeline_1_4 = StableDiffusionPipeline.from_pretrained(
    model_checkpoint_1_4)

sd_pipeline_1_5 = StableDiffusionPipeline.from_pretrained(
    model_checkpoint_1_5)

prompts = [
    "una foto de un astronauta montando a caballo en Marte",
    "Una utopía en la selva amazónica con alta tecnología de
vanguardia",
    "Una cena picacho elegante con vista a la Torre Eiffel",
    "Un robot meca en una favela de estilo expresionista",
    "un robot insecto que prepara una comida deliciosa",
    "Una cabaña pequeña en lo alto de una montaña nevada al estilo
de la estación de arte Disney",
]

images_1_4 = sd_pipeline_1_4(prompts,
    num_images_per_prompt=1, output_type="numpy").images

images_1_5 = sd_pipeline_1_5(prompts,
    num_images_per_prompt=1, output_type="numpy").images

from torchmetrics.functional.multimodal import clip_score
from functools import partial

clip_score_fn = partial(clip_score,
    model_name_or_path="openai/clip-vit-base-patch16")

def calculate_clip_score(images, prompts):
    images_int = (images * 255).astype("uint8")
    clip_score = clip_score_fn(
        torch.from_numpy(images_int).permute(0, 3, 1, 2),
            prompts).detach()
    return round(float(clip_score), 4)

sd_clip_score_1_4 = calculate_clip_score(images_1_4, prompts)
print(f"CLIP Score with v-1-4: {sd_clip_score_1_4}")
```

```
# Puntuación CLIP con v-1-4: 34,9102
sd_clip_score_1_5 = calculate_clip_score(images_1_5, prompts)
print(f"CLIP Score with v-1-5: {sd_clip_score_1_5}")
# Puntuación CLIP con v-1-5: 36,2137
```

Aquí, puede ver que Stable Diffusion 1.5 tiene una similitud de puntuación CLIP mejorada sobre el predecesor, Stable Diffusion 1.4. Esto implica que Stable Diffusion 1.5 mantiene una similitud semántica mayor, o compatibilidad, entre las indicaciones dadas y las imágenes generadas.

Difusión hacia delante

A continuación, verá cómo evaluar las tareas comunes de IA generativa de imagen a texto, incluyendo subtitulado de imagen y VQA. Un subtitulado de imagen es una descripción de una imagen basada en texto. Recuerde que las tareas de VQA hacen preguntas sobre una imagen usando texto en lenguaje natural.

Puede utilizar una serie de conjuntos de datos multimodales, incluidos ImageNET y Rendered SST2 para tareas de clasificación de imágenes y VQAv2 y VizWiz-VQA para tareas de respuesta a preguntas visuales. Principalmente, se utiliza la inferencia con cero golpes, pero la de pocos golpes también es una opción para algunas tareas de evaluación.

Para la evaluación de tareas de clasificación de imágenes, puede pasar la imagen y un mensaje como «Esta es una imagen de la categoría siguiente:» al modelo de IA generativa multimodal para generar una respuesta basada en texto con la categoría prevista. Puede utilizar un conjunto de datos como ImageNET, que incluye aproximadamente 1 millón de imágenes de formación en 1000 categorías. Se evaluaría la exactitud del modelo al predecir la categoría correcta a partir de la categoría real de ImageNet.

Por ejemplo, puede pedirle al modelo que prediga si el texto de la imagen contiene algún discurso de odio. En este caso, evalúa la capacidad del modelo para comprender el significado del texto incrustado en la imagen y detectar el discurso de odio.

Razonamiento no verbal

Para determinar lo bien que un modelo multimodal realiza el razonamiento no verbal, puede usar las matrices progresivas de Raven (RPM en inglés). RPM se utiliza a menudo para medir la inteligencia humana general y con frecuencia para determinar el cociente intelectual de los seres humanos.

La prueba de cociente intelectual de Raven es similar al aprendizaje con pocos golpes, en contexto, con modelos de lenguaje grandes en los que se proporcionan ejemplos completos y se pide al modelo que complete el ejemplo que falta.

La diferencia principal es que la indicación incluye formas y símbolos en lugar de lenguaje. Como tal, el modelo aprende a reconocer conceptos y patrones abstractos en la imagen dada, como se muestra en la figura 10-15, adaptada del artículo «Language Is Not All You Need: Aligning Perception with Language Models»[2].

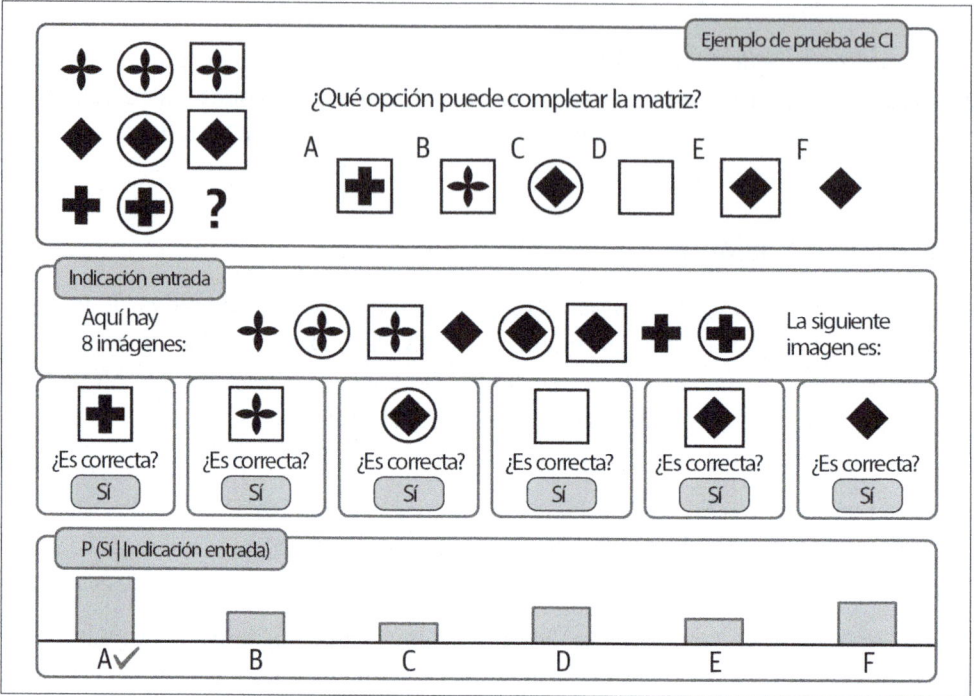

Figura 10-15. *Evaluar el razonamiento no verbal con la prueba de cociente intelectual de matrices progresivas de Raven (Fuente: adaptado de una imagen de Shaohan Huang y otros).*

El contexto de la indicación incluye una instrucción basada en texto, `Aquí hay ocho imágenes:`, seguida de cada respuesta posible de la imagen envuelta en `La siguiente imagen es:` y `¿Es correcta?`. El modelo devuelve una distribución de probabilidad a través de todas las imágenes posibles que pueden completar la matriz. La imagen con mayor probabilidad es la respuesta prevista. Al comparar con la respuesta verdadera de RPM, puede determinar la exactitud del modelo para esta tarea de razonamiento no verbal.

Ahora que ha visto ejemplos de varias tareas multimodales generativas de IA, vamos a profundizar en la poderosa arquitectura de difusión que impulsa muchos de estos modelos multimodales, incluida Stable Diffusion.

---

[2] Shaohan Huang y otros, «Language Is Not All You Need: Aligning Perception with Language Models», arXiv, 2023.

El resto de este capítulo es muy técnico y en él se profundiza en cómo se desarrollaron y formaron modelos basados en difusores. Es posible que desee usarlo como referencia para depurar y afinar modelos generativos basados en difusores en el futuro; sin embargo, no es necesario entender cómo usar estos modelos. Siéntase libre de saltar al capítulo 11 para explorar formas de controlar la generación de imágenes y ajustar los modelos generativos multimodales para sus casos de uso y conjuntos de datos.

Fundamentos de la arquitectura de difusión

Los modelos de difusión admiten una variedad de tareas clave para los modelos multimodales, incluida la generación de imágenes, el escalado y el rellenado. Los primeros modelos multimodales a menudo utilizaban autocodificadores variacionales (VAE, en inglés) seguidos de la siguiente generación de modelos multimodales creados utilizando arquitecturas de red adversaria generativa (GAN, en inglés). Sin embargo, la mayoría de los modelos multimodales recientes utilizan arquitecturas basadas en la difusión, incluida Stable Diffusion.

Las arquitecturas basadas en la difusión son una opción común para los modelos básicos multimodales recientes porque ofrecen un grado de control alto en la calidad y la diversidad de las imágenes generadas. Esta arquitectura tiene tres componentes principales que cubrir, incluidos los procesos de difusión hacia delante y hacia atrás, combinados con la arquitectura subyacente de U-Net.

Difusión hacia delante

El primer paso en la formación de un modelo de difusión incluye proporcionar datos como entrada, que pasa por un proceso llamado *difusión hacia delante*, como se muestra en la figura 10-16.

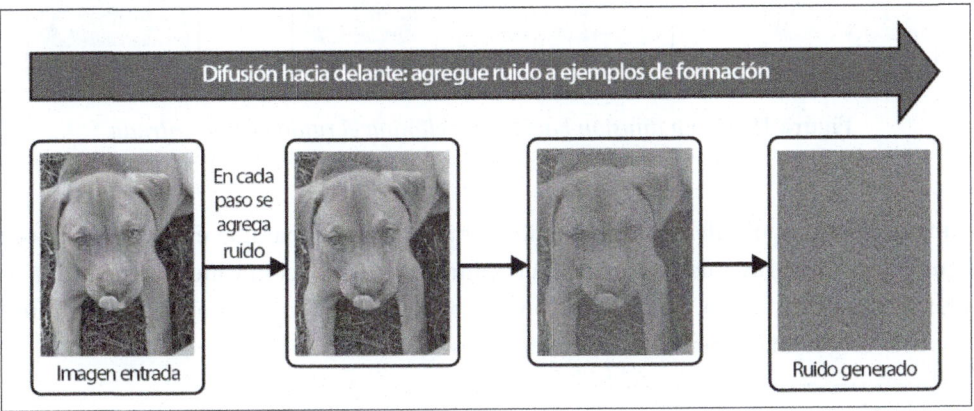

Figura 10-16. *Los ejemplos de formación se crean agregando ruido a las imágenes de entrada.*

La difusión hacia delante agrega ruido gaussiano a la entrada en una serie de pasos, dependiendo de la cantidad de ruido a añadir. A grandes rasgos, el ruido es realmente un conjunto de píxeles aleatorios o distorsiones aplicadas a la imagen.

El proceso de difusión hacia delante es la forma en que se crean los ejemplos de formación, por lo que este mismo proceso se utiliza con imágenes múltiples de entrada para crear una serie de ejemplos de formación que luego se utilizarán para el modelo de generación de imágenes. Durante este proceso, puede controlar la cantidad de ruido que se agrega a la imagen en una serie de pasos, lo que también significa que puede crear ejemplos múltiples de formación por imagen, con grados de ruido diferentes para cada una de las imágenes en el conjunto de datos de formación.

Difusión hacia atrás

Una vez que tenga los ejemplos de formación, un segundo modelo es formado para predecir el ruido en una imagen y luego elimina el ruido para generar una imagen. Este proceso se conoce como difusión hacia atrás. La difusión hacia atrás toma la imagen ruidosa en la entrada, junto con una serie de pasos de eliminación de ruido, para crear una imagen más clara. Durante el proceso de difusión hacia atrás, el ruido en la imagen se predice utilizando el predictor de ruido formado, luego se retira y reemplaza con una imagen más cercana de la distribución con la que se formó el modelo, como se muestra en la figura 10-17.

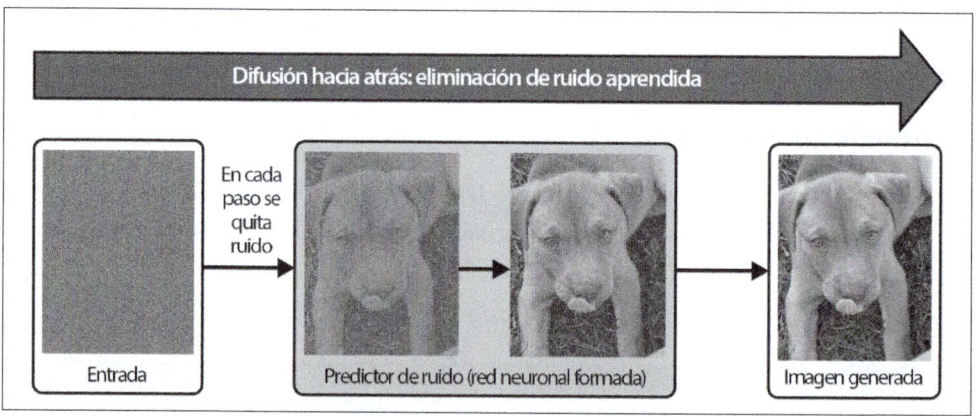

Figura 10-17. *La difusión hacia atrás elimina el ruido de una entrada para generar una imagen nueva.*

Aunque existen tipos diferentes de arquitecturas de modelos basadas en la difusión, todas siguen el mismo principio de agregar ruido durante la formación y luego formar una red neuronal para revertirlo. La red neuronal subyacente más común es la U-Net, que se presentó originalmente en un artículo de investigación en 2015[3].

---

[3] Olaf Ronneberger y otros, «U-Net: Convolutional Networks for Biomedical Image Segmentation», arXiv, 2015.

U-Net

A grandes rasgos, el modelo U-Net formado se compone de un codificador seguido de un decodificador. El codificador es responsable de extraer los atributos de la imagen de entrada. El codificador ha repetido las capas convolucionales para extraer atributos intermedios y luego maximizar las capas de agrupación para realizar el muestreo descendente, como se muestra en la figura 10-18.

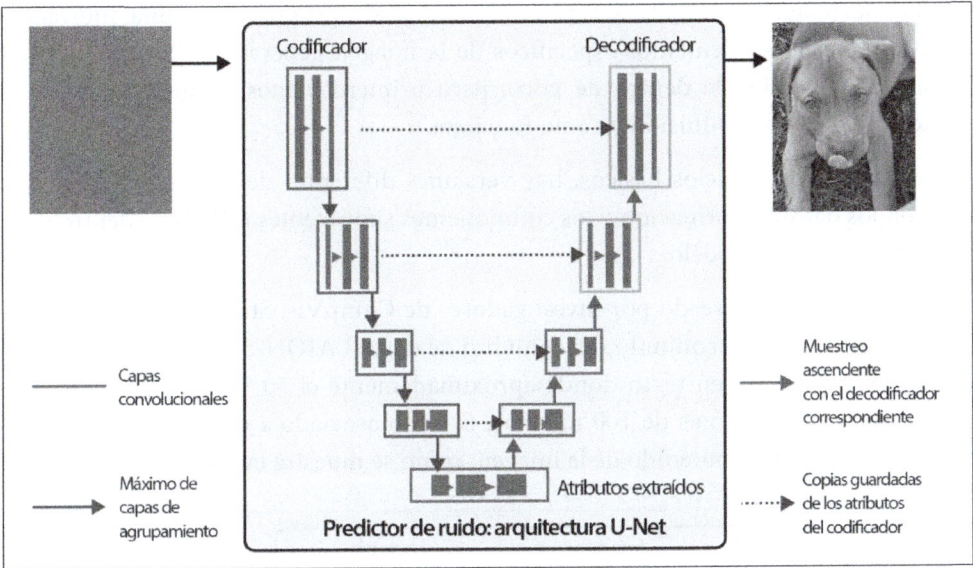

Figura 10-18. *Arquitectura U-Net común en modelos básicos basados en difusión.*

A continuación, el decodificador correspondiente muestra los atributos extraídos con copias guardadas de los atributos del codificador concatenadas en los atributos del decodificador mediante rutas conectadas. La capa final produce la salida; en este caso, la imagen final generada. Debido a que el codificador y el decodificador son simétricos y tienen caminos de conexión, tiene la forma de una U; de aquí el nombre, U-Net.

En resumen, las arquitecturas basadas en la difusión tienen tres componentes primarios. El primero es un proceso conocido como difusión hacia delante utilizado para crear ejemplos de formación agregando una cantidad determinada de ruido a una imagen a través de una serie de pasos de ruido. Las imágenes creadas a través de la difusión hacia delante se utilizan para crear un predictor de ruido, utilizando habitualmente una arquitectura U-Net, que se puede utilizar para predecir el ruido y revertir el ruido añadido, con la difusión hacia atrás, con el fin de generar imágenes nuevas.

Esta arquitectura sirve como uno de los componentes fundamentales para muchos modelos multimodales, incluyendo Stable Diffusion. En las secciones siguientes, profundizaremos en las arquitecturas Stable Diffusion 2 y Stable Diffusion XL.

Arquitectura de Stable Diffusion 2

Stable Diffusion es un modelo de difusión latente (LDM) que admite tareas de generación y modificación de imágenes. Puede usar Stable Diffusion tal como está o para afinar una tarea específica. El poder de estos modelos multimodales es la capacidad de proporcionar texto instructivo dentro de la indicación para controlar la imagen que se genera.

Además de la indicación en sí, también hay configuraciones integradas que le permiten controlar la imagen generada, como la capacidad de proporcionar una indicación negativa que excluya elementos específicos de la imagen generada. Estos controles se tratarán con más detalle dentro de poco, pero primero vamos a entender mejor la arquitectura de Stable Diffusion y cómo funciona.

Al igual que otros modelos básicos, hay versiones diferentes de Stable Diffusion que varían en los datos de formación y los componentes subyacentes utilizados dentro de la arquitectura de cada modelo.

Stable Diffusion 2 fue creado por investigadores de CompVis, Stability AI y LAION, y fue formado con un subconjunto del conjunto de datos LAION-5B, que contiene 5 mil millones de pares imagen-texto donde aproximadamente el 50 % están en inglés y el restante 50 % en otros más de 100 idiomas. El texto asociado a cada imagen, llamado leyenda, representa el contenido de la imagen, como se muestra en la figura 10-19.

Figura 10-19. *Pares de imagen-leyenda.*

Stable Diffusion no es solo un modelo, sino una colección de componentes y modelos que forman la base de la arquitectura subyacente que comprende modalidades múltiples, incluidos los datos de texto y de imagen. Los elementos clave de la arquitectura de Stable Diffusion incluyen un codificador de texto, un proceso de difusión y un decodificador de imagen, como se ve en la figura 10-20. Cada uno de estos elementos tiene su propia red neuronal correspondiente.

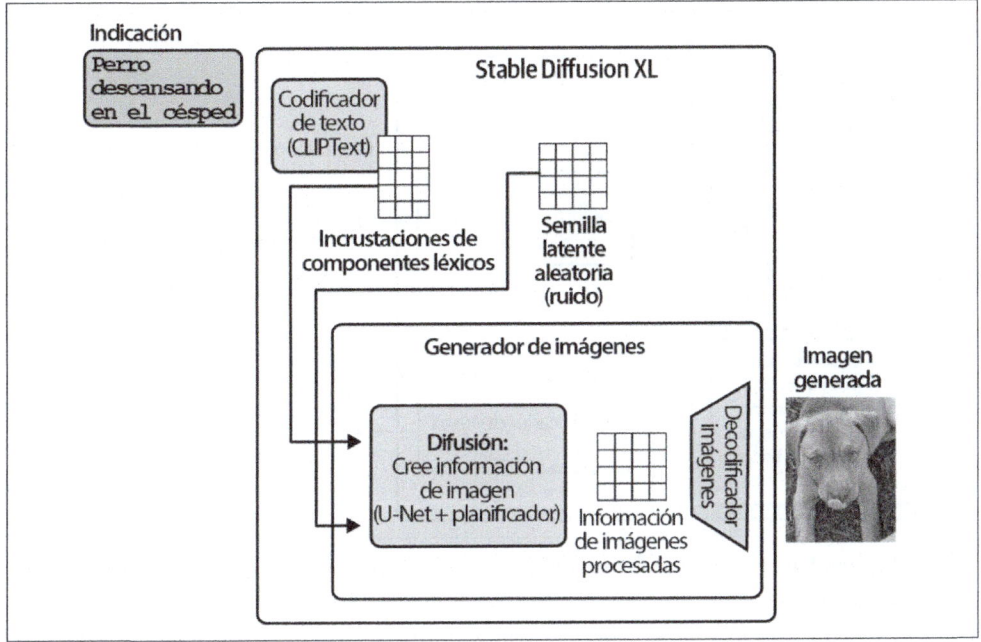

Figura 10-20. *Arquitectura de Stable Diffusion para tareas de generación de texto a imagen.*

Vamos a discutir cada uno de estos componentes con más detalle, comenzando con el codificador de texto.

Codificador de texto

En el caso de Stable Diffusion v2.1, el codificador de texto es un modelo formado previamente, basado en un transformador, llamado OpenCLIP. Este modelo ha sido formado previamente con 32 mil millones de pares de texto e imagen y le permite calcular representaciones de imágenes y texto y luego medir cuán similares son, lo que lo hace ideal para la clasificación, recuperación y generación de imágenes. En el ejemplo específico de generación de texto a imagen, el codificador de texto toma el texto de entrada y lo convierte en incrustaciones de componentes léxicos que representan el texto de entrada.

El modelo de lenguaje subyacente contribuye significativamente al rendimiento de modelos multimodales como Stable Diffusion. Cada versión nueva de los modelos de Stable Diffusion ha mostrado la tendencia a seguir modificando la arquitectura subyacente para utilizar la mayoría de los modelos de lenguaje grandes actuales y más grandes para continuar mejorando el rendimiento con cada nueva versión.

OpenCLIP está formado previamente tanto para la codificación de imágenes como para la de texto, utilizando el conjunto de datos de preformación multimodal con emparejamientos de imágenes y texto. En la figura 10-21 se muestra un ejemplo que ilustra cómo se forma OpenCLIP.

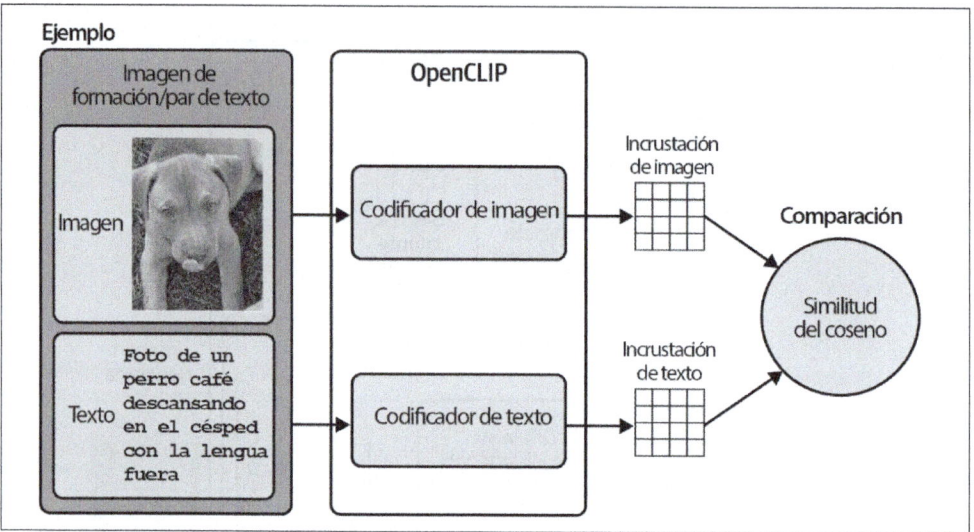

Figura 10-21. *Cómo se forma OpenCLIP usando pares de imágenes y texto.*

Durante la formación inicial, se espera que la similitud entre el texto y la imagen sea baja; sin embargo, a medida que el modelo se actualiza repitiendo el proceso a través del conjunto de datos de formación, los codificadores resultantes pueden producir incrustaciones en las que una imagen y el texto correspondiente son cada vez más similares.

Para que este proceso sea efectivo, los datos de formación también deben incluir ejemplos negativos donde el texto y la imagen no coincidan, en cuyo caso el modelo debe asignar puntuaciones de similitud baja. Para tareas de texto a imagen, Stable Diffusion aprovecha el codificador de texto de OpenCLIP para convertir el mensaje de entrada en incrustaciones de componentes léxicos.

A continuación, las incrustaciones de componentes léxicos se introducen en el segundo componente de la arquitectura, que utiliza la arquitectura de difusión discutida en la sección anterior.

U-Net y el proceso de difusión

Como se mencionó anteriormente, Stable Diffusion es un LDM, lo que significa que opera en un espacio latente, lo que ha demostrado ser más rápido que los modelos anteriores que operaban en el espacio de píxeles. Stable Diffusion tiene dos espacios latentes: un espacio latente de indicación/texto y un espacio de representación de imagen.

La salida generada todavía está representada en el espacio de píxeles en forma de imagen generada; sin embargo, los cálculos dentro del proceso de difusión ocurren en el espacio latente, que es menos intensivo en informática. La primera entrada incluye las incrustaciones de componentes léxicos del texto de entrada suministradas en la indicación.

Las incrustaciones de texto son utilizadas varias veces por el predictor de ruido en la U-Net, y esta consume los componentes léxicos a través de un mecanismo de servicio combinado que se discutirá con más detalle dentro de poco. La segunda entrada es una matriz aleatoria de ruido, conocida como la semilla latente. Opcionalmente, puede controlar esta matriz estableciendo el valor de semilla al solicitar el modelo. Si se fija la semilla en un valor específico, siempre se obtendrá la misma matriz tensorial que la matriz de ruido de entrada; de lo contrario, se generará aleatoriamente.

Uno de los controles que puede proporcionarle a Stable Diffusion es especificar el número de pasos de muestreo en la arquitectura U-Net. Cada paso consume la matriz de espacio latente en la entrada y produce otra matriz que se alinea más estrechamente con el texto de entrada en combinación con toda la otra información visual que el modelo identificó de todas las imágenes con las que fue formado. El proceso de difusión se muestra en la figura 10-22.

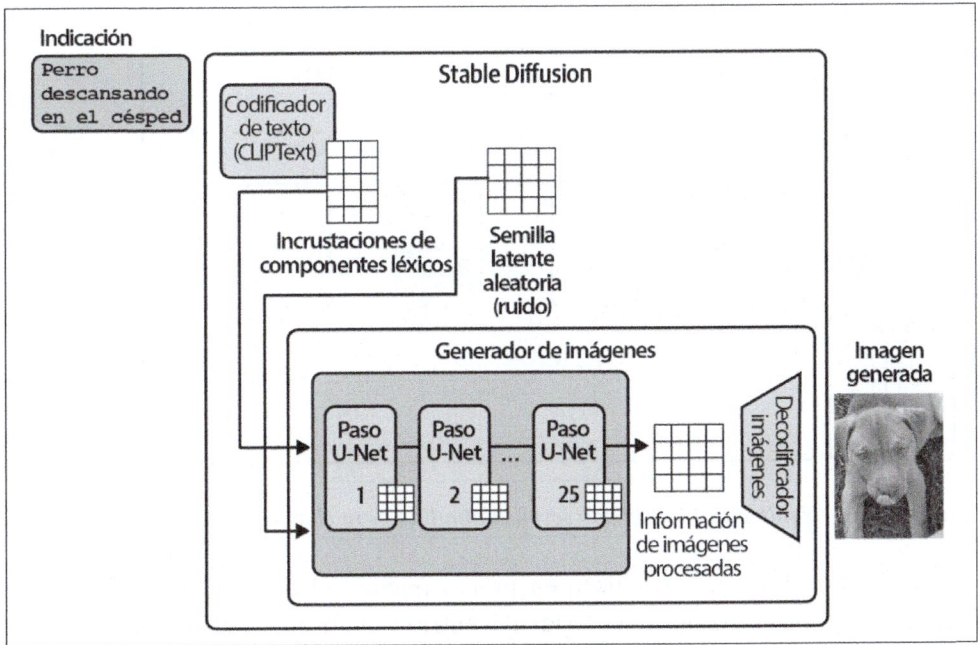

Figura 10-22. *Utilización de Stable Diffusion para generar una imagen nueva basada en incrustaciones de componentes léxicos y una matriz de ruido.*

Si se visualizara cada una de las matrices latentes producidas en cada paso a través de un decodificador de imágenes, las imágenes resultantes mostrarían la difusión hacia atrás en acción. Tenga en cuenta que esta arquitectura U-Net es una modificación de la discutida anteriormente, que se centró solo en generar una imagen aleatoria. Para poder soportar texto también, la arquitectura se modifica para agregar soporte para entradas de texto o instrucciones; esto se llama acondicionamiento de texto.

Acondicionamiento de texto

El acondicionamiento de texto implica agregar capas de servicio entre las capas de red para procesar el texto que se introduce en el modelo de difusión. Otras entradas de acondicionamiento (como mapas semánticos o imágenes) también son válidas, pero en este caso nos centraremos en texto a imagen, que utiliza específicamente acondicionamiento de texto.

Servicio combinado

La U-Net consume estas capas a través de un mecanismo de servicio combinado que fusiona la indicación de texto y las representaciones de imagen. Si ampliamos la arquitectura U-Net que admite cada uno de los pasos para Stable Diffusion, se verá la adición de una capa de servicio para gestionar incrustaciones de texto, como se ilustra en la figura 10-23.

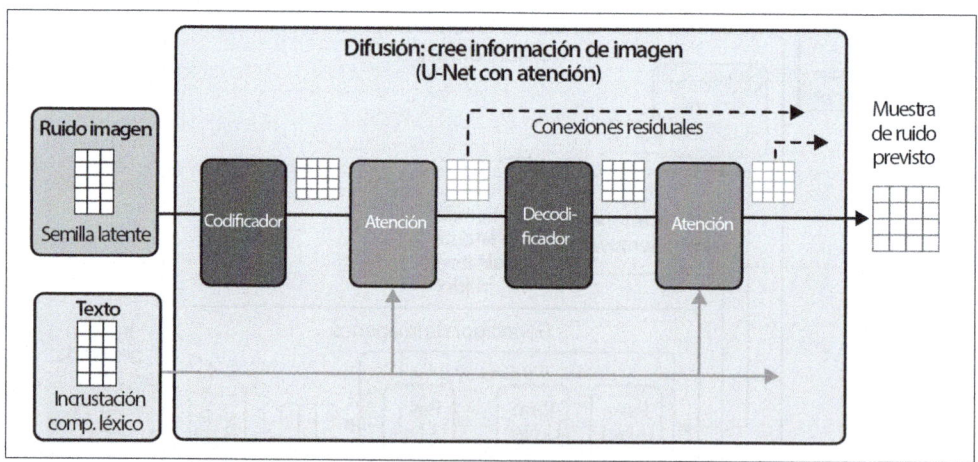

Figura 10-23. *Arquitectura U-Net con servicio añadido para el acondicionamiento de texto.*

Algunas de las salidas se introducen en procesamiento adicional más adelante en la arquitectura a través de conexiones residuales entre el codificador y el decodificador. Las capas de servicio combinado se pueden afinar mediante el uso de técnicas de ajuste fino con parámetros eficientes (PEFT), como LoRA, como se discute en el capítulo 6. La capacidad de afinar las capas de servicio combinado se explorará en el capítulo 11.

Planificador

Dentro de la arquitectura U-Net, hay un elemento clave adicional llamado el planificador, que es un algoritmo. La arquitectura U-Net elimina iterativamente el ruido de la imagen semilla latente aleatoria suministrada en la entrada mientras se condiciona a las incrustaciones de texto. Los planificadores se utilizan para controlar el proceso de eliminación de ruido en términos del número de pasos de eliminación y qué algoritmo utilizar para encontrar la muestra sin ruido.

El planificador se comporta de manera diferente dependiendo de si está utilizando el modelo para formación o para inferencia. Durante la formación, el planificador toma una salida de modelo, conocida como muestra, de un punto específico en el proceso de difusión y aplica ruido a la imagen de acuerdo con una planificación de ruido y una regla de actualización.

La planificación de ruido controla el nivel de ruido utilizado en cada paso. El ruido es más alto en el primer paso y se reduce gradualmente a través de los pasos iterativos en el proceso de difusión. En cada paso del proceso, el objetivo es producir una imagen con un nivel de ruido que coincida con la planificación.

Durante la inferencia, la planificación se utiliza para generar imágenes a partir del ruido; también se pueden especificar controles, como cuántas imágenes generar. Hay diferentes algoritmos de planificación que se pueden utilizar para realizar el cálculo y Stable Diffusion es compatible con una variedad de planificadores disponibles, muchos de los cuales están convenientemente empaquetados en la biblioteca de difusores de Hugging Face.

Decodificador de imagen

La salida final del componente de difusión incluye la representación de imagen latente sin ruido (vista como la información de la imagen de proceso en la figura 10-22). Esta representación se pasa entonces al componente final de la arquitectura de Stable Diffusion, que es el decodificador de imágenes.

El decodificador de imagen es, en realidad, un autocodificador que crea la imagen final utilizando la representación de la imagen procesada. Es este momento cuando finalmente puede convertir la representación de espacio latente de una imagen en una representación visual de píxeles.

Arquitectura de Stable Diffusion XL

Stable Diffusion XL es el último modelo básico de Stability AI y tiene algunas mejoras que permiten imágenes aún más realistas. XL tiene varias capacidades de modificación de imagen incorporadas, incluyendo el rellenado, la pintura exterior y la imagen a imagen.

Así que, en lugar de utilizar un modelo fino separado del modelo básico Stable Diffusion 2 para el rellenado, el modelo XL lo incluye en el modelo inicial. Varios de los componentes de arquitectura discutidos anteriormente se utilizan con la arquitectura XL, pero hay varias diferencias resaltadas en esta sección que contribuyen al rendimiento avanzado de esta versión.

U-Net y el servicio combinado

La arquitectura XL utiliza una arquitectura troncal U-Net que es tres veces más grande que las versiones anteriores de Stable Diffusion. A título comparativo, XL tiene 2.6 miles de millones de parámetros U-Net frente a 865 millones en la versión 2. La arquitectura modificada también incluye más bloques de atención en las capas inferiores de la U-Net y un contexto de servicio combinado más grande utilizado por un segundo codificador de texto. Como resultado de ese segundo codificador de texto, XL admite dos indicaciones, una para cada codificador, que se pueden utilizar para combinar conceptos, lo que potencialmente puede ayudar a mejorar la calidad.

Refinador

La otra mejora significativa de la arquitectura del modelo XL incluye la adición de un modelo de refinamiento utilizado para mejorar aún más la fidelidad de la imagen generada. Como se muestra en la figura 10-24, este modelo de refinamiento toma la salida de la imagen latente producida por el modelo inicial y realiza mejoras de imagen a imagen.

Stable Diffusion 2 fue formado con imágenes de 768 x 768 píxeles que luego se comprimen en el espacio latente, pero la resolución de inferencia óptima sigue siendo consistente con el tamaño de imagen utilizado en la formación. Sin embargo, Stable Diffusion XL fue formado con varias relaciones de aspecto y admite imágenes entre 768 y 1024 píxeles.

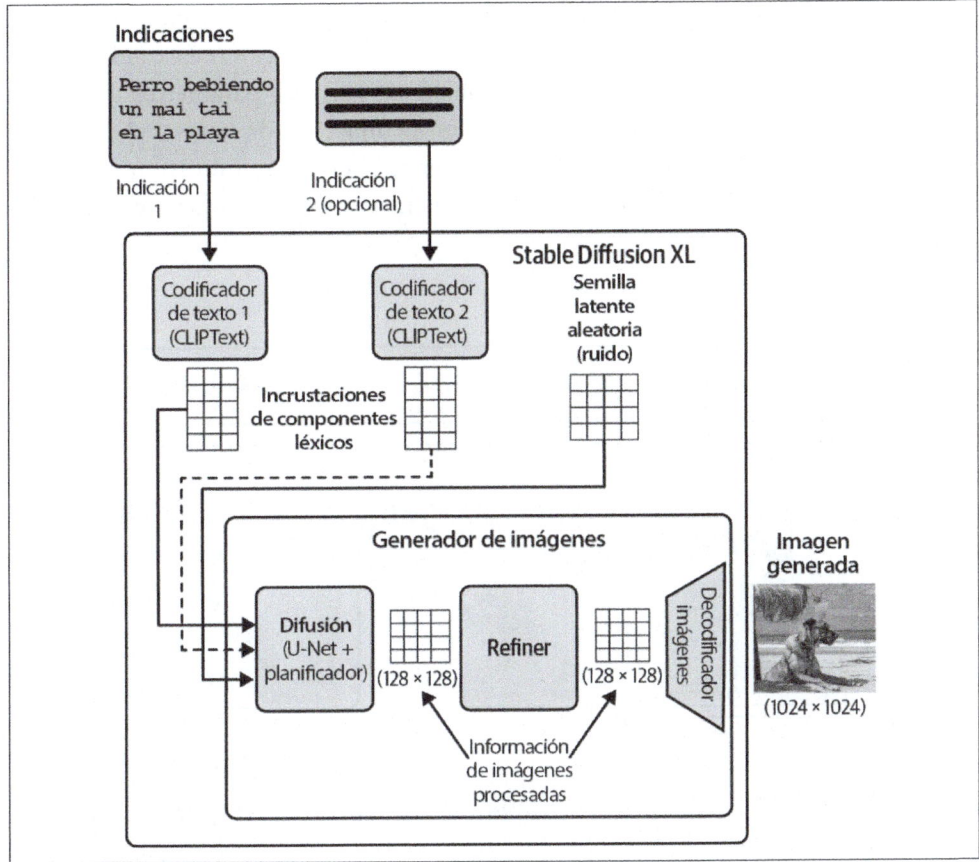

Figura 10-24. *Arquitectura de Stable Diffusion XL.*

Acondicionamiento

El modelo XL también incluye dos esquemas de acondicionamiento únicos para mejorar la generación de imágenes. El primero es acondicionamiento del modelo al tamaño de la imagen. En las arquitecturas anteriores, las limitaciones impuestas al tamaño de la imagen hacían que las muestras de formación se eliminaran, lo que repercutía en el rendimiento y la capacidad de generalización, o que aumentaran de escala antes de la formación, lo que a menudo se traducía en una calidad de imagen baja.

XL está acondicionado usando una entrada adicional de tamaño y altura de la imagen. En la inferencia, puede establecer la resolución aparente que desee. El segundo esquema de acondicionamiento se implementa para mitigar los cultivos aleatorios. El recorte aleatorio ocurre durante la formación, pero puede implicar problemas de calidad durante la generación de la imagen, como la pérdida de una oreja de un perro. Durante la carga de datos, las coordenadas del cultivo se anotan y se introducen en el modelo como parámetros de acondicionamiento.

La arquitectura de dos etapas de difusión y refinamiento, así como el acondicionamiento adicional para el tamaño y recorte de la imagen, ayuda a mejorar la calidad de las imágenes generadas. Stable Diffusion XL también expone más parámetros durante la inferencia para controlar la salida generada. Por ejemplo, puede usar `style_preset` (descrito en la sección «Edición y mejora de imágenes», en el capítulo 10) para darle al modelo una guía adicional sobre cómo se debe generar la imagen, como se muestra en la figura 10-25.

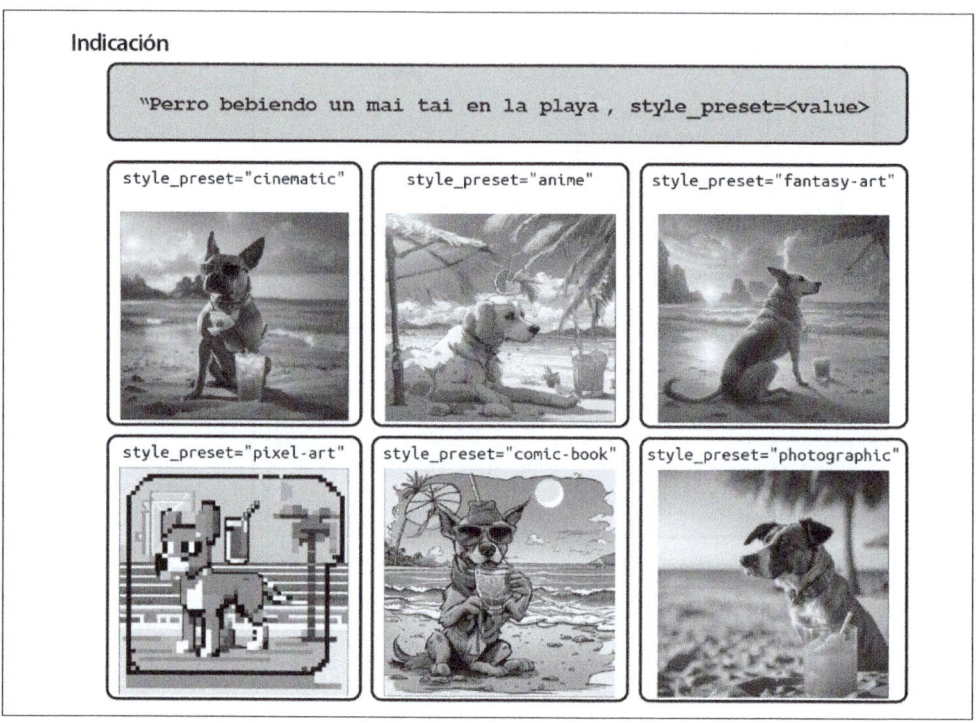

Figura 10-25. *Stable Diffusion XL añade parámetros para personalizar la imagen generada.*

Resumen

Alinear la percepción con el lenguaje utilizando modelos multimodales de IA generativa es un área de investigación muy activa. En este capítulo se destacaron algunas de las tareas generativas multimodales comunes en la IA, incluyendo la generación de imágenes, modificación, subtítulos, clasificación, respuesta a preguntas visuales y razonamiento no verbal.

A continuación, aprendimos sobre los difusores y sobre la evolución de la arquitectura de Stable Diffusion. También aprendimos a evaluar los modelos multimodales de IA generativa utilizando conjuntos de datos como PartiPrompts, ImageNET y VizWiz. Además, aprendimos sobre las matrices progresivas de Raven y la prueba de cociente intelectual para evaluar la capacidad humana del modelo generativo para realizar razonamiento no verbal a partir de símbolos e imágenes.

En el capítulo 11, aprenderemos a controlar la generación de imágenes utilizando Stable Diffusion y ControlNet. También veremos cómo utilizar el ajuste fino y el aprendizaje por refuerzo y la mejora (RLHF) para perfeccionar la generación multimodal personalizada para los conjuntos de datos y alineada con las preferencias humanas, como la utilidad, la honestidad y la inocuidad.

## CAPÍTULO 11

Generación controlada y ajuste fino con Stable Diffusion

El control de la generación es un área activa de investigación con muchas técnicas de vanguardia introducidas recientemente. El objetivo de estas técnicas es mejorar los modelos de difusión para gestionar mejor las tareas comunes de imagen, como la detección de bordes y los mapas de segmentación. Estas técnicas proporcionan un control detallado sobre la generación de imágenes.

En este capítulo, aprenderá sobre una poderosa técnica llamada ControlNet para aumentar y mejorar la generación de texto a imagen para modelos como Stable Diffusion. Además, explorará el ajuste fino multimodal con herramientas como DreamBooth, algoritmos como la inversión textual y optimizaciones, incluyendo el ajuste fino con parámetros eficientes (PEFT). Por último, revisará el aprendizaje por refuerzo a partir de la retroalimentación humana (RLHF) en el contexto de la alineación de los modelos multimodales con las preferencias humanas, incluidas la utilidad, la honestidad y la inocuidad (HHH).

ControlNet

Descrito en un artículo de 2023[1], ControlNet es una forma popular de formar varios controles que mejoran las tareas generativas basadas en imágenes. ControlNet es una red neuronal profunda que funciona con modelos de difusión como Stable Diffusion.

Durante la formación, un control aprende una tarea específica, como la detección de bordes o el mapeo de profundidad, a partir de un conjunto de entradas dadas. Se requiere una cantidad relativamente pequeña de datos para formar un control muy potente. Puede formar sus propios controles utilizando ControlNet o elegir entre un gran número de controles formados previamente.

Usemos la figura 11-1 como imagen base para utilizar algunos de los controles ControlNet más comunes formados previamente. Después de utilizar un control con esta

---

[1] Lvmin Zhang y otros, «Adding Conditional Control to Text-to-Image Diffusion Models», arXiv, 2023.

imagen base, puede, con Stable Diffusion, generar imágenes nuevas que sigan la guía creada por la salida del control.

Figura 11-1. *Imagen base original para utilizar controles ControlNet y generar imágenes nuevas.*

En la tabla 11-1 se muestran ejemplos de algunos controles comunes de ControlNet formados previamente. Estos ejemplos de control se describen con más detalle en una entrada del blog de AWS en el contexto de la generación de imágenes de *marketing* nuevas y creativas utilizando la imagen base.

Tabla 11-1. *Ejemplos de descripciones y mapas de imágenes de control condicional.*

Nombre del control	Descripción del control	Salida de control
Mapa de bordes Canny	Una imagen monocromática con bordes blancos sobre un fondo negro	
Profundidad	Una imagen en escala de grises con negro (representando áreas profundas) y blanco (representando áreas poco profundas)	
Detector de límites Hed	Una imagen monocromática con bordes blancos suaves sobre un fondo negro	
Trazado	Una imagen monocroma dibujada a mano con contornos blancos sobre fondo negro	

Se toma la salida del control y se pasa a Stable Diffusion para generar una imagen nueva con una indicación nueva, con la salida del control como guía.

En la tabla 11-2 se muestran ejemplos de imágenes generadas recientemente, que utilizan la salida de cada control de la tabla 11-1—junto con una indicación nueva— para guiar la generación y crear divertidas imágenes nuevas que se parecen a la imagen original.

Tabla 11-2. *Imágenes generadas por Stable Diffusion usando cada control.*

Nombre del control	Indicación nueva	Stable Diffusion con ControlNet
Mapa de bordes Canny	Coche de color naranja metálico, coche completo, foto a color, afuera en un paisaje agradable, realista, de calidad alta	
Profundidad	coche de color rojo metálico, coche completo, foto a color, al aire libre en un paisaje agradable, realista, de alta calidad	
Detector de bordes Hed	coche de color blanco metálico, coche completo, foto a color, en una ciudad, de noche, realista, de alta calidad	
Trazado	coche azulado metálico, similar al coche original, coche completo, foto a color, al aire libre, vista impresionante, realista, de calidad alta, punto de vista diferente	

Veamos cómo utilizar el control de mapa de bordes Canny y detectar bordes utilizando la imagen de la izquierda en la figura 11-2 como la imagen base.

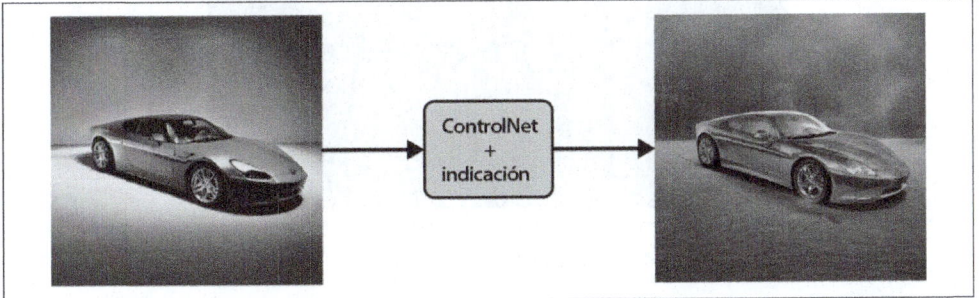

Figura 11-2. *Convertir la imagen base en imagen nueva con ControlNet y una indicación.*

El código utiliza la biblioteca OpenCV para extraer los bordes mediante el control ControlNet de mapa de bordes Canny:

```
from diffusers import StableDiffusionControlNetPipeline
from diffusers.utils import load_image
```

```
# Cargue la imagen
imagen = load_image("https://.../car.png"
)

# Genere el mapa de bordes Canny para esta imagen en particular
import cv2
from PIL import Image
import numpy as np

image = np.array(image)

low_threshold = 100
high_threshold = 200

image = cv2.Canny(image, low_threshold, high_threshold)
image = image[:, :, None]
image = np.concatenate([image, image, image], axis=2)
canny_image = Image.fromarray(image)
canny_image
```

En la figura 11-3 se muestra la salida del control de mapa de bordes Canny utilizado con la imagen base. Esta imagen representa los bordes de cada objeto en la imagen base.

Figura 11-3. *Mapa de bordes Canny para la imagen dada.*

Este mapa de bordes se pasa a Stable Diffusion para controlar la generación de una imagen nueva utilizando una indicación nueva, como se ve en la muestra de código siguiente:

```
from diffusers import StableDiffusionControlNetPipeline
from diffusers import ControlNetModel
import torch
```

```
canny = ControlNetModel.from_pretrained(
    "lllyasviel/sd-controlnet-canny",
    torch_dtype=torch.float16)

sd_pipe = StableDiffusionControlNetPipeline.from_pretrained(
    "runwayml/stable-diffusion-v1-5",
    controlnet=canny,
    torch_dtype=torch.float16)

generator = torch.manual_seed(0)

out_image = sd_pipe(
    """
    coche de color naranja metálico, coche completo, foto a color,
    al aire libre en un paisaje agradable, realista, de calidad alta
    """,
    num_inference_steps=20,
    generator=generator,
    image=canny_image
).images[0]

out_image
```

En la figura 11-4 se muestra la imagen recién generada de Stable Diffusion utilizando el mapa de bordes Canny, que guía la generación de la indicación nueva: `coche de color naranja metálico, coche completo, foto en color, al aire libre en un paisaje agradable, realista, de alta calidad`. Este proceso es útil para generar imágenes nuevas y creativas que contienen aproximadamente los mismos objetos que las originales, guiados por los controles ControlNet utilizados con la imagen base.

Figura 11-4. *Imagen recién generada con Stable Diffusion usando el mapa de bordes Canny y la indicación.*

Si bien ControlNet y los controles formados previamente son muy potentes, es posible que necesite afinar directamente un modelo de difusión con el conjunto de datos de imagen específico para mejorar las imágenes generadas; por ejemplo, puede que desee usar un conjunto de logotipos específicos de la marca o el catálogo de productos. En la sección siguiente, aprenderá algunas técnicas para afinar Stable Diffusion utilizando herramientas como DreamBooth y algoritmos como la inversión textual.

Ajuste fino

De manera similar a los modelos de lenguaje grandes basados en transformadores (LLM), puede afinar los modelos de difusión tales como Stable Diffusion mediante varias técnicas. El ajuste fino le permite personalizar la generación de imágenes para incluir datos de imágenes que no se capturan en el corpus original de datos de formación. Esto puede incluir cualquier dato de imagen, como imágenes de personas, mascotas o logotipos.

El ajuste fino le permite generar imágenes realistas que incluyen temas desconocidos para el modelo formado previamente. En esta sección se incluyen algunas opciones comunes para el ajuste fino, incluyendo DreamBooth, DreamBooth con LoRA e inversión textual.

DreamBooth

DreamBooth se originó a partir de un artículo de investigación[2] en 2023, que introdujo el método como capaz de personalizar modelos de texto a imagen utilizando solo unas pocas (de tres a cinco) imágenes de muestra. Aunque muchos lo usan por diversión para generar sus propias imágenes personales o imágenes de las mascotas, tiene usos más amplios en la generación de contenido creativo.

DreamBooth incluye una serie de aplicaciones para la generación de imágenes, que se describirán en detalle más adelante en esta sección. El ajuste fino usando DreamBooth se realiza con una muestra pequeña de imágenes de entrada que contienen el sujeto que se desea usar para el ajuste fino. También puede proporcionar un identificador único para el tema en la indicación. Por ejemplo, en la figura 11-5 se utiliza «Molly» como el identificador único para el sujeto «perro».

---

[2] Nataniel Ruiz y otros, «DreamBooth: Fine Tuning Text-to-Image Diffusion Models for Subject-Driven Generation», arXiv, 2023.

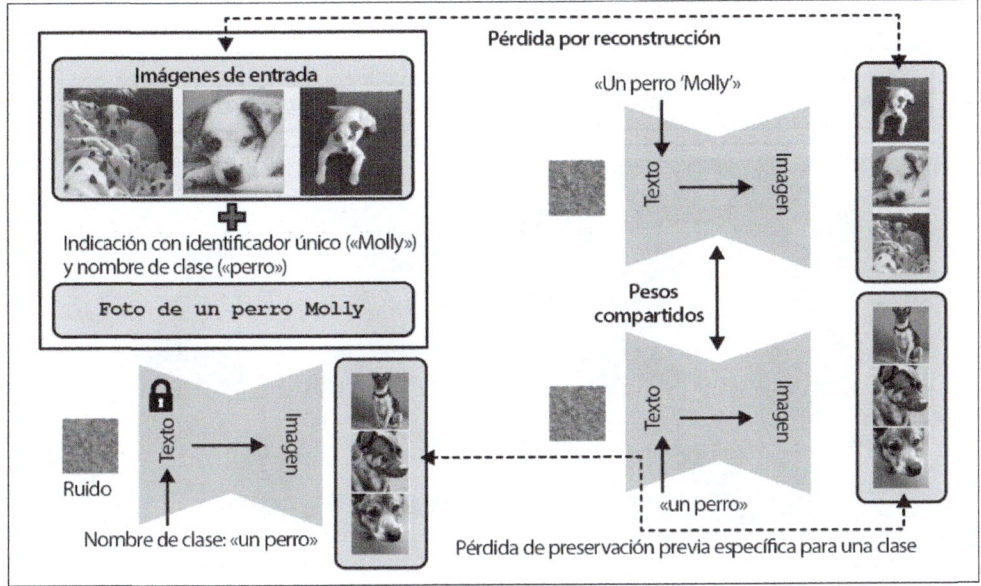

Figura 11-5. *Afinar un modelo de difusión de texto a imagen usando DreamBooth.*

DreamBooth, luego, usa esas entradas para afinar un modelo de difusión de texto a imagen en paralelo con una pérdida de preservación previa específica para una clase, que usa la semántica anterior que el modelo tiene en la clase proporcionada para crear instancias diversas pertenecientes a la clase de ese sujeto como se proporciona en la entrada.

Al afinar usando DreamBooth y algunas imágenes de entrada, podemos ahora crear imágenes de Molly en escenas en las que nunca ha estado. Este es un ejemplo de *recontextualización*. Hay otros usos de esta aplicación que se pueden utilizar en casos de uso más amplios, como el *marketing*. Como ejemplo, la imagen de entrada para afinar utilizando DreamBooth podría contener un producto nuevo. Después de afinar, utilizando esa imagen de entrada, ese producto (o sujeto) se puede utilizar para generar imágenes del producto con fondos únicos o en entornos diferentes.

Rendición artística es una aplicación que permite crear representaciones artísticas del tema que se desee al estilo de pintores famosos. Como ejemplo, puede generar contenido creativo con imágenes de su perro con un retrato al estilo de Vincent Van Gogh, como se muestra en la figura 11-6.

Figura 11-6. *Rendición artística utilizando el modelo DreamBooth afinado.*

La síntesis de vistas guiada por texto es una aplicación que permite sintetizar imágenes con puntos de vista específicos para un tema. Aquí, puede proporcionar imágenes de entrada para afinar y luego generar puntos de vista diferentes en esas imágenes, como ver al perro de perfil o desde atrás, según las instrucciones proporcionadas en la indicación. DreamBooth también admite la modificación de propiedades, que le permite modificar un aspecto específico de la imagen de entrada, como el color.

Por último, DreamBooth también admite accesorización, lo que permite preservar el sujeto en las imágenes de formación de entrada, pero modificar la imagen con accesorios específicos como trajes o sombreros, como se muestra en la figura 11-7.

Figura 11-7. *Accesorización utilizando el modelo DreamBooth afinado.*

En esta sección, aprendió a afinar un modelo de Stable Diffusion usando DreamBooth y unas pocas imágenes como entrada. DreamBooth utiliza el sujeto en esas imágenes combinado con la información proporcionada del conjunto de datos que contiene un identificador de sujeto y una clase para formar un modelo nuevo.

Se trata de un modelo nuevo totalmente independiente, pero la creación de un modelo nuevo para cada tema o concepto introducido puede no ser eficiente desde el punto de vista de la memoria o el almacenamiento. En la siguiente sección, aprenderá a utilizar PEFT con Stable Diffusion, DreamBooth y LoRA.

DreamBooth y PEFT-LoRA

En el capítulo 6 se presentó el concepto de PEFT y adaptación de rango bajo (LoRA) en el contexto de los LLM. LoRA también se puede utilizar con modelos multimodales como Stable Diffusion. Como se ha discutido anteriormente, el componente difusor de la arquitectura de Stable Diffusion incluye capas de servicio combinado que alinean imágenes y texto.

LoRA se puede utilizar para afinar esas capas de servicio combinado utilizando el mismo método de matriz de bajo rango discutido en el capítulo 6, que resulta en un adaptador de modelo mucho más pequeño, habitualmente de 2 a 500 MB frente a aproximadamente 5 GB para un modelo de Stable Diffusion completamente afinado con DreamBooth. Como se describe en el capítulo 6, deberá combinar el artefacto con el modelo original de Stable Diffusion para realizar la inferencia.

Similar al ajuste fino de LoRA basado en el lenguaje en el capítulo 6, puede especificar el rango LoRA y los módulos de destino para el modelo de Stable Diffusion, como se ve en la muestra de código, que apunta a las capas de servicio combinado:

```
target_modules = ["to_q", "to_v", "query", "value"]

config = LoraConfig(
    r=16,
    target_modules=target_modules,
    ...
)
model = get_peft_model(model, config)
```

Sigamos usando Molly como ejemplo y echemos un vistazo a las imágenes generadas con el modelo afinado usando LoRA. Tenga en cuenta que el modelo nuevo afinado es de solo 10 MB de tamaño, incluyendo el codificador de texto y la U-Net. El modelo nuevo se solicita con este código:

```
img_list = pipe(["Molly dog on a beach"]*3,
    num_inference_steps=50).images
image_grid([x.resize((128,128)) for x in img_list], 1,3)
```

Tres imágenes nuevas se generan con el perro Molly en la playa. Las imágenes nuevas generadas que se muestran en la figura 11-8 son similares en contenido y calidad al modelo previamente afinado.

Figura 11-8. *Modelo LoRA de Stable Diffusion afinado con resultados similares.*

DreamBooth afina todos los parámetros del modelo de difusión, manteniendo fijo solo el transformador de texto, lo que resulta en un modelo de difusión nuevo. A continuación, aprenderá una técnica de ajuste fino relativamente ligera llamada inversión textual, que se utiliza para personalizar modelos generativos basados en imágenes con solo unas pocas imágenes. Esta técnica funciona aprendiendo una incrustación de componente léxico para un componente léxico nuevo basado en texto que representa un concepto mientras se mantienen fijos los componentes restantes del modelo de Stable Diffusion.

Inversión textual

La inversión textual se originó a partir de un artículo de investigación[3] en 2022 que introdujo una técnica para personalizar modelos de texto a imagen al aprender a representar conceptos nuevos en el espacio de incrustación, manteniendo fijo el modelo de texto a imagen formado previamente. Este método le permite personalizar modelos de texto a imagen utilizando unas pocas imágenes de muestra y sin necesidad de alterar el modelo básico.

El ajuste fino con inversión textual se basa en unas pocas imágenes de muestra que representan un concepto, como un objeto o un estilo, en combinación con un componente léxico que puede aprender. Este componente léxico puede ser una pseudopalabra, como «M*"» o representar frases del lenguaje natural u oraciones, como «*molly-dog*» (en referencia a un perro de nombre Molly). Luego, durante el ajuste fino, la pseudopalabra se convierte en componentes léxicos y el modelo aprende a representar el concepto a través de palabras nuevas en el espacio de incrustación. Estas incrustaciones aprendidas están contenidas en adaptadores que son mucho más pequeños que el modelo original o con ajuste fino de Stable Diffusion.

Una vez que el modelo ha sido ajustado, el modelo básico se despliega junto con el modelo afinado de inversión textual, que es realmente una incrustación aprendida. Durante la inferencia, la indicación puede aprovechar el componente léxico o pseudopalabra aprendida, como se muestra en la figura 11-9.

El texto de la indicación que contiene la pseudopalabra se convierte en componentes léxicos, que luego se convierten en incrustaciones. Durante la formación, la pseudopalabra se aprendió como una incrustación nueva de componentes léxicos, mostrada aquí como «V*». La salida del modelo se utiliza para condicionar el modelo de difusión para entender la indicación y el concepto nuevo.

---

[3] Rinon Gal y otros, «An Image Is Worth One Word: Personalizing Text-to-Image Generation Using Textual Inversion», arXiv, 2022.

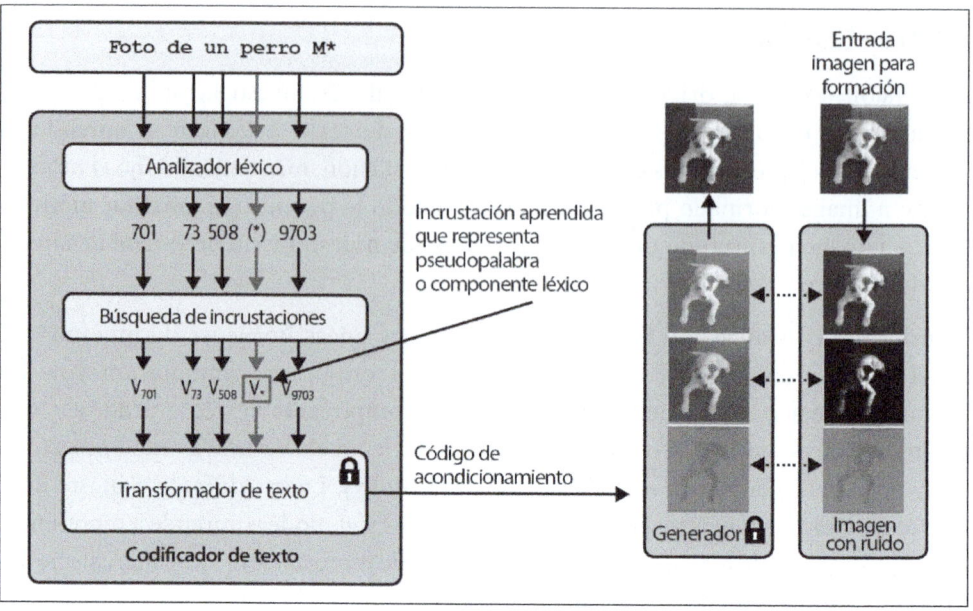

Figura 11-9. *La inversión textual forma el codificador de texto en un identificador de pseudopalabra del concepto personalizado.*

Para ajustar un modelo de Stable Diffusion usando inversión textual, Hugging Face proporciona bibliotecas convenientes y código de formación en la biblioteca de difusores. En este ejemplo, proporcionamos algunas imágenes de Molly el perro en la entrada de formación junto con parámetros clave (objeto o estilo) que guían la formación incluyendo el concepto a aprender, que se señala como la propiedad a aprender (learnable_property). En este ejemplo, learnable_property es un objeto o, más específicamente, un perro. Esta es la guía para las plantillas para indicaciones que se utilizarán como parte de los datos de formación, como se muestra en el código:

```
imagenet_templates_small = [
    "a photo of a {}",
    "a rendering of a {}",
    "a cropped photo of the {}",
    "the photo of a {}",
    "a photo of a clean {}",
    "a photo of a dirty {}",
    "a dark photo of the {}",
    "a photo of my {}",
    "a photo of the cool {}",
    "a close-up photo of a {}",
    "a bright photo of the {}",
    "a cropped photo of a {}",
    "a photo of the {}",
    ...
]
```

```
class TextualInversionDataset(Dataset):
    def _init_(
        self,
        data_root,
        tokenizer,
        learnable_property="object", # [object, style]
        placeholder_token="M*",
    ):
        self.templates = imagenet_templates_small
        ...
```

placeholder_token es el valor que se va a usar para representar el concepto nuevo. En el ejemplo dado, hemos identificado M* para representar el concepto; más específicamente, el objeto a aprender. Una vez más, el objeto es Molly en este caso. Esta también será la pseudopalabra, o componente léxico, que se usará en la indicación para generar imágenes que contengan el objeto identificado en las imágenes suministradas durante el ajuste fino.

initializer_token es otro parámetro importante que se muestra en el ejemplo siguiente. Este parámetro se utiliza durante el ajuste fino para inicializar incrustaciones de palabras con descripciones de una sola palabra del objeto. En este caso, a initializer_token se le da el valor de dog (perro) porque Molly es un perro. Tanto placeholder_token como initializer_token se usan juntos en el código siguiente. El código completo está en el repositorio de GitHub asociado a este libro:

```
import torch
from transformers import CLIPTokenizer

model_checkpoint = "..." # Punto de control del modelo CLIP

# Cargar el analizador léxico
tokenizer = CLIPTokenizer.from_pretrained(model_checkpoint)

initializer_tokens = ["dog"]
initializer_token_id =
    tokenizer.convert_tokens_to_ids(initializer_tokens)[0]

placeholder_tokens = ["M*"]
placeholder_token_ids =
    tokenizer.convert_tokens_to_ids(placeholder_tokens)

# Redimensionar las incrustaciones de componentes léxicos para
# componentes léxicos de pseudopalabras
text_encoder.resize_token_embeddings(len(tokenizer))

# Inicializar el componente léxico marcador de posición recién
# agregado con # las incrustaciones del componente léxico iniciador
token_embeddings =
    text_encoder.get_input_embeddings().weight.data
with torch.no_grad():
    for token_id in placeholder_token_ids:
        token_embeddings[token_id] =
            token_embeddings[initializer_token_id].clone()
```

Una vez que el modelo está afinado, puede implementarlo cargándolo en una tubería que incluya el modelo básico de Stable Diffusion, además del modelo formado que ha aprendido la incrustación de pseudopalabras. Para hacerlo, vuelva a utilizar la clase `Stable DiffusionPipeline` para cargar el modelo básico original de Stable Diffusion con formación previa, junto con el modelo de inversión textual adaptado:

```
from diffusers import StableDiffusionPipeline
import torch

pipe = StableDiffusionPipeline.from_pretrained(
    "runwayml/stable-diffusion-v1-5")

pipe.load_textual_inversion(
    "./textual-inversion-molly/molly.pt", token="M*")
```

Una vez que el modelo está instalado y listo para la inferencia, puede enviar indicaciones nuevas al modelo que incluyen la pseudopalabra `M*`, para el objeto con el que el modelo ha sido afinado, en este caso Molly.

Indicación:

```
Usuario: Una pintura al óleo de M*
```

La indicación es utilizada por la tubería para generar una imagen que contiene el objeto representada por la pseudopalabra proporcionada M*, en la indicación:

```
image = pipe(prompt, num_inference_steps=50).images[0]
image.save("molly-dog.png")
```

La figura 11-10 es la imagen al óleo generada de Molly. Como se puede ver, no usamos el texto Molly en la indicación, sino la pseudopalabra, `M*`, que representa el objeto, Molly, identificado durante el ajuste fino.

En resumen, la inversión textual es una forma de adaptar un modelo de texto a imagen con formación previa, como Stable Diffusion, sin realizar un ajuste fino completo. Este método permite la generación de imágenes utilizando un concepto, definido como un `objeto` o un `estilo`, que no se incluye como parte de los datos de formación originales de los modelos básicos.

A continuación, aprenderá a afinar y alinear el modelo de Stable Diffusion para las preferencias humanas utilizando RLHF.

Figura 11-10. *Indicación respuesta para la imagen generada usando el adaptador de inversión textual.*

Alineación humana con aprendizaje por refuerzo a partir de la retroalimentación humana

Es posible aplicar ajuste fino a los modelos de difusión con aprendizaje por refuerzo para mejorar cosas como la compresibilidad de la imagen, la calidad estética y la alineación de la imagen de la indicación. Este método es similar al proceso RLHF, que se exploró en el capítulo 7 para alinear modelos de lenguaje grandes para generar texto más útil, honesto e inofensivo. La diferencia aquí es que RLHF se utiliza para alinear modelos multimodales para generar contenido que sea más útil, honesto e inofensivo (HHH).

Una modificación propuesta del algoritmo de optimización proximal de políticas (PPO), que aprendió en el capítulo 7, para aplicar RLHF a modelos de difusión, se denomina optimización de la política de eliminación del ruido de difusión (DDPO). En la terminología del aprendizaje por refuerzo (RL), cada paso de eliminación de ruido es una acción. DDPO presta atención a toda la secuencia de pasos de eliminación de ruido con el fin de maximizar la recompensa de la imagen final generada. Los autores de la investigación han puesto a su disposición en GitHub un ejemplo de implementación de DDPO para el ajuste fino de modelos de difusión, implementado en PyTorch con soporte para LoRA.

Miremos un poco más de cerca. Digamos que quiere utilizar RL para afinar Stable Diffusion y generar imágenes más atractivas desde el punto de vista estético. En el escenario que se muestra en la figura 11-11 puede utilizar como modelo de recompensa de RL un modelo que ha sido formado con las preferencias humanas para imágenes estéticamente atractivas, como LAION Aesthetics.

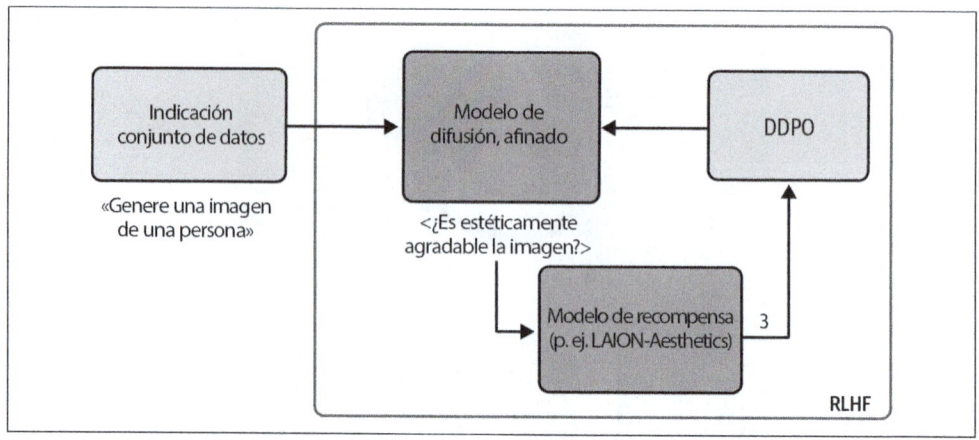

Figura 11-11. *Ajuste fino de un modelo de difusión con aprendizaje por refuerzo y DDPO.*

El predictor LAION-Aesthetics ha sido formado con 176 000 clasificaciones de imágenes humanas y predice la calificación que la gente daría cuando se le pregunta: «¿Cuánto le gusta esta imagen en una escala del 1 al 10?».

También puede afinar los modelos de difusión en apoyo de la moderación de contenido, donde el modelo de recompensa devuelve una recompensa negativa si el modelo genera imágenes inapropiadas. En tal escenario, podría utilizar un servicio gestionado como Amazon Rekognition como modelo de recompensa, ya que admite la moderación de contenido, como se muestra en la figura 11-12.

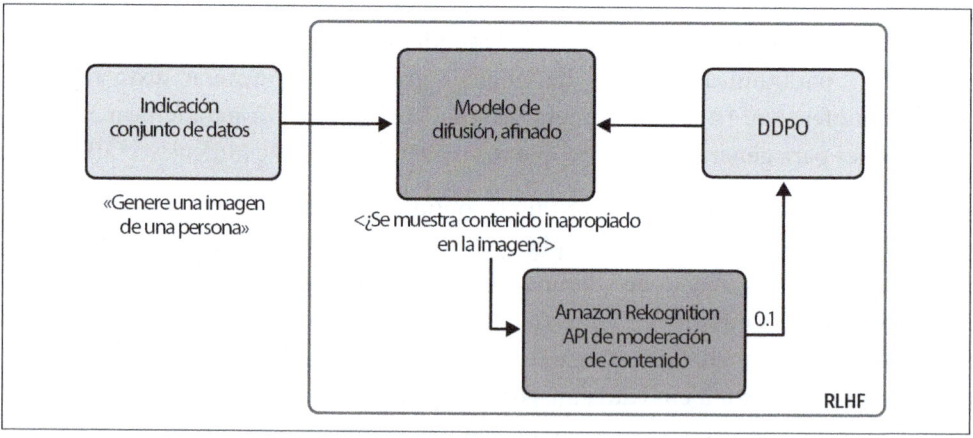

Figura 11-12. *Uso de Amazon Rekognition como modelo de recompensa para detectar contenido no deseado.*

La API de moderación de contenido de Amazon Rekognition utiliza el aprendizaje profundo para detectar tipos diferentes de contenido inapropiado. Además de marcar una imagen o un vídeo en función de la presencia de contenido inapropiado u ofensivo, también devuelve una lista jerárquica de etiquetas con puntuaciones de confianza. Aquí hay una muestra de la respuesta JSON de Amazon Rekognition Content Moderation:

```
{
"ModerationLabels": [
    {
        "Confianza": 99,24723052978516,
        "ParentName": "",
        "Nombre": "Visualmente perturbador"
    },
    {
        "Confianza": 99,24723052978516,
        "ParentName": "Visualmente perturbador",
        "Nombre": "Accidente aéreo"
    },
    {
        "Confianza": 88,25341796875,
        "ParentName": "Visualmente perturbador",
        "Nombre": "Explosiones y estallidos"
    }
]
}
```

Resumen

En este capítulo, aprendimos a utilizar controles condicionales en Stable Diffusion para influir en la forma en que el modelo genera imágenes. También exploramos cómo afinar los modelos multimodales de IA generativa con nuestros propios conjuntos de datos personalizados y preferencias humanas utilizando ControlNet, inversión textual, DreamBooth, PEFT y RLHF.

En el capítulo 12, aprenderemos a usar el servicio gestionado de Amazon Bedrock para los casos y tareas de uso de IA generativa.

## CAPÍTULO 12

Amazon Bedrock: servicio gestionado para IA generativa

A lo largo del libro, ha visto ejemplos de Amazon SageMaker JumpStart para afinar e implementar modelos básicos utilizando la infraestructura de SageMaker. Amazon Bedrock, por otro lado, es un servicio gestionado que ofrece una experiencia completamente sin servidor a través de una API sencilla.

En este capítulo, explorará Amazon Bedrock, incluyendo cómo acceder a la API de Bedrock, los modelos básicos disponibles (FM) y la privacidad de datos y seguridad de la red de Bedrock. Aprenderá a usar Bedrock para implementar la generación mejorada por recuperación, la búsqueda semántica y los casos de uso basados en agentes. También verá cómo puede afinar de forma privada los modelos básicos de Bedrock utilizando sus propios conjuntos de datos personalizados.

Primero, discutamos los modelos básicos disponibles en Amazon Bedrock y cómo desarrollar a partir de esos modelos.

Modelos básicos de Bedrock

Amazon Bedrock soporta modelos básicos de Amazon y varias compañías de terceros, incluyendo AI21 Labs, Anthropic, Cohere, Meta, Stability AI y otros.

Puede acceder a estos modelos básicos a través de la consola de gestión de AWS, AWS CLI o AWS SDK. Las muestras de código en este capítulo utilizarán el SDK de AWS para Python, llamado *boto3*. Puede usar la función Bedrock Python `list_foundational_models()` para ver la lista más actualizada de modelos disponibles.

Trabajar con Amazon Bedrock es tan simple como seleccionar un modelo básico para su caso de uso y luego hacer algunas llamadas a la API. Puede utilizar el entorno de pruebas modelo de Bedrock para experimentar con los modelos básicos disponibles y seleccionar el que se adapte a su caso de uso y conjunto de datos.

Recuerde que al evaluar modelos diferentes, primero debe probar varias técnicas de ingeniería de indicaciones, discutidas en los capítulos 2 y 10, incluyendo el aprendizaje en contexto con inferencia con pocos golpes. También puede ajustar los parámetros de configuración de la inferencia, incluyendo `temperatura`, `top_p`, y `top_k`, como aprendió en el capítulo 2.

Modelos básicos de Amazon Titan

Los modelos básicos de Amazon Titan son modelos de uso general, preformados con conjuntos grandes de datos, que puede usar tal cual o personalizar afinando los modelos con sus propios datos para una tarea en particular.

Titan Text son modelos de lenguaje grandes para tareas como resumen o generación de texto, clasificación, respuesta a preguntas y extracción de información. También están formados en lenguajes de programación diferentes, así como en formato de texto enriquecido (RTF), incluyendo tablas, JSON y CSV.

El modelo de incrustaciones de texto de Titan traduce entradas de texto, como palabras, frases o, posiblemente, grandes unidades de texto, en representaciones numéricas conocidas como vectores de incrustación. Como aprendimos en el capítulo 1, los vectores de incrustación capturan el significado semántico del texto en un espacio vectorial de dimensión alta.

Después de convertir los documentos en incrustaciones, puede almacenarlas en un almacén vectorial que puede realizar tareas a nivel de incrustación, como la búsqueda de similitud. Con la búsqueda de similitud, puede escribir una consulta, convertirla en una incrustación y, a continuación, buscar en el almacén vectorial documentos que coincidan con el texto de la consulta. La comparación de incrustaciones a menudo produce resultados de búsqueda contextuales más relevantes y útiles que los algoritmos tradicionales de búsqueda de coincidencia de palabras o *n-gramas*.

Modelos básicos de Stable Diffusion de Stability AI

Con Amazon Bedrock, puede acceder al modelo básico de texto a imagen e imagen a imagen de Stability AI, Stable Diffusion, como se describe en el capítulo 11. Stable Diffusion puede generar imágenes únicas, realistas, de alta calidad, arte, logotipos, y diseños con solo unas pocas palabras en un mensaje basado en texto.

A continuación, explorará las API de inferencia de modelos y comenzará a generar contenido con los modelos básicos disponibles en Amazon Bedrock.

API de inferencia de Bedrock

En el ejemplo siguiente se realiza una solicitud de API de inferencia de Bedrock usando el SDK de Python (*boto3*) para Amazon Bedrock (específicamente, la API de `invoke_model()`) para generar contenido utilizando modelos de texto a texto, modelos de texto a imagen y modelos de incrustación. El parámetro *modelID* identifica el modelo básico que querrá utilizar:

```
import boto3
import json

bedrock_runtime = boto3.client(
    service_name='bedrock-runtime'
)

modelId = "..." # Modelos básicos de Amazon Bedrock:

body = json.dumps(
    {
        "inputText": "Aquí es donde se coloca el texto de entrada"
    }
)

response = bedrock_runtime.invoke_model(
    modelId=modelId,
    body=body
)

response_body = json.loads(response.get("body").read())

print(response_body.get("results")[0].get("outputText"))
```

 Aquí, y en la mayoría de los ejemplos de este capítulo, estamos asumiendo que el objeto JSON usa inputText para la indicación. Esto puede variar dependiendo del modelo. Para obtener más información sobre los últimos modelos y formatos de indicaciones, consulte la documentación de Bedrock.

Bedrock también ofrece una API, InvokeModelWithResponseStream, que le permite invocar al modelo especificado para ejecutar la inferencia utilizando la entrada proporcionada, pero transmite la respuesta a medida que el modelo genera la salida, como se muestra en la figura 12-1.

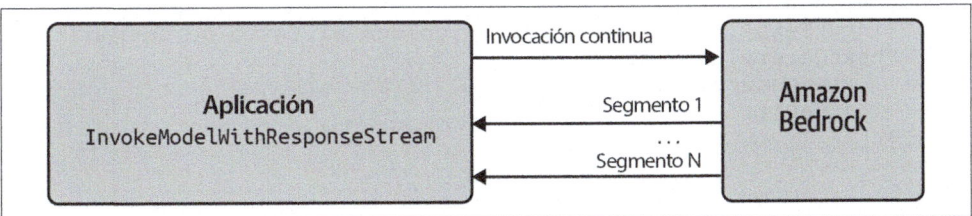

Figura 12-1. *La API InvokeModelWithResponseStream de Bedrock le permite comenzar a leer la respuesta tan pronto como el primer fragmento esté disponible.*

Las respuestas de flujo continuo son particularmente útiles para interfaces de charla receptivas para mantener la vida de una aplicación interactiva. Aquí hay una muestra de código Python usando la API InvokeModelWithResponseStream de Bedrock:

```
response = bedrock_runtime.invoke_model_with_response_stream(
    modelId=modelId,
    body=body)

stream = response.get('body')
if stream:
    for event in stream:
        chunk=event.get('chunk')
        if chunk:
            print(json.loads(chunk.get('bytes').decode))
```

A continuación, haremos una inmersión más profunda en la API de inferencia de Amazon Bedrock para modelos de lenguaje grandes.

Modelos de lenguaje grandes

Como se discutió en el capítulo 2, los modelos básicos presentan un conjunto de parámetros de configuración generativos que influyen en la salida del modelo durante la inferencia. Estos parámetros de configuración le dan control sobre la respuesta del modelo, incluyendo la diversidad y el número de componentes léxicos. Los parámetros disponibles pueden ser diferentes entre proveedores de modelos y familias de modelos, pero la mayoría de los modelos son compatibles con la temperatura, `top_k`, y `top_p`.

A continuación, se muestra un ejemplo de solicitud de la API de inferencia de Bedrock utilizando la API `invoke_model()` que incluye parámetros de configuración para una indicación utilizando un modelo de Bedrock:

```
import boto3
import json

bedrock_runtime = boto3.client(
    service_name='bedrock-runtime'
)

prompt = "<your prompt here>"

body = json.dumps({
    "inputText": "Aquí es donde se coloca el texto de entrada",
    "textGenerationConfig": {
        "temperature":0,
        "topP":1
    }
})

modelId = '...' # Modelos básicos Amazon Bedrock:
                # Texto de Amazon Titan
                # Claude Antrópico
                # AI21 Jurásico
                # Comando de Cohere
                # Meta Llama2
                # etc.
```

```
response = bedrock_runtime.invoke_model(
    body=body,
    modelId=modelId)

response_body = json.loads(response.get('body').read())

print(response_body.get('results')[0].get('outputText'))
```

Generar código SQL

Muchos modelos de generación de texto, incluidos los disponibles en Amazon Bedrock, han sido previamente formados con grandes cantidades de datos de texto, incluyendo muestras de código. De hecho, la generación de código fue uno de los primeros casos de uso para modelos y servicios generativos como Amazon CodeWhisperer y GitHub CoPilot.

En este ejemplo se utiliza Amazon Bedrock para generar una consulta SQL equivalente a `SELECT id FROM students ORDER BY age DESC LIMIT 1` utilizando un mensaje en lenguaje natural en el que primero se define la tabla y luego la consulta:

```
prompt = """
Tengo una tabla llamada 'students' con los campos 'id', 'age',
'year_enrollment', 'subject', 'grade'. Escriba una consulta SQL
que devuelva la 'id' con la 'age' más alta.
"""
body = json.dumps({"inputText": prompt})

modelId = '...'

response = bedrock_runtime.invoke_model(
    body=body,
    modelId=modelId)

response_body = json.loads(response.get('body').read())

print(response_body.get('results')[0].get('outputText'))
```

Resumir texto

Otro caso de uso generativo popular de IA es resumir texto. Construyamos una indicación que pida al modelo resumir el pasaje envuelto en <text> </text>, como se muestra aquí:

```
prompt = """
Proporcione un resumen del texto siguiente por favor. No agregue
información alguna que no se mencione en el texto de abajo.

<text>
AWS tomó todos esos comentarios de los clientes y hoy nos
complace anunciar Amazon Bedrock, un servicio nuevo que hace que
los modelos básicos generativos sean accesibles a través de una
API. Bedrock es la forma más fácil para que los clientes
```

```
construyan y escalen aplicaciones generativas basadas en IA
usando FM, democratizando el acceso para todos los
desarrolladores.
</text>
```

A continuación, defina el cuerpo de la solicitud a la API, que incluye indicación, en este caso llamada inputText, y los parámetros de configuración de la generación de texto:

```
body = json.dumps(
    {
        "inputText": prompt,
        "textGenerationConfig":{
            "maxTokenCount":128,
            "temperature":0,
            "topP":1
        }
    }
)
```

Ahora puede enviar la solicitud API a Bedrock. Puede hacer esto usando la API invoke_model_with_response_stream():

```
import json

response = bedrock_runtime.invoke_model_with_response_stream(
    body=body,
    modelId=modelId)
stream = response.get('body')
output = []

if stream:
    for event in stream:
        chunk = event.get('chunk')
        if chunk:
            chunk_obj = json.loads(chunk.get('bytes').decode())
            text = chunk_obj['outputText']
            output.append(text)

print(''.join(output))
```

A continuación, verá cómo generar incrustaciones con Amazon Bedrock.

Incrustaciones

Como se discutió en el capítulo 3, las incrustaciones son un concepto clave en la IA generativa y el aprendizaje automático en general. Una incrustación es una representación de un objeto, como una palabra, una imagen o un vídeo, en un espacio vectorial. Los objetos semánticamente similares tendrán incrustaciones que están más cercanas en el espacio vectorial, como se vio en el capítulo 9, en el contexto de la generación mejorada por recuperación (RAG) para mejorar las indicaciones.

Puede utilizar los modelos de Amazon Bedrock para recuperar el vector de incrustación para cualquier cadena de entrada. A continuación, puede comparar las distancias entre vectores para encontrar las cadenas de texto más relacionadas. Los casos de uso comunes para incrustaciones incluyen búsqueda semántica, recomendaciones y clasificaciones.

Un caso de uso popular de incrustaciones es agrupar texto con un significado semántico similar. En la muestra de código siguiente, se generará un mapa de calor que muestra que los documentos que provienen de la misma categoría (animales, ciudades estadounidenses o colores, en este caso) tienen vectores de incrustación mucho más cercanos que los documentos de diferentes categorías.

Primero, defina una función `get_embedding` que llame a la API de Bedrock y utilice un modelo de incrustaciones de Titan Text para generar una incrustación. Devolverá la incrustación real desde el cuerpo de respuesta de la API, como se muestra en el código:

```
def get_embedding(body, modelId, accept, contentType):
    response = bedrock_runtime.invoke_model(
        body=body,
        modelId=modelId)

response_body = json.loads(response.get('body').read())

embedding = response_body.get('embedding')

return embedding
```

Para probar el código, puede utilizar el siguiente texto de entrada como ejemplo:

```
body = json.dumps(
    {
        "inputText": "<su indicación aquí>"
    }
)

modelId = '...'

embedding = get_embedding(body, modelId)
print(embedding)
```

La función devolverá el vector de incrustación recuperado de la respuesta de la API Bedrock, similar a esto:

```
[0,53515625, -0,0546875, -0,049804688, -0,16992188,
0,42382812, -0,15234375, 0,10839844, ...]
```

A continuación, generará el mapa de calor que visualiza la distancia entre cualquier par de frases en el espacio de incrustación. La distancia entre cualquier par de oraciones se calcula por la similitud del coseno de los vectores de incrustación correspondientes. Tenga en cuenta que la similitud del coseno de dos vectores es el producto interno de los vectores normalizados escalados a la longitud unitaria 1.

```
import sklearn
from sklearn.preprocessing import normalize
import numpy as np
import seaborn as sns
```

```
def plot_similarity_heatmap(text_labels, embeddings, rotation):
    inner_product = np.inner(embeddings, embeddings)
    sns.set(font_scale=1.1)
    graph = sns.heatmap(
        inner_product,
        xticklabels=text_labels,
        yticklabels=text_labels,
        vmin=np.min(inner_product),
        vmax=1,
        cmap="BuPu",
    )

    graph.set_xticklabels(text_labels, rotation=rotation)
    graph.set_title("Semantic Textual Similarity Between Sentences")
```

A continuación, defina algunas oraciones y cree las incrustaciones usando Amazon Bedrock:

```
phrases = [
    # Animales
    "El perro de Shelbee, Molly, es tan bonito.",
    "Antje odia a los gatos.",
    "El primer perro de Chris era muy bonito.",
    # Ciudades de EE.UU.
    "Soy de Chicago.",
    "Trabajo en San Francisco.",
    "Washington D.C. es un gran lugar para visitar.",
    # Color
    "¿Cuál es su color favorito?",
    "¿Es Molly marrón?",
    "¿Tiene los ojos azules?"
]

embeddings = []

for phrase in phrases:
    query_response = get_embedding(
        body=json.dumps({"inputText": phrase}),
        modelId="...")
    embeddings.append(query_response)

# Normalización antes del producto interior
embeddings = normalize(np.array(embeddings), axis=1)

%matplotlib inline
%config InlineBackend.figure_format = 'retina'

plot_similarity_heatmap(phrases, embeddings, 90)
```

En la figura 12-2 se muestran frases sobre animales agrupadas entre sí, mientras que las frases sobre ciudades de Estados Unidos, frases y colores se agrupan de forma independiente. Cuanto más oscuro es el color, mayor es la similitud del coseno (menor es la distancia).

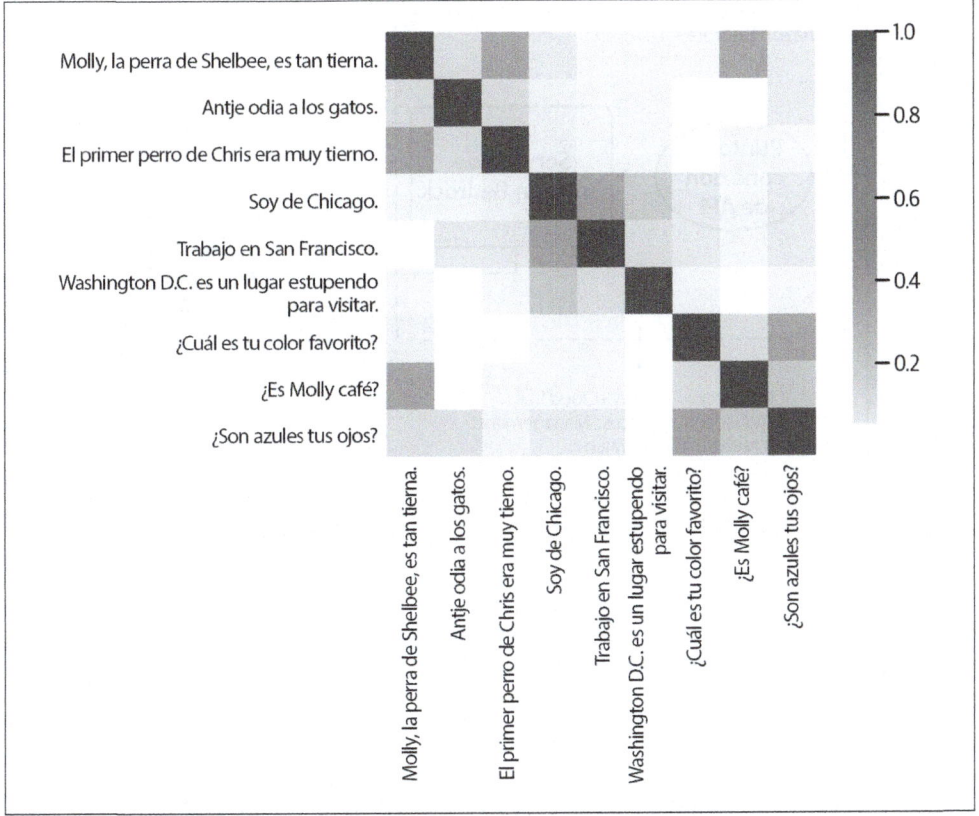

Figura 12-2. *Mapa de calor en que se muestra la similitud semántica textual entre las oraciones.*

A continuación, aprenderá a afinar los modelos básicos de Bedrock con sus propios conjuntos de datos personalizados.

Ajuste fino

Ahora, ¿qué sucede cuando decide personalizar el modelo? Tan pronto como afine un modelo con sus datos, como se muestra en la figura 12-3, Amazon Bedrock instalará un punto de conexión modelo personalizado para alojar el modelo afinado.

Este pasa a ser su propia instancia en ejecución del modelo personalizado con su propio conjunto de datos. Los modelos afinados se invocan de la misma manera que los modelos iniciales: con el entorno de pruebas de la consola Amazon Bedrock o a través de una API. Y recuerde que las entradas y salidas del modelo permanecerán completamente privadas para su entorno y no serán accesibles por parte de nadie más.

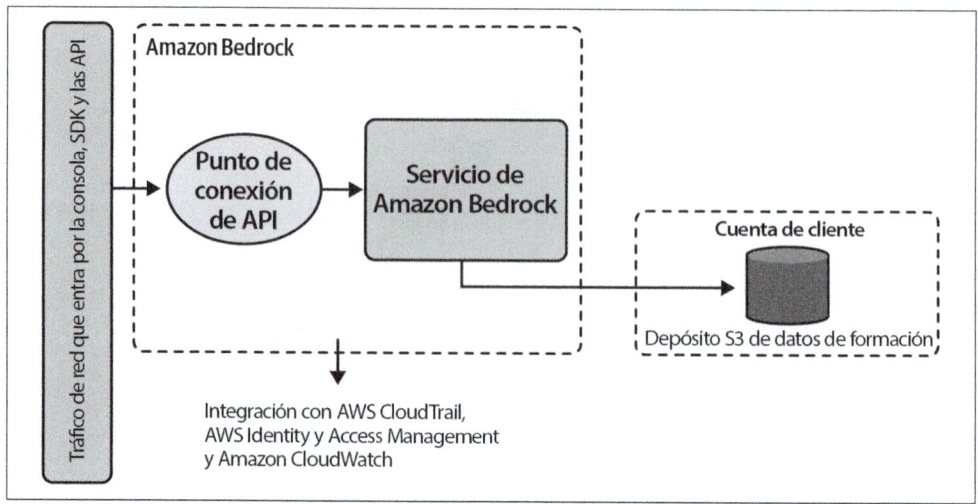

Figura 12-3. *Ajuste fino del modelo de Amazon Bedrock.*

 El acceso entre Amazon Bedrock y la categoría S3 se puede configurar de forma segura, privada y totalmente en la red troncal de AWS mediante puntos finales de VPC (que se describen en «Privacidad de datos y seguridad de la red»).

Después de formar al modelo afinado, los pesos se cifran y se entregan a la categoría de salida afinada. A continuación, Amazon Bedrock crea y activa un punto final de hospedaje. Una vez activado el punto final de alojamiento personalizado de Bedrock, puede enviar solicitudes de inferencia con sus indicaciones y recibir las respuestas del modelo de IA generativa afinado. Recuerde que los proveedores de modelos no tienen visibilidad ni acceso a los pesos afinados.

Con Amazon Bedrock, puede afinar de forma privada los modelos básicos utilizando datos etiquetados con solo unos pocos clics o llamadas a la API. Todo lo que necesita es el conjunto de datos almacenado en S3 utilizando el formato de líneas JSON, como se muestra aquí, donde la respuesta es la etiqueta para la indicación proporcionada:

```
{'indicación': 'Me encanta ir al cine', 'respuesta': 'Positiva'}
{'indicación': 'Esta camisa nueva es preciosa', 'respuesta': 'Positiva'}
{'indicación': 'El clima está horrible', 'respuesta': 'Negativa'}
{'indicación': 'Esta película es terrible', 'respuesta': 'Negativa'}
...
```

A continuación, llama a create_model_customization_job() para comenzar a afinar el procesamiento utilizando el conjunto de datos y un modelo básico determinado disponible en Amazon Bedrock que admite el ajuste fino. Para obtener la última lista de modelos que admiten el ajuste fino de Amazon Bedrock, consulte la documentación de Amazon Bedrock.

Además de los datos de formación, también debe proporcionar un nombre de trabajo, un nombre para el modelo personalizado, el identificador del modelo inicial, dónde almacenar las salidas de ajuste fino (por ejemplo, pérdida de formación) e hiperparámetros. Un ejemplo de ajuste fino de la llamada a la API de creación de trabajos se muestra en el siguiente código:

```
import boto3

bedrock = boto3.client(service_name='bedrock')

input_training_data = "s3://<BUCKET>/train.jsonl"
output_data = "s3://<BUCKET>/output/"
bedrock.create_model_customization_job(
    jobName="my-job",
    customModelName="my-fine-tuned-model",
    baseModelIdentifier="...", # Modelo básico Bedrock
    trainingDataConfig={"s3Uri": input_training_data},
    outputDataConfig={"s3Uri": output_data},
    hyperParameters={
        ...
    }
)

fine_tuning_status = None
while fine_tuning_status != "Completed":
    fine_tuning_status = bedrock.get_model_customization_job(
        jobIdentifier="my-job")["status"]
print("El modelo se ha afinado con éxito.")
```

Una vez que el estado del trabajo de ajuste fino cambia a completado, Amazon Bedrock puede implementar el modelo personalizado accesible con la API invoke_model(). Una vez que el modelo está instalado, puede invocar el modelo con sus indicaciones, como se muestra en este código:

```
body = json.dumps(
    {
        "inputText": "Me encanta esta playa.",
        "TextGenerationConfig":{
            "maxTokenCount":128,
            "temperature":0,
            "topP":1
        }
    }
)

response =bedrock_runtime.invoke_model(
    modelId=<deployed model identifier>,
    body=body)
```

En este ejemplo, ha afinado el modelo para clasificar el texto de entrada como reacción positiva o negativa. Por lo tanto, la respuesta del modelo para la solicitud de inferencia me encanta esta playa será positiva.

A continuación, verá cómo usar Amazon Bedrock para crear agentes totalmente gestionados, capaces de realizar acciones con funciones de AWS Lambda. AWS Lambda le permite ejecutar código sin aprovisionar ni gestionar servidores.

Agentes

Con agentes para Amazon Bedrock, puede crear aplicaciones de IA generativa que gestionen y realicen tareas mediante llamadas API a los sistemas de su empresa. Como aprendimos en el capítulo 9, los agentes orquestan flujos de trabajo de indicación y respuesta entre solicitudes de usuarios, modelos básicos y sistemas externos.

Del mismo modo, los agentes de Amazon Bedrock utilizan los modelos básicos de Bedrock y las estrategias avanzadas de información para comprender las solicitudes de los usuarios, desglosar tareas complejas en múltiples pasos, mantener una conversación para recopilar información adicional y tomar medidas para cumplir la solicitud.

Al utilizar agentes para Amazon Bedrock, puede automatizar tareas para sus clientes internos o externos, como la gestión de pedidos minoristas o el procesamiento de reclamaciones de seguros. Por ejemplo, una aplicación de IA generativa para comercio electrónico, impulsada por agentes, no solo puede responder a la pregunta «¿tiene esta chaqueta en color azul?» con una respuesta simple, sino que también puede ayudarle con la tarea de actualizar el pedido o gestionar un intercambio.

Para que esto funcione, primero debe seleccionar un modelo básico de Bedrock y, luego, dar al agente acceso a las API de aplicación y bases de conocimiento, como se muestra en la figura 12-4.

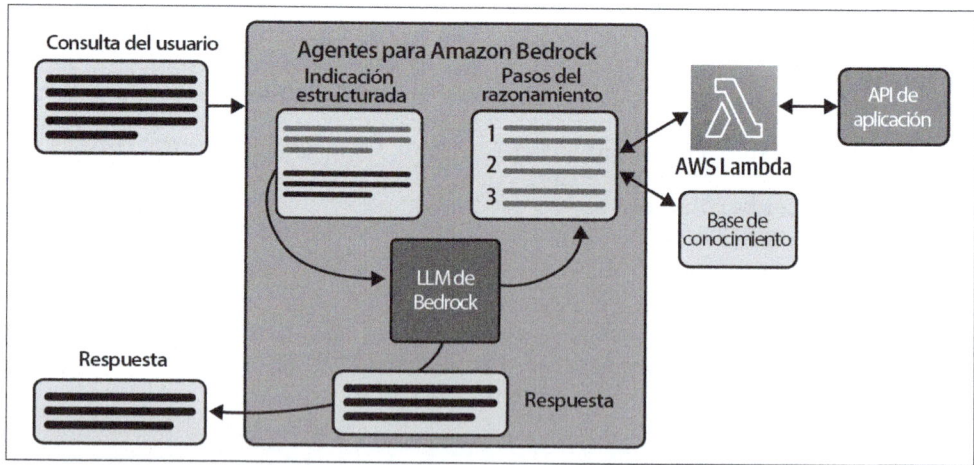

Figura 12-4. *Los agentes de Amazon Bedrock pueden gestionar y realizar tareas mediante llamadas a API o accediendo a una base de conocimiento empresarial.*

Supongamos que es un desarrollador en una compañía de seguros y que desea proporcionar una aplicación de IA generativa que ayude a los propietarios de agencias de seguros a automatizar tareas repetitivas utilizando una API. Primero define las acciones (llamadas a la API) que el agente puede realizar en un *ActionGroup* que está asignado a una función de AWS Lambda.

En el siguiente código se muestra una función ejemplo de AWS Lambda que implementa la lógica de negocio para gestionar los reclamos de seguros mediante la extracción de una lista de reclamos abiertos y el envío de recordatorios a los asegurados:

```python
import json
import time

def open_claims():
    return {
        "response":
        ...
    }

def send_reminders():
    return {
        "response":
        ...
    }

def lambda_handler(event, context):
    api_path = event['apiPath']

    if api_path == '/claims':
        body = open_claims()
    elif api_path == '/send-reminders':
        body = send_reminders()

    ...

    response_body = {
        'application/json': {
        'body': str(body)
    }
}

    action_response = {
        'actionGroup': event['actionGroup'],
        'apiPath': event['apiPath'],
        'httpMethod': event['httpMethod'],
        'httpStatusCode': 200,
        'responseBody': response_body,
        ...
}

    api_response = {
        'messageVersion': '1.0',
        'response': action_response,
```

```
        ...
    }

    return api_response
```

Junto con la función AWS Lambda, también debe proporcionar un archivo de esquema OpenAPI con las descripciones, la estructura y los parámetros de la API. Aquí hay un ejemplo de esquema OpenAPI para la llamada API /claim:

```json
{
    "openapi": "3,0.0",
    "info": {
        "title": "API de automatización de siniestros de seguros",
        "version": [1,0, 0]
        "description": "API para la gestión de reclamaciones de
seguros para el asegurado."
    },
    "paths": {
        "/claims": {
            "get": {
                "summary": "Obtiene la lista de todas las
reclamaciones de seguro abiertas",
                "description": "Obtiene una lista de reclamaciones
abiertas para el asegurado". ,
                "operationId": "GetAllOpenClaims",
                "responses": {
                    "200": {
                        "description": "Obtiene una lista de
reclamaciones abiertas para el asegurado". ,
                        "content": {
                            "application/json": {
                                "schema": {
                                    "type": "array",
                                    "items": {
                                        "type": "object",
                                        "properties": {
                                            "claimId": {
                                                "type": "string",
                                                "description":
"Identificación única de la reclamación."
                                            },
                                            "policyHolderId": {
                                                "type": "string",
                                                "description": "Identificador
único del asegurado".
                                            },
                                            "claimStatus": {
                                                "type": "string",
                                                "description": "El estado de
la reclamación, abierta o cerrada."
                                            }
        ...
    }
}
```

Cuando un usuario le pida al agente que complete una tarea, Amazon Bedrock utilizará el FM que configuró para el agente e identificará e invocará la secuencia de acciones y las funciones Lambda correspondientes en el orden correcto para resolver la tarea solicitada por el usuario y proporcionarle respuestas en lenguaje natural. Por ejemplo, el asistente virtual del agente de seguros puede ahora realizar tareas como «enviar un recordatorio a todos los asegurados con pólizas que necesiten renovación en los próximos 60 días».

Con los agentes totalmente gestionados, no tiene que preocuparse por el aprovisionamiento o la gestión de la infraestructura. Además, los agentes están integrados en los servicios de AWS para el monitoreo, el cifrado, los permisos de usuario y la gestión de invocación de API. Puede utilizar agentes para Amazon Bedrock para aumentar la productividad, mejorar la experiencia de servicio al cliente o automatizar las tareas de DevOps.

Los ejemplos anteriores se centraron en la generación de texto y las incrustaciones con los modelos basados en texto en Amazon Bedrock. A continuación, verá cómo generar y modificar imágenes usando Amazon Bedrock y un modelo basado en imágenes, Stable Diffusion.

Modelos multimodales

Para casos de uso de generación de imágenes, Bedrock ofrece modelos de texto a imagen e imagen a imagen, incluido el modelo Stable Diffusion XL de Stability AI. En el capítulo 10, exploramos la arquitectura que impulsa los modelos de difusión, aprendimos cómo impulsar de manera eficiente los modelos de generación de imágenes y cómo aplicar técnicas avanzadas como el rellenado y la inversión textual para guiar la generación de imágenes hacia la salida deseada.

A continuación, verá cómo generar imágenes utilizando indicaciones y mensajes negativos con Amazon Bedrock y Stable Diffusion del proveedor de modelos, Stability AI.

Crear imágenes a partir de texto

Para crear imágenes a partir de texto, comience con una descripción de la imagen que quiere que el modelo cree. Como se discutió en el capítulo 10, puede proporcionar algunas indicaciones negativas para guiar el modelo y evitar ciertos tipos de salidas. Tenga en cuenta que debe asignar un peso negativo a cada indicación negativa. Después de configurar la indicación, llama a `bedrock.invoke_model()` para generar la imagen:

```
prompt = """
Cobrador dorado jugando a la captura en una playa tropical y
soleada con palmeras en el fondo.
"""
negative_prompts = [
    "mal representado",
    "detalles de fondo escasos",
```

```
    "perro mal dibujado",
    "rasgos de perro desfigurados",
]
request = json.dumps({
    "text_prompts": (
        [{"text": prompt, "weight": 1.0}]
        + [{"text": negprompt, "weight": -1.0} for negprompt in
negative_prompts]
    ),
    "style_preset": style_preset,
    ...
})

modelId = "stability.stable-diffusion-xl"

response = bedrock_runtime.invoke_model(
    body=request, modelId=modelId)

response_body = json.loads(response.get("body").read())
```

InvokeModel de Bedrock proporciona acceso al modelo Stable Diffusion XL estableciendo la ID de modelo correcto y devuelve una respuesta JSON que incluye una cadena codificada Base64 que representa la imagen. Puede decodificar la cadena Base64 a binaria y cargarla con una biblioteca de procesamiento de imágenes, como Pillow, que puede leer archivos PNG. La salida generada se muestra en la figura 12-5:

```
import base64,
import io
import os
from PIL import Image

base_64_img_str = response_body["artifacts"][0].get("base64")

image_1 = Image.open(
    io.BytesIO(
        base64.decodebytes(bytes(base_64_img_str, "utf-8"))
    )
)

image_1
```

Figura 12-5. *Imagen generada a partir de entrada de texto.*

Crear imágenes a partir de imágenes

También puede partir de una imagen, como la de la figura 12-5, y pedirle a nuestro modelo de Stable Diffusion que cambie un detalle. Por ejemplo, puede cambiar la raza del perro a un caniche. Para hacer esto, puede hacer otra solicitud con la solicitud de cambio, como la imagen que generó anteriormente con una codificación Base64. Puede escribir una función de ayuda corta como esta para convertir imágenes a codificación Base64:

```
def image_to_base64(img):
    buffer = io.BytesIO()
    img.save(buffer, format="PNG")
    return base64.b64encode(buffer.getvalue()).decode("utf-8")
```

Ahora, puede hacer otra petición a la API de Bedrock con `change_prompt` y la imagen anterior `init_image`, como se muestra aquí. En la figura 12-6 se muestra la salida de esta solicitud de modificación de imagen:

```
change_prompt = "Cambie el perro por un caniche"
request = json.dumps({
    "text_prompts": (
        [{"text": negprompt, "weight": 1.0}]
        + [{"text": negprompt, "weight": -1.0} \
            for negprompt in negative_prompts]
    ),
    "init_image": image_to_base64(image_1),
    "style_preset": style_preset,
    ...
})
```

```
modelID = "stability.stable-diffusion-xl"

response = bedrock_runtime.invoke_model(body=request,
    modelId=modelId)

response_body = json.loads(response.get("body").read())
image_2_b64_str = response_body["artifacts"][0].get("base64")
image_2 = Image.open(io.BytesIO(
    base64.decodebytes(bytes(image_2_b64_str, "utf-8")))
)

image_2
```

Figura 12-6. *Cambiar una parte de la imagen usando la indicación de texto y la imagen original.*

A continuación, conocerá cómo Amazon Bedrock mantiene los datos privados, incluido el cifrado de datos en vuelo y en disco.

Privacidad de datos y seguridad de la red

Con Amazon Bedrock, todas las indicaciones, respuestas y modelos afinados permanecen privados en su cuenta de AWS. Sus datos no se utilizan para mejorar el servicio de Bedrock. Además, sus datos no se comparten con proveedores de modelos de terceros.

Todos los datos se aíslan por cliente de AWS y permanecen en la región de AWS donde Bedrock procesa los datos. Esto ayuda con el Reglamento General de Protección de Datos (RGPD) y otras regulaciones que requieren soberanía de datos. Todos los datos se cifran en tránsito a través de la red con un cifrado mínimo de TLS 1.2. En el disco inactivo, los datos, incluidos los modelos afinados, se cifran con AES-256 mediante claves de cifrado de datos gestionadas por AWS KMS o sus propias claves de cifrado gestionadas por el cliente.

Para una conectividad segura y privada entre las aplicaciones y el servicio gestionado por IA generativa de Amazon Bedrock, puede configurar la cuenta de AWS y la nube privada virtual (VPC) para que utilicen los puntos de conexión de AWS VPC. Los puntos de conexión de VPC, creados con AWS PrivateLink, utilizan la red troncal privada de AWS para conectarse de forma segura al servicio de Amazon Bedrock, como se muestra en la figura 12-7.

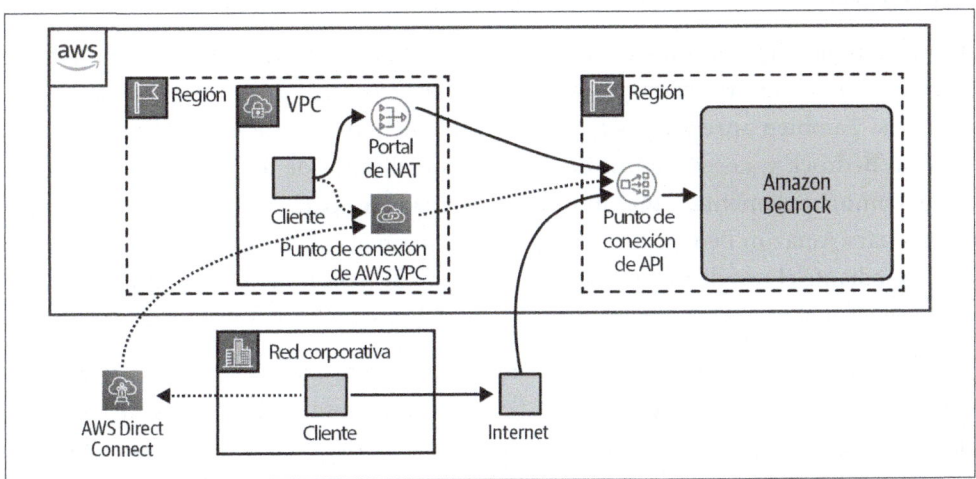

Figura 12-7. *Diagrama de arquitectura de red para conectar aplicaciones a Amazon Bedrock.*

En la figura 12-7 se incluye la conectividad pública a través de Internet y la privada utilizando un punto de conexión VPC. Al usar un punto de conexión VPC, los datos nunca necesitan atravesar la Internet pública. En su lugar, permanecen en la red troncal privada de AWS de latencia baja y redundancia alta.

En el diagrama también se muestra cómo conectarse al VPC de AWS mediante Direct Connect desde la red local. Esto le proporciona conectividad privada desde su proveedor de red a la VPC de AWS. A partir de ahí, puede usar un punto de conexión VPC para mantener todo el tráfico entre la privada local y Amazon Bedrock completamente a través de la red troncal de AWS. Esto evita tener que enviar datos locales a través de Internet.

Gestión y monitoreo

Amazon Bedrock está integrado con AWS Identity and Access Management (IAM) para ayudarle a gestionar los permisos, incluido el acceso a modelos básicos específicos y a atributos como el ajuste fino. Toda la actividad de la API de servicios gestionada por AWS, incluida la actividad de Amazon Bedrock, se registra en el servicio AWS

CloudTrail dentro de su cuenta. Este monitoreo de actividad le ayuda a mantener un registro de quién accedió a qué modelos y cuándo lo hizo.

Amazon Bedrock también emite puntos de datos a Amazon CloudWatch para rastrear métricas comunes como `InputTokenCount`, `OutputTokenCount`, `InvocationLatency` y (número de) `invocaciones`. Esta telemetría casi instantánea le ayuda a monitorear el uso y solucionar problemas de rendimiento para las aplicaciones de IA generativa, integrándose con el servicio de Amazon Bedrock.

Resumen

En este capítulo, aprendimos a usar el servicio gestionado Amazon Bedrock para IA generativa. Exploramos cómo usar modelos básicos para casos de uso de texto e imágenes. También aprendimos a afinar e implementar un modelo generativo usando Amazon Bedrock y sus conjuntos de datos personalizados de texto e imagen. También vimos cómo implementar una aplicación de razonamiento sensible al contexto con agentes para Amazon Bedrock. Estos agentes mejoran el comportamiento de un modelo básico mediante el uso de razonamiento en cadena de pensamiento con fuentes de datos externas y llamadas a API.

A continuación, aprendimos cómo Amazon Bedrock participa en los perfiles de privacidad de datos y seguridad de la red existentes al admitir el cifrado en tránsito con TLS, el cifrado en reposo con KMS y las redes privadas de AWS con puntos de conexión VPC. Por último, aprendimos que Amazon Bedrock realiza un seguimiento privado de la actividad y las métricas de la API utilizando AWS CloudTrail y Amazon CloudWatch dentro de su cuenta de AWS.

Acerca de los autores

Chris Fregly es un arquitecto principal de soluciones para la IA generativa en Amazon Web Services con sede en San Francisco, California. Chris posee todas las certificaciones de AWS. También es cofundador del grupo mundial de IA generativa en AWS. Habla regularmente en reuniones y conferencias sobre IA y aprendizaje automático en todo el mundo. Anteriormente, fue ingeniero en Databricks y Netflix, donde trabajó en productos y soluciones de macrodatos escalables y aprendizaje automático. También es coautor del libro de O'Reilly *Data Science on AWS*.

Antje Barth es una desarrolladora principal promotora para la IA generativa en Amazon Web Services con sede en San Francisco, California. También es cofundadora del grupo mundial de IA generativa en AWS y del capítulo de mujeres en macrodatos de Düsseldorf. Habla regularmente en reuniones y conferencias sobre IA y aprendizaje automático en todo el mundo. Antes de unirse a AWS, trabajó en funciones de ingeniería de soluciones en MapR y Cisco, ayudando a los desarrolladores a aprovechar los macrodatos, los contenedores y las plataformas Kubernetes en el contexto de la IA y el aprendizaje automático. También es coautora del libro de O'Reilly *Data Science on AWS*.

Shelbee Eigenbrode es una arquitecta principal de soluciones para la IA generativa en Amazon Web Services con sede en San Francisco, California. Es cofundadora del capítulo de mujeres en macrodatos de Denver. Posee seis certificaciones de AWS y ha estado en el sector tecnológico durante 23 años, abarcando múltiples industrias, tecnologías y roles. Se centra en combinar los conocimientos de DevOps y ML para ofrecer cargas de trabajo de aprendizaje automático a escala. Con más de 35 patentes concedidas en varios dominios tecnológicos, Shelbee tiene una pasión por la innovación continua y el uso de datos para impulsar los resultados empresariales.

Colofón

El animal en la cubierta de *IA generativa en AWS* es el sinsonte castaño (*Mimus dorsalis*), una clase de ruiseñor.

Esta ave terrestre no migratoria habita en los terrenos áridos, de matorrales y arbustos desérticos, de Argentina y Bolivia, donde busca alimento y construye el nido con ramitas entre cactus o arbustos. Debido a que no se ha estudiado mucho, poco se sabe sobre la dieta, alimentación y comportamiento reproductivo del sinsonte castaño.

Por suerte, es fácil encontrar grabaciones de su canto, y algunos testigos lo han descrito como una serie de notas ásperas y chasquidos repetidos. Los ruiseñores en general son bien conocidos por el hábito de imitar los cantos de otras aves y los sonidos de insectos y anfibios, a menudo en voz alta y en sucesión rápida. Un grupo de investigadores incluso los ha comparado —por la capacidad para crear patrones de canciones novedosas— con los grandes compositores clásicos y artistas modernos como Kendrick Lamar.

Aunque no se ha cuantificado con precisión el tamaño de su población, la UICN ha clasificado al sinsonte castaño como especie de preocupación menor. Muchos de los animales de las cubiertas de O'Reilly están en peligro de extinción; todos ellos son importantes para el mundo.

La ilustración de la portada es obra de Karen Montgomery, basada en un grabado lineal antiguo de *Cassell's Natural History*. Las cubiertas son de Gilroy Semibold y Guardian Sans. La fuente del texto es Adobe Minion Pro; la fuente del encabezado es Adobe Myriad Condensed y la fuente del código es Ubuntu Mono de Dalton Maag.